语言学与应用语言学知识系列读本

语用学：现象与分析

冉永平 编著

北京大学出版社
PEKING UNIVERSITY PRESS

图书在版编目(CIP)数据

语用学：现象与分析/冉永平编著.—北京：北京大学出版社，2006.1
（语言学与应用语言学知识系列读本）
ISBN 978-7-301-09383-2

Ⅰ.语…　Ⅱ.冉　Ⅲ.语用学-高等学校-教学参考资料　Ⅳ.H030

中国版本图书馆 CIP 数据核字(2005)第 123981 号

书　　　名：	语用学：现象与分析
著作责任者：	冉永平　编著
责 任 编 辑：	黄瑞明
标 准 书 号：	ISBN 978-7-301-09383-2/H·1524
出 版 发 行：	北京大学出版社
地　　　址：	北京市海淀区成府路 205 号　100871
网　　　址：	http://www.pup.cn
电 子 邮 箱：	zbing@pup.pku.edu.cn
电　　　话：	邮购部 62752015　发行部 62750672　编辑部 62754382
	出版部 62754962
印 刷 者：	三河市北燕印装有限公司
经 销 者：	新华书店
	650 毫米×980 毫米　16 开本　17.5 印张　400 千字
	2006 年 1 月第 1 版　2021 年 7 月第 7 次印刷
定　　价：	48.00 元

未经许可，不得以任何方式复制或抄袭本书之部分或全部内容。
版权所有，侵权必究　　举报电话：010-62752024
　　　　　　　　　　　电子邮箱：fd@pup.pku.edu.cn

语言学与应用语言学知识系列读本 编委会

主编　胡壮麟　彭宣维

编委　（按姓氏笔画排列）
　　　　王　蔷　文　军　田贵森　史宝辉
　　　　冉永平　刘世生　齐振海　李福印
　　　　张　冰　张　辉　武尊民　林允清
　　　　封宗信　钱　军　崔　刚　彭宣维
　　　　程晓堂　戴曼纯

总　序

　　"语言学与应用语言学知识系列读本"最早是由北京师范大学外国语言文学学院彭宣维教授、王星教授和北京大学出版社张冰编审共同策划的。三位先知先觉者的基本思想我较清楚。首先，他们认为近年来我国研究生招生人数不断增加，但社会的迅速发展又向研究生的培养质量提出了更高的要求；知识面、思辨能力、创造性等的培养，已成为目前研究生教育中亟待解决的问题。其次，解决研究生教育的培养问题，要抓好源头，即有必要将专业基础知识的学习从研究生入门逐渐下移到本科阶段，以解决外语专业学生与同时入学的其他系科同学相比在科研能力和学术潜力上有所不及的问题。我非常赞同彭宣维教授、王星教授和张冰编审的远见卓识，愿意为他们摇旗呐喊，冲锋陷阵。

　　在三位策划者的启示和鼓励下，我大胆补充一些个人的看法。自上世纪80年代中，国内就流传一种怪论，说英语不是专业，是个工具，于是要求外语系科学生都要另选一门专业或方向。我听到这种公然反对国务院学位委员会专业设置目录的论调总感到不是滋味，并在国内外多种场合争辩。现在"语言学与应用语言学知识系列读本"的出版就是向世人表明，外语专业的学生，研究生也好，本科生也好，要学的东西很多，把外语学习仅仅看作听说读写的技能训练，实为井底蛙见。

　　在"外语不是专业是工具"的口号下，在大学外语系科里，一度泛起增设"外交、外事、金融、贸易、法律、秘书、教育技术、新闻、科技"等方向的热潮，以至于让我们那些系主任们、院长们手忙脚乱,穷于对付。其实,我们的年轻人毕业后想干什么,自己心里最清楚,不必我们的系主任们、院长们多操心,指腹为婚;何况毕业后就业市场千变万化,我们在本科期间要设置多少方向才算具有市场意识呢?我认为,对于我们的外语系科的本科生来说,应首先让他们接受通识教育,才能在今后的工作岗位上得心应手。再者,从新世纪的全球化、国际化趋势来看,我们培养的人才还应是具有能进行创造性思维的人才,而不是人云亦云、照葫芦画瓢者。就外语系科来说,让学生只会围着外语"工具"操作,不会动脑,终究不是办法。

我的上述观点绝非空穴来风,也非杞人忧天。最近,教育部外语教育指导委员会英语组的专家们去国内四所大学对英语专业进行试评。报告中有一段话引人深思,现摘录如下:"然而,试评结果表明高校英语专业本科教学中的学科建设却不甚乐观。个别院校对英语(语言文学)专业的学科内涵不很清楚;制定的学科规划既与该校的层次定位不相符,也不符合外语学科的基本规律;课程设置与全国高校英语专业教学大纲的要求有一定距离;培养的学生基本功不扎实;教学管理比较混乱,质量意识不强。"[1]

再来看看大学英语教育,教育部高教司领导和大学英语教育专家已达成共识,在《大学英语课程教学要求(试行)》中明确"大学英语是以英语语言知识与应用技能、学习策略和跨文化交际为主要内容,以外语教学理论为指导,并集多种教学模式和教学手段为一体的教学体系"。在课程设置方面则提出:"将综合英语类、语言技能类、语言应用类、语言文化类和专业英语类等必修课程和选修课程有机结合,以确保不同层次的学生在英语应用能力方面得到充分的训练和提高。"遗憾的是,现在国内有些出版社过多地关注主干课教材的出版,对全面贯彻

---

[1] 戴炜栋、张雪梅:《谈英语专业教学评估和学科建设》,《中国外语》2005年第2期,总第4期,第4~7页。

《教学要求》的其他教材所花力度不够。

  所有这些说明,为高校外语专业学生、大学外语学生和其他相关专业的学生提供拓宽知识面、增强思辨力、孕育创新精神的各种教材和阅读材料甚为必要。如今北京大学出版社的"语言学与应用语言学知识系列读本"必将弥补这方面的空缺,为培养名副其实的优秀外语人才做出长远贡献。

  本丛书是开放式的,除欢迎读者对已出版的种类提出宝贵意见外,也欢迎对选题提出建议。我们也期待老师们参与选题和写作。让我们为探索、改进和提高中国外语教育,为培养更多掌握语言知识和技能并具有创造性思维的人才共同合作、共同努力。

胡壮麟
北大清华蓝旗营小区
2005 年 9 月 10 日

目 录

序 / 1
前 言 / 1

第一章　语用学的基础 / 1
　　1.1　日常语用现象 / 1
　　1.2　几个重要概念 / 7
　　　　1.2.1　句子与话语 / 7
　　　　1.2.2　抽象意义与语境意义 / 8
　　　　1.2.3　自然意义与非自然意义 / 10
　　1.3　正确性与得体性 / 11
　　1.4　什么是语境 / 12
　　1.5　语用学定义 / 16
　　思考与分析 / 17
　　参考书目 / 17
　　阅读书目 / 18

第二章　指示现象及其功能 / 19
　　2.1　指示语概览 / 19
　　2.2　指示语的主要类别与功能 / 22
　　　　2.2.1　人称指示语 / 22
　　　　2.2.2　时间指示语 / 32

2.2.3　地点指示语 / 36
　　2.2.4　话语指示语 / 39
　　2.2.5　社交指示语 / 41
　　2.2.6　数字指示信息 / 42
2.3　前指现象 / 45
思考与分析 / 47
参考书目 / 52
阅读书目 / 52

第三章　语用含意与人际交往原则 / 54
3.1　什么是会话含意 / 54
3.2　合作原则与含意 / 55
3.3　会话含意的主要特征 / 59
3.4　人际交往原则 / 62
　　3.4.1　礼貌原则 / 62
　　3.4.2　威胁面子的行为 / 68
思考与分析 / 70
参考书目 / 71
阅读书目 / 72

第四章　言语行为的类别与功能 / 73
4.1　言语行为的类别 / 73
　　4.1.1　传统的句法分类 / 73
　　4.1.2　言语行为三分说 / 75
　　4.1.3　以言行事行为类型 / 77
4.2　直接与间接言语行为 / 78
　　4.2.1　直接言语行为 / 78
　　4.2.2　间接言语行为 / 80
4.3　日常用语的施事功能 / 83
4.4　言语行为举隅与分解 / 90

4.4.1 "请求"言语行为 / 90
　　4.4.2 "拒绝"言语行为 / 93
　　4.4.3 "撒谎"言语行为 / 96
　4.5 间接性与语用隐含 / 102
　4.6 言语行为的语境恰当性 / 107
　思考与分析 / 113
　参考书目 / 124
　阅读书目 / 124

第五章 日常用语的语用分析 / 126
　5.1 附加信息、多余信息 / 126
　5.2 模糊限制语的运用与功能 / 133
　5.3 习语的选择与功能 / 138
　5.4 程式性话语的规约性与趋同性 / 143
　5.5 语码转换与语码混用 / 149
　思考与分析 / 157
　参考书目 / 162
　阅读书目 / 162

第六章 流行语、社会用语及社会语用 / 164
　6.1 流行语及其特征 / 164
　6.2 流行语面面观 / 165
　6.3 流行语、新词语、新词目 / 168
　6.4 社会用语与社会语用 / 172
　　6.4.1 流行语的语用偏误 / 172
　　6.4.2 被损毁的社会用语 / 177
　　6.4.3 不良用语与不良语用现象 / 185
　6.5 译名及其社会语用问题 / 186
　6.6 用语的地域、文化差异 / 190
　思考与分析 / 194

参考书目 / 196
阅读书目 / 197

第七章 语用学与外语学习、外语教学 / 198
7.1 交际能力观 / 198
7.2 语用能力观 / 200
　7.2.1 语用目标 / 201
　7.2.2 语用常用语 / 205
7.3 语用失误 / 206
7.4 中介语的语用问题 / 211
7.5 语用迁移 / 214
7.6 外语学习之管见 / 218
思考与分析 / 220
参考书目 / 220
阅读书目 / 223

第八章 语用能力自测与评估 / 224
8.1 封闭式问卷 / 224
　8.1.1 英语学习情况调查 / 224
　8.1.2 英语的语用能力调查 / 230
8.2 开放式问卷 / 235
　8.2.1 英、汉语用能力差异调查Ⅰ / 235
　　8.2.1.1 汉语的语用能力 / 235
　　8.2.1.2 英语的语用能力 / 236
　8.2.2 英、汉语用能力差异调查Ⅱ / 239
　　8.2.2.1 汉语中"赞扬"的语用能力
　　　　　 调查 / 239
　　8.2.2.2 英语中"赞扬"的语用能力
　　　　　 调查 / 240

常用术语对照表 / 242

序

我怀着极大的兴趣通读了冉永平教授写的《语用学:现象与分析》。这是一本与时俱进的语用学入门书。如果将这本入门书和我在 1988 年写的入门书《语用学概论》相比较,大家都会发现,近 20 年间语用学这门学科经历了多么大的变化!冉永平写的新书,除了承传旧书的某些风格外,还放进他留英期间从 Jenny Thomas 教授那里学会收集的第一手语料,从而使全书的内容生动、隽永,充满当代语用学的气息。这样的入门书让读者越读越觉得新鲜有趣、通俗易懂;在作者笔下,语用学的确不是人们分析语言时的废纸篓,而是一门实实在在的语言实用学,是每个想学会如何得体地运用语言和如何正确地理解语言的人必须具备的知识。

尽管我们研习的语用学仍然被看做语言学的一个分支,被称为语言学的语用学(linguistic pragmatics),但语言哲学家们关心语用学,社会语言学家们关心语用学,心理语言学和研究语言习得的专家们也都关心语用学。正如语言综观论学者所主张的那样,语用学是对语言各个层面的功能性综观。语用学与跨学科领域有千丝万缕的联系,它只有跨出语言学学科范围,与社会、文化、心理、认知等结合起来加以研究,才能有效地发挥作用。冉永平教授的新书既注意介绍语用学的传统课题,也注意涉及语用学的语言功能综观,在入门书的有限篇幅里刻意引导学习者从多角度去认识语用学。

当然,我作为这本入门书的第一个读者,觉得它也有值得改进的地方。例如,书中介绍语用学传统课题时,对属于语境因素的语用前提现象却没有触及。语用前提是语用学不能不谈的课题,因它是区分语义学、逻辑学和语用学的一个重要依据。语用学讲的语用前提不同于语义学和逻辑学上的预设或先设,它是言语交际中必先考虑的语境条件。没有语用前提,就很难有成功的交际。所以,我建议本书在以后再版时,首先应补上有关语用前提的现象与分析。

冉永平曾受业于我门下,成功取得硕士和博士学位,是莘莘学子中的一名佼佼者。他那沉着、踏实的性格和执着、不苟的学风使他成功地成长为一位很有潜质的青年学者。他获博士学位后留校随我继续从事语用学的研究,经数年之努力,颇有建树,成果骄人。近年留学英国,师从著名语用学家 Jenny Thomas 教授,并得到关联理论创始人 Deirdre Wilson 教授的垂青,受邀到伦敦大学学院(UCL)讲学,并结识青年语用学家 Robyn Carston 等学者,相互切磋、交流。冉永平回国后如虎添翼,学问突飞猛进,成果日益丰硕。现在出版的这本专著正是他访英回来后取得的第一个成果,我为身旁有这样一位既谦逊过人,又刻苦认真的年轻人而感到欣慰。通过他我仿佛看到:我们的事业后继有人,我们的语用学学科将有更多的年轻人参与,并取得更大的发展和成功。

何自然
2005年10月于
广州白云山

前　言

　　"语用学"(pragmatics)这一术语最早现世于 20 世纪 30 年代,但作为一门学科,它成立于 20 世纪六七十年代,成熟于 80 年代。可见,语用学是一门古老而又年轻的学科。如今,作为语言学的一个分支,语用学的发展十分迅速,研究议题与范围日渐扩大,各类专著不断面世,并有 Journal of Pragmatics, Pragmatics, Intercultural Pragmatics 等专业期刊。近年来,国内语用学的发展也日益呈现出朝阳之势,越来越多的学者关注、探究语用问题,尤其是日常会话、访谈等言语交际中的语用现象。通过各类研究文献,以及与语用学有关的网站、网页,读者便可了解当代语用学的概貌与发展趋势。

　　语用学研究特定语境中的话语生成与话语理解,因此它离不开语言使用的语境因素,比如说话人、听话人、时间、地点或空间、场景等。人们常说,"到什么山,唱什么歌","见什么人,说什么话",也即根据不同的交际目的、交际对象,选择不同的语言形式,这是一种典型的语用思想,也是人们交际能力的具体表现。传统语法对陈述句、疑问句、祈使句等的划分,已不能解说它们在语境下的具体功能,比如陈述句所起的作用并不仅是陈述或真或假的信息,疑问句可不表示疑问,祈使句也不一定表示命令。也就是说,形式与功能之间的对应关系不是绝对的。在日常会话等言语交际中,说话人传递的交际信息也并非等同于话语的字面意义,涉及弦外之音、言外之意;含糊其辞、答非所问、正话反说等现象比比皆是。此外,一些"新"、"奇"、"怪"的生活用语、广告用语、影视用语、网络用语、报刊用语等频频出现,绝不是简单的语言选择问题。它们都是语用学关注的重要现象。可见,语用学就是实用学,它研究的问题、关注的现象就在我们身边。因此,对广大读者来说,语用学并不陌生。

　　本书的目的在于向广大读者引介英、汉语中的日常语用现象,涉及语用学的基本议题、主要概念、基础理论与原则,让读者感受日常语言交际中丰富的语用现象,逐步学会从语用学的角度观察、思考、分析这些现象。因此,本书选材立足于生活、再现真实,如日常会话、报刊语言、影视访谈、小说对话、网络语言、广告语、社会流行语等。全书注重例释,结合理论导入,深入浅出。既有文字选段,也有图片,以求提高阅读的趣味性,避免抽象、教条的说理。同时,注重选择与日常交际联系密切的一些典型议题与事例,突出重点,避免大而全、大而空。

  本书共分八章。第一章"语用学的基础",主要介绍语用学的基本概念,目的是让读者首先明白什么是语用学,以及语用学研究的主要现象。第二章"指示现象及其功能",主要涉及日常交际中常见的指示语及其在特定语境下的语用功能,目的是引导读者关注人称代词、地点或时间副词等的语法功能以外的语用指示信息。第三章"语用含意与人际交往原则",主要内容包括会话含意、礼貌原则等,目的是让读者注意交际中大量存在的非字面信息,明白说话人不直接提供信息的主要原因,比如维护人际关系、减少对面子的威胁等。第四章"言语行为的类别与功能",主要介绍言语行为的类别与功能,并对日常的言语行为进行举隅,目的是让读者明白,说话可以"行事"、"做事",而仅非传递信息。第五章"日常用语的语用分析",主要立足于例析常见的附加信息、多余信息、语码转换与混用、模糊限制语、习语、程式性话语等,探讨它们的语用功能,目的在于引导读者更多地关注交际中语言结构的语用功能,以及制约语言选择的语用因素。第六章"流行语、社会用语及社会语用",主要介绍日常交际中的一些流行用语,以及与社会文化密切联系的社会用语,分析其社会语用特征,目的是让读者关注各类社会语用现象,引导人们正确使用流行语及社会用语。第七章"语用学与外语学习、外语教学",立足讨论交际能力观、语用能力观及常见的社交用语等,目的是让读者密切注意英语等外语学习和使用中的语用失误、语用迁移、中介语等现象,提高外语学习与运用的效率。第八章"语用能力自测与评估",主要包括封闭式和开放式两部分问卷,涉及英语语用能力、汉语语用能力的调查,目的在于帮助读者进行语用知识和语用能力的自测。此外,每一章的最后附加了一些思考题或分析材料,目的是帮助读者进一步巩固与掌握本章的主要内容。最后,还附有常用术语的汉—英、英—汉对照表。

本书的读者对象包括高校英语专业三四级学生、中文系语言学专业学生、语言学及应用语言学方向的硕士研究生,以及其他的语用学爱好者。

在此,我要特别感谢我的导师何自然教授,感谢他多年来对我的引导与教诲。在1988年,大学本科刚毕业,我就拜读了他编著的国内第一本语用学启蒙教材《语用学概论》,大体知道了什么是语用学;在1990年,到广州外国语学院(现广东外语外贸大学)攻读硕士学位之后,我又从他主讲的语用学课程中系统地了解了语用学,真正明白了语用学是什么;硕士毕业后,我尝试对语用学的课程论文进行修整、补充,终于在1995年发表了自己的第一篇语用学论文,这令自己兴奋了很久。1997年,我又师从何自然教授,攻读语用学方向的博士学位,其间一次又一次得到指点,一次又一次受到启发、醒悟。就这样,我喜欢并爱上了语用学。

本书主要内容是我从2003年9月到2004年9月在英国威尔士大学(University of Wales, Bangor)的语言学系做访问学者期间完成的,系主任、语用学家Jenny Thomas教授为我提供了难得的研习条件与图书资料,因此我应该感谢她。此外,我也应感谢著名的语用学家、英国伦敦大学学院(University College London)的Deirdre Wilson教授多年来予以的鼓励与帮助。

最后,我要感谢广东外语外贸大学外国语言学及应用语言学研究中心(国家教育部人文社科重点研究基地)、广东外语外贸大学英文学院的支持与帮助。

本书仅是一本语用学引论,而语用学涉及面广,包含的议题多、现象多,因此不可能面面俱到;同时,限于本人水平,书中难免存在不恰当甚至错误的地方,恳请各位专家、同行学者及广大读者不吝赐教。

冉永平
2005年12月
广东外语外贸大学
外国语言学及应用语言学研究中心
广东外语外贸大学英文学院

语用学的基础

§1.1 日常语用现象

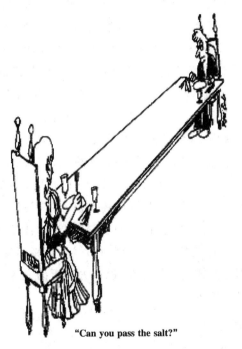

"Can you pass the salt?"

图中"*Can you pass the salt?*"是该女士向对面的男士所讲的一个话语。在句法形式上,它是一个疑问句,对方可作肯定回答("*Yes, I can.*")或否定回答("*No, I cannot.*")。但在此语境中,说话人的目的或用意是什么? 究竟是询问对方是否具有把盐递过来的能力,还是请求对方把盐递过来？在以上条件中，说话人显然是在向对方发出请求，而非简单的提问。可见，交际中语言形式与其功能可以是非对等的。在以上语境中，对方可以直接将盐递过去，而不进行口头回应。类似现象是语用学(pragmatics)讨论的主要内容之一。

众所周知，语言是最重要的交际工具。为了实现不同的交际目的，比如传递信息、传递思想、表达信念、表达情感或态度等，说话人需要使用不同的语言手段或策略。在一定语境中，通过恰当的语言形式，或借助某一言语行为，说话人还可建构或维护和谐、友好的人际关系；也可表示高兴、不快，甚至愤怒等情感。为此，我们需要在听、说、读、写等不同形式之间进行转换，即使使用某一种形式时，也需要选择不同的手段与策略。同时，借助语言进行成功交际时，我们依赖的不仅是语音、语法、词汇、语义等语言知识，还需一定的非语言知识，比如，社会文化知识、百科知识、交际的时间、地点、人物、场景等语境信息。此外，交际的实施与推进也离不开根据语境信息进行语言形式和策略的选择能力、语境顺应能力。可见，语言交际体现的不仅是语言知识能力，更重要的是特定语境条件下恰当地运用语言、选择有效策略的语用能力。这也是语用学应该涉及的主要问题之一。

在成功的交际中，我们常发现说话人和听话人等交际主体之间存在一定的共知信息或共知的背景知识，否则交际就难以实施，并取得所期待的交际效果。共知信息就是说话人和听话人都知道的相关知识，比如有关"中国万里长城"等的百科知识，或有关某一特定事件或事实的共知信息等，它们的存在可帮助我们解说为什么言语交际中存在众多前后看似不相关的话语，或表面形式与意义不相关的情况，或省略结构等。因为共知信息的存在，说话人和听话人等交际主体之间的很多话语都是心照不宣的。例如：

(1) 丈夫：怎么样？
　　妻子：资料都拿去了。
(2) 小王：明天怎么办？
　　小张：按老规矩。

就类似例子而言，作为局外人，第三者根本不可能知道说话人和听话人谈论的所指事件或具体内容,因为缺乏基本的共知信息或必要的背景信息。比如例(1)中,什么事情怎么样?什么资料都拿去了?拿到哪儿去了?例(2)中,第三者同样不可能知道明天什么事情怎么办?老规矩是什么?在有的情况下,尤其是与陌生人进行交际时,客观环境或情景也可提供一定的语境信息,此时交际双方可根据一般的推理能力,对说话人话语的用意进行推导,获取说话人的交际目的,从而帮助取得交际的成功。例如:

(3) 旅　　客:我在找我的行李,刚下飞机。
　　　服务员:行李处就在一楼。

此例表明,成功的交际也离不开客观环境与情景等语境因素,以及一般的推理能力。比如,表面上该旅客是在向对方(服务员)陈述信息:"我在找我的行李,刚下飞机。"但其目的却是在向对方寻求帮助,希望告诉他在什么地方提取行李,而在此时特定的语境条件下,对方(服务员)很容易知道该旅客的目的,于是直接告诉了相关信息:"行李处就在一楼。"因为乘坐飞机、托运行李、提取行李之间是相互关联的,说话人(旅客)无须直接询问在什么地方提取行李,听话人也无须再询问,也能提供对方期望获取的信息。这说明,以一定的语境(或情景)信息为基础,很多时候说话人都不需要逐字逐句向对方提供完整的信息,便可以成功地实现交际。比如,例(3)中旅客不需使用"我在找我的包,刚下飞机,我不知道行李处在什么地方,因此请问行李处在什么地方"之类的完整话语,也不需要提供类似的冗余信息,在此特定语境中,服务员也能推知该旅客的目的是什么。

以上例(1)、(2)和(3)都说明了交际中语境信息、语境条件对交际成功的重要作用,也是人们交际能力的体现。类似现象在日常生活与学习中十分常见。它们表明,很多话语都不能从字面上加以理解,也就是说,很多话语在表面上是不连贯、不关联的,但在语用上却是可行的。再如:

(4) 老师:现在几点了?
　　学生:路上自行车没气啦。

假设学生上课迟到了,老师很生气,见到该学生就问迟到的理由,但老师并没有直接询问学生迟到的理由,或直接责备学生上课迟到了。按理说,学生应该直接回答老师的提问或提供相关信息,因而在表面上,学生答非所问,也就是说,以上两个话语之间缺乏语法、语义上的直接联系。在此条件下,老师的询问显然不需要对方直接回答,而是通过询问的方式表达了一种不满、责备或委婉的批评;在此语境条件下,学生也知道了老师话语的用意不是要自己说出现在几点钟了,于是通过陈述信息"路上自行车没气啦",向老师提供了迟到的理由,从而为自己辩解,因为老师也可进行类似的相关推断:学生是骑自行车上学的,如果路上自行车没气了,就会迟到。可见,交际中话语形式与其功能之间不一致的现象是大量存在的,且在一定语境条件下是恰当的、可行的,此类现象也是语法学、句法学或语义学等无法有效解释的。因此,需要语用学的介入,进行以语境为基础的分析。对类似日常现象的分析也是语用学涉及的主要任务之一。

以上例子说明,话语可以传递或隐含相关信息。但在日常交往中,我们常发现很多话语的使用并非都是为了传递某一特定的交际信息,而是出于建立、维护或巩固人际关系的需要。也就是说,从语义信息传递的角度来说,很多话语可能属于"废话",但从人际关系的角度来说,它们又是必要的。例如:

(5) 甲:还在吃饭啊?
　　乙:这么早就在散步?
(6) 小文:叔叔好!
　　邻居:上学啦。
(7) A: It's fine today, isn't it?
　　B: Yeah, really fine.

例(5)中,甲外出散步,看见乙还在吃饭,于是打招呼说:"还在吃饭啊?"同时乙看见对方在散步,也说:"这么早就在散步?"双方的行为都是相互明白的,但为什么还要明知故问呢?从信息传递的角度来说,没有任何意义,完全是些"废话";但对于人际交往或人际关系的调节与维护,类似话语却显得非常必要。例(6)也一样,小文向邻居问好是有礼貌的表现,而邻居也知道小文此时背着书包是去上学,但故意回应说"上学啦",其实也是"废话"。同样,例(7)是英国人常用的一种寒暄方式,而非真正要谈论天气的好坏。类似"废话"在日常言语交际中十分常见,它们往往没有语义信息量,却是人际交往中必须的。这说明,交际不都是为了传递信息,而建立、维护或巩固人际关系是人际交往的一个重要目标。很多情况下,人际关系的建立与维护比信息传递更重要。这也是我们应该讨论的语用现象及其语用功能。

再看下例:

(8) 主持人:(对高明)你今天坐在这里我稍微有点替你担心,因为我知道你在北京大学读书的时候,听过肖灼基先生的课,如果今天我们的话题发生争论的话,你怎么能跟老师争呢?

高　明:有这么一句话:吾爱吾师,吾更爱真理。

主持人:好!希望你青出于蓝而胜于蓝。大家都是消费者,经常去购物,很好的购物心情因为遇到了假冒伪劣商品,于是心情就变糟了。

(中央电视台《实话实说》节目,"谁来保护消费者?",1996年3月)

(9) "发现了局长所在的地方,他身边还有一位女子,最让人难堪的是他们的衣服都没在应在的地方。"

(选自"中学发生大火,教育局长在车库里死得很尴尬",《时代商报》,2003年12月13日,主任记者孙学友)

例(8)中,为什么说话人不直接回答主持人的提问,而巧妙地引用"吾爱吾师,吾更爱真理"这样的话语,他是出于什么考虑呢?同样,例(9)中说话人的话语隐含了什么?为什么说话人不将所隐含的信息直接说出来呢?说出来会产生什么后果呢?类似话语及其隐含信息也是语用学关注的主要议题。

除此之外,还有一些日常言语交际中的现象值得进行语用学的探讨。比如,例(10)、(11)中说话人进行中、英语码混用(code-mixing)的原因是什么?例(12)中说话人进行语码转换(code-switching)("*Sex*","*Oh, it's really special*")的用意是什么?同样,类似现象的出现不可能无缘无故,需要结合特定语境条件进行语用分析。

(10) "Hi,你好呀! This morning,我们对你的 case 进行了 discuss,我们发现,这对我们没什么 benefit。所以我们不得不遗憾地告诉你:与这件事相关的所有 project 都将被 cancel 掉。"

(选自"中国 IT 人的时髦说话方式",《广州日报》,2001 年 2 月 20 日)

(11) "Sure! have a look see!"张先生打开橱门,请鸿渐赏鉴。鸿渐拿了几件,看都是"成化"、"宣德"、"康熙",也不识真假,只好说:"这东西很值钱罢?"

"Sure! 不少钱呢,plenty of dough。并且这东西不比书画。买书画买了假的,一文不值,只等于 waste paper。瓷器假的,至少还可以盛菜盛饭。我有时请外国 friends 吃饭,就用那个康熙窑'油底蓝五彩'大盘做 salad dish,他们都觉得古色古香,菜的味道也有点 old-time。"

方鸿渐道:"张先生眼光一定好,不会买假东西。"

张先生大笑道:"我不懂什么年代花纹,事情忙,也没工夫翻书研究。可是我有 hunch;看见一件东西,忽然 what d'you call 灵机一动,买来准 O.K.。他们古董掮客都佩服我,我常对他们说:'不用拿假货来 fool 我。O yeah,我姓张的不是 sucker,休想骗我!'"关上橱门,又说:"咦,headache——"便捺电铃叫佣人。

鸿渐不懂,忙问道:"张先生不舒服,是不是?"

张先生惊奇地望着鸿渐道:"谁不舒服?你?我?我很好呀!"

鸿渐道:"张先生不是说'头痛'么?"

张先生呵呵大笑,一面吩咐进来的女佣说:"快去跟太太小姐说,客人来了,请她们出来。Make it snappy!"说时右手大拇指从中指弹在食指上"啪"的一响。他回过来对鸿渐笑道:"headache 是美国话,指'太太'而说,不是'头痛'!

你没到 States 去过罢！"

（选自《围城》，钱钟书，三联书店，2002 年，第 44、45 页）

(12) C：澳大利亚之行怎样？

Y：很好啊！我都不想回来了。

C：有什么特别之处吗？

Y：多了，你指哪方面？

C：Sex!

Y：啊，我们在悉尼看了 stripper 表演。Oh, it's really special.

（选自《英汉语码转换的语用学研究》，
于国栋，山西人民出版社，2001 年，第 114 页）

§1.2 几个重要概念

在对语用现象进行专题讨论之前，我们需要区分几个基本概念。

§1.2.1 句子与话语

句子（sentence）与话语（utterance）之间的差异在一定程度上体现了句法学、语义学与语用学之间的学科差异。句子是一个语言学专门术语，多用于指抽象的语法结构或脱离语境条件的结构组合，也就是说，它是按照一定的语法规则组合起来的、具有意义的语言单位，其意义就是词汇意义和语法意义的组合。例如：

(13) 我明天有考试。

这是一个简单的陈述句，其中"我"是主语，指说话人；"有"是谓语动词；"考试"是它的宾语；"明天"是时间状语，指说话后的第二天。它的意义就是这些词汇意义的总和，即说话人明天有考试。这是它在任何时候都具有的字面意义或语义信息，是一种脱离具体使用条件的、孤立的表面意义。

但是，当例(13)出现在不同语境条件下时，说话人借助它传递的信息很可能是"超句子"的，也即说话人通过它传递的交际信息往往不是其字面上的句子意义。例如：

(14) 甲：晚上看电影去吗？
　　乙：我明天有考试。

(15) 小王：这么晚还没回去呀？
　　小张：我明天有考试。

在例(14)中，"我明天有考试"的交际意义或说话人通过它希望传递的信息就不仅是它的字面意义，说话人(乙)希望表达的是一种隐含信息，即委婉地拒绝对方的邀请——我晚上不去看电影，因为明天有考试。同样，例(15)中，说话人(小张)通过告诉对方明天有考试这一信息，解说了这么晚还没回去的原因。可见，例(14)和(15)中的"我明天有考试"就是句子(13)在不同语境中的运用，此时我们把它称为"话语"(utterance)。话语就是特定语境条件中所使用的句子。

在有的语境中，一个词或词语也可构成一个话语。例如：

(16) "火！"

这仅是一个独立的词，因此在语法上不能算作一个完整的句子。但它却可在实际的交际场合中出现，成为一个话语。比如，当甲拿出香烟想抽时，却突然发现忘了带打火机，于是对乙说"火！"显然他的目的是向对方借打火机或火柴；当说话人看到远处某大楼着火时，于是对听话人说"火！"则表示说话人告诉或提醒对方远处着火了，此时它也是一个话语。

总的来说，话语是一个语用学概念，是特定语境中下所使用的句子(如例14、15)、词或词语(如例16)，体现的是特定的语境意义；而句子则是一个句法学、语义学的概念，是脱离语境条件的抽象单位，且在任何条件下它的意义都是恒定的。

§1.2.2 抽象意义与语境意义

意义可从不同角度进行区分与界定。以上我们主要讨论了语用学关注的话语，以及特定语境条件下说话人希望传递的交际信息，也即某一话语在特定条件中的语境信息或语境意义(contextual meaning),它与语境密切联系,是一种语用意义。与此相反的就是抽象意义(abstract meaning),它是在脱离语境条件下孤立的字面意义,指一个词或词语、一个语言结构或句子所具有的非语境意义。比如,词典对某个词或词语所给定的意义,它是脱离语境条件的抽象意义。例如:

(17) 他是一头牛。

在离开特定语境的条件下,也即从抽象的角度看,例(17)表示的信息就是它的句子意义"他是一头牛",具有真、假值之分,只有当某人真正是一头牛时,我们才可以说"他是一头牛",否则就是错的,缺乏真值。但在实际的语言使用中,我们常听到或使用类似的话语,且具有丰富的语境意义。比如,在不同条件下,该话语可分别隐含不同的语境信息或语境意义(17a—e),即说话人通过话语(17)传递了不同的语境意义。

(17) a. 他很勤劳、朴实。
b. 他很强壮。
c. 他很倔强。
d. 他老实、憨厚。
e. 他很卤莽。

有关抽象意义和语境意义之间的区别说明,仅仅知道单词、词语的词典释义以及将它们组合成句子的语法知识,不可能保证交际的成功。一个词语、结构或句子在一定条件中可以传递字面意义以外的语境意义,与说话人的交际意图密切联系。

语用学关注的就是如何将字面意义这种抽象意义和语境意义结合起来,说话人等交际主体如何根据语境条件去使用语言,传递字面意义以外的语境信息或语境意义,以及听话人如何根据语境条件去获取说话人希望传递的交际信息。因此,使用中的话语或言语行为(参阅第四章)就是语用学分析的基本单位。话语是说话人在一定条件中所选择的语言形式或结构,包括使用中的句子。但我们所熟悉的"句子"是一个抽象的、脱离语境的概念,因此,语用分析中我们常使用"话语",以及说话人通过话语传递的语境意义或交际信息。简言之,语境意义就是说话人意义,或说话人通过某一话语希望传递的交际意图。

§1.2.3 自然意义与非自然意义

自然意义(natural meaning)与非自然意义(non-natural meaning)也是一对重要概念,它们是Grice(1957)提出的。前者表示某一话语的自然所指或对某事的自然显示。例如:

(18) 打雷意味着要下雨了。
(19) 喝酒他的脸就发红。
(20) 他全身的斑点说明他得了麻疹。

类似话语与自然现象有关,它们所表达的信息就是一种自然意义,涉及自然迹象。而语用学关注并强调的是特定语境条件中的非自然意义,因为只有非自然意义才能进入交际场合,或者说,交际中人们使用或理解某一话语时努力表达或寻求的多半是与说话人的交际用意联系在一起的。非自然意义是与交际主体、交际目的等特定语境因素密切联系的交际意义,也就是上面我们所区分的语境意义。例如:

(21) 他的脸红了。
(22) 三声铃响意味着上课了。

类似话语并非等于自然现象,或是自然现象的直接反应。比如,例(21)可以出现在类似的语境中:"见到女生,他的脸红了";"他心里有鬼,所以他的脸红了";"感到很紧张,所以他的脸红了";"他的脸红了,说明他承认错误了"等。例(22)中,"三声铃响"可表示"上课了"、"下课了"、"开车了"或"足球比赛结束了"等。可见,它们的出现因语境条件的变化而不同,或在特定语境条件下意味不同的语境信息。只要特定的语境条件发生变化,它们所表示的语境意义就会发生变化。这说明,交际中话语的意义必然会受到语境条件的制约,而非自然现象与使用者及其交际用意密切联系。也就是说,非自然意义是在一定语境条件下的说话人意义、语境意义,具有随着语境因素的变化而变化的特征。由此可见,非自然意义与语境意义是联系在一起的语用信息。

§1.3　正确性与得体性

语用学是关于语言使用与理解的一门学科。它与我们熟知的语法之间究竟存在哪些主要关系呢？就语言使用来说，语用学是描写性和阐释性的，而语法则是规定性的。可见，它们具有不同的重点。我们知道，语言使用受制于语法规则，比如主谓一致的规则、人称代词的使用规则、动词形式与时态变化的规则等。总体上来说，语法规则涉及结构的正确与否、形式之间的正确对应。例如：

(23) a. You are a student, aren't you?
　　 b. *Are you a student, are you?
(24) a. He's coming, isn't he?
　　 b. *He is coming, doesn't he?

按照语法规则，只有(23a)和(24a)是正确的，而(23b)与(24b)则是错误的，因为它们不符合语法上的规定。语法规则是约定俗成的，有关语言成分之间的构成或搭配关系，一般来说是不能随意违背的，否则就不符合语法规则。而语用，即语言在一定语境条件中的实际运用，则不一样，往往是一个程度问题、得体问题。例如：

(25) Open the door!
(26) Can you open the door?
(27) I want you to open the door.
(28) Would you please open the door?
(29) Would you please possibly open the door?
(30) What do people usually do after they enter in summer?
(31) I feel it's too hot.

话语(25)—(31)之间在实施请求（比如"请对方把门打开"）的间接程度是不一样的。说话人选择哪一个形式，取决于说话人和听话人之间的亲疏关系、地位、权势等语境因素，无论在什么条件下，以上语言形式在语法结构上都具有正确性。但不同的是，它们在不同条件下所体现的恰当性或得体性不一样。比如,丈夫与妻子之间一般就不会使用话语(29)或(30);学生对老师不可能使用话语(25),否则就具有语用上的不恰当性,或不可接受性。再如:

(32) a. "去机场。"
　　b. "你能载我去机场吗?"

从语法上分析,(32a)是一个祈使性话语,(32b)则是一般疑问句。在语用上,它们的恰当使用需要根据语境条件进行判断。比如,说话人对出租车司机使用(32a)就比(32b)更恰当;但当说话人的请求对象是隔壁邻居时,(32b)就比(32a)更得体。所以,从语用学的角度来说,话语的选择与使用所涉及的不仅是语法规则的制约问题,更多的是语境因素问题,很多条件下的话语在于调节双方或多方的人际关系,而不是简单的"对"与"错"问题。语用现象受制于一定的语用原则,有时语言使用可能同时受到语法规则和语用原则的影响。比如,语言使用中的代词(包括名词)系统就不仅要受语法规则的影响,同时还必须考虑语用因素,因为语用问题归根到底是语言使用的得体性或恰当性,而非正误问题。

§1.4　什么是语境

语境(context)也是语用学中一个十分重要的概念,因为语用学研究的是语言在一定语境中体现出来的具体意义,即语用学考察的是特定语境中特定话语的意义,而非抽象的、游离于语境之外的意义。从以上例释略见,语境与意义的生成与理解密不可分。

什么是语境呢? 简言之,语境可分为语言语境(linguistic context)和非语言语境(non-linguistic context)。

语言语境指语言的上下文,比如一句话的上句或下句、一段话的上段或下段,也涉及语音、语法、词组、句子、段落等方面的知识。这是对语境的最狭义理解。例如:

(33) "'春眠不觉晓,处处闻啼鸟',啊,这样的诗句真美。"
(34) "我还是那句话,我们俱乐部欠谁的,账上有记录的,我们绝对不会赖账,账面上没记录的我们不理会。"

例(33)中,"这样的诗句"就是指前面的"春眠不觉晓,处处闻啼鸟";例(34)中,"我还是那句话"就是说话人后面所讲的话语"我们俱乐部欠谁的,账上有记录的,我们绝对不会赖账,账面上没记录的我们不理会。"它们都是在语言上的直接表现与所指关系,从而构成一种相互依存的语言语境关系。

非语言语境指语言以外的因素,包括情景、背景知识等。情景语境指交际中出现的一些带有临时或现场性质的语境因素,包括有关的时间、地点、参与者(说话人、听话人以及第三者等)、事件、物体、场景等因素;非语言语境因素也包括参与者的权势、地位、相互关系等。例如:

(35) Sam:O. K. excellent, come on. It's fine. Ah. Man. Can you get this?

Molly:Where are you guys from? The New York City Ballet? (She reaches out of the window to get the statue) Almost... Ah, ah! (She screams. Sam reaches out and catches her.)

(选自电影[*Ghost*]《人鬼情未了》)

例(35)中,说话人并没有直接提及"this"所指的是什么,因此要确定它所表示的信息,就必须依赖交际双方所在的交际情景,即现场。

背景知识就是交际双方事先所具备的相关知识,包括对客观世界或社会所了解的一般性百科知识(也称常识)、有关某事的特定信息。例如:

(36) 甲:你知道世界上有多少个洲、多少大洋?

乙:这还用问吗?

(37) 老杨:吃了吗?

老刘:吃了,上哪儿?

(38) A:Good morning, John.

B:Good morning, Tom.

(39) 小王:怎么样?

小张:哎,难办啦!

例(36)中,交际所需要的就是双方对客观世界所具备的一般常识,知道世界上有几大洲、多少个大洋;同样,例(37)中,双方问话的目的不在于获知对方是否吃了饭、上哪去,而是相互问候、打招呼,这是汉语中常见的社交文化习俗;而在英语中,我们则常见例(38)。可见,英、汉语之间存在不同的社会文化规范,这属于社会文化背景知识。但例(39)所需要的就是说话人和听话人所知道的有关某事的特定信息,只有知道该特定信息之后,才能推动交际的顺利进行或进行正确理解,这也说明因为背景知识的存在,语言交际中存在很多省略结构或省缺信息,即信息沟(information gap)。

再看下图①。

阿凡提的小毛驴,让他朝东他偏朝西!这回让你朝西去吧,你又不想去了。

大家能明白图中所指信息和隐含信息吗?缺乏足够的背景信息,我们就无法确定图中"德国"、"去不去?不去我揍你啊"和"阿凡提的小毛驴,让他朝东他偏朝西!这回让你朝西去吧,你又不想去了"之间

---

① 选自"刘守卫漫画",新浪体育(http://sports.sina.com.cn),2005年4月10日。

的关联关系。因此,我们必须获知该漫画产生的如下相关信息,包括时代背景(即时间信息)、所指事件等:

2005年4月初,中国足球管理协会(简称"足协")和中国国家青年男子足球队主教练从全国各足球俱乐部中挑选了技术能力特别突出的30名适龄球员,准备参加在德国为期3个月的集训,以备战6月举行的世界青年足球锦标赛;但名单确定后,部分俱乐部和球员纷纷表示反对,俱乐部反对的理由是因为"中超"(中国足球超级联赛)、"中甲"(中国足球甲级联赛)正在进行之中,俱乐部需要这些主力球员,否则球队成绩会受到影响;同时也有部分球员不愿意参加类似的集训,因为离开俱乐部,尤其是不参加"中超"或"中甲",每月经济收入会大大减少。针对这种情况,中国足协迅速出台了相关规定,要求各俱乐部和球员无条件支持,否则将遭受严厉处罚,包括直接对俱乐部进行降级、禁止球员参加"中超"或"中甲"等全国性足球比赛。而在以前,球员都十分盼望能有机会到西方足球发达国家踢球。

这就是理解该漫画所必须具备的背景信息——一种语境信息。在获知以上语境信息以后,我们就不难理解该漫画所针对的事件和所指信息,也不难理解其中"德国"、"朝东"、"朝西"、"揍你"等之间的联系,也容易知道"阿凡提"和"小毛驴"所喻指的对象;最后也就清楚了漫画作者所隐含的意图。这就是非语言语境因素对信息理解的重要性。

总的来说,语境可以是上下文的语言语境,也可以是现场的情景因素,还可以是背景信息等百科知识。综上所述,我们可将语境简单图示如下:

```
       ┌ 语言语境 ┌ 语音、语法、词汇、结构等语言知识
       │          └ 上下文等语篇知识
语境 ──┤
       │           ┌ 情景知识(时间、地点、人物特征、社会地位、物体等)
       └ 非语言语境 ┤ 百科知识(有关世界、社会的一般性知识)
                   └ 有关某事的特定信息
```

§1.5 语用学定义

语用学和句法学、语义学一样等都是语言学的重要分支。其中,句法学的研究重点是语言形式之间的关系,比如语言形式之间的序列与组合关系,以及它们在语法上的正确性或可接受性;而语义学主要关注意义是如何进行编码的,涉及词语或结构的意义、意义之间的关系,以及句子等语言结构的意义组合等问题。

顾名思义,语用学(pragmatics)就是关于语言使用的实用学。就其定义而言,我们可发现多种解释,在此不一一赘述,只介绍语用学最基本的界定。简言之,语用学就是研究话语在使用中的语境意义,或话语在特定语境条件下的交际意义,包括意义的产生与理解,也包括交际中语言形式或策略的恰当选择与使用。

就交际中话语传递的信息来说,说话人意义和语境意义是很容易引起人们注意的。前者指说话人通过某一或某些话语传递的交际用意,而非话语的字面意义,它与交际目的密切联系。比如,妈妈带着自己三岁的女儿上街,当走到一个卖面包的地方时,女儿用手指着面包问:"妈妈,那是什么?"女儿明知那是面包,却故意询问,此时她的目的不是要妈妈告诉她"那是面包",而是向妈妈表示"妈妈,我想吃面包"或"妈妈,我饿了"的用意。这就是该话语的说话人意义,它与说话人的交际意图密切联系。然而,当以上语境条件发生变化时,该话语的说话人意义就会随之发生变化。比如,当女儿指着一只从未见过的乌龟问"妈妈,那是什么"时,所隐含的用意就不可能是"妈妈,我想买乌龟"或"妈妈,我想吃乌龟",此时女儿的行为仅是一种询问。因此,说话人意义等于某一话语在特定条件下的语境意义,也就是它的交际意义。我们很难将两者截然分开。然而,它的字面意义在任何时候都是一样的。

为此,语用学必然离不开语境。它时刻关注某一话语产生或某一言语交际事件实施的条件。比如,谁是说话人、谁是听话人、说话人和听话人之间的关系如何、地位如何、他们之间是否具备相关的共知信息、交际发生的时间与地点,以及情景因素等。"见人说人话,见鬼说鬼话","到什么山唱什么歌",这就是典型的语用语境思想。这也说明语言使用的灵活性、多变性与动态性。既然语用学是关于语言的具体使用,它必然涉及语言使用的主体(说话人、听话人或第三者)、意图、信念、交际目的、行为类型等;也必然涉及语言使用的语境、情景或环境等因素;涉及跨语言交际之间的文化差异,比如英—汉语交际之间的文化差异;还涉及同一语言交际之间的地域文化差异,等等。可见,语言使用涉及的范围和因素较多,也表明语用学可以探讨的现象与问题很多。

思考与分析

1. 什么是语用学?它探索的主要现象有哪些?
2. 试想语用学与语法学、句法学等学科之间的主要区别。
3. 字面意义与语境意义有何区别?请举例说明。
4. 什么是语境?包括哪些重要因素?
5. 请说一说以下话语出现的语境条件。
    (1) 火星再好我也去不了。
    (2) Why don't you put the flowers over there?
6. 请设想不同的语境条件,以使下列话语产生不同的语境意义。
    (1) 今天是周末。
    (2) 我家里打电话来了!
    (3) Are the books on the floor yours?

参考书目

Cruse, D. Alan. 2000. *Meaning in Language: An Introduction to Semantics and Pragmatics*. Oxford University Press. Chapter 15, pp. 305—327.

Grice, H. P. 1957. "Meaning". In D. D. Steinberg & L. A. Jacobovits (eds.). *Semantics: An Interdisciplinary Reader in Philosophy, Linguistics and Psychology*. Cambridge University Press, 1971, pp. 53—59.

Levinson, S. C. 2001. *Pragmatics*. 外语教学与研究出版社/

Cambridge University Press.
Nofsinger, R. E. 1991. *Everyday Conversation*. Sage Publications.
Thomas, J. A. 1995. *Meaning in Interaction*. Longman.

阅读书目

He, Ziran. 2004. *Notes on Pragmatics*. Nanjing Normal University. Chapter 1, pp. 1—23; Chapter 2, pp. 24—30.

Levinson, S. C. 2001. *Pragmatics*. 外语教学与研究出版社/Cambridge University Press. Chapter 1, pp. 1—53.

Yule, G. 2000. *Pragmatics*. 上海外语教育出版社,第一章,第1—8页。

何兆熊等:《新编语用学概要》,上海外语教育出版社,第一章,第1—30页,2000年。

何自然:《语用学与英语学习》,上海外语教育出版社,第一章,第1—23页,1997年。

何自然、陈新仁:《当代语用学》,外语教学与研究出版社,第一章,第1—23页;第五章,第108—122页,2004年。

何自然、冉永平:《语用学概论》(修订本),湖南教育出版社,第一章,第1—30页,2002年。

第二章 指示现象及其功能

§2.1 指示语概览

刘守卫漫画：国足只玩防御战，什么时候也来次进攻呀？

（选自 http://sports.sina.com.cn，2005年3月30日）

背景信息：2005年3月29日，中国国家男子足球队（简称国足）和爱尔兰国家男子足球队进行了一场友谊赛，因实力上的差距，虽然国足以0：1告负，但与上一场同西班牙国家男子足球队的友谊赛（结果0：3）相比，收获不少，防守有了很大提高，但全场比赛仍很被动，处于防守之中。据此,看到以上漫画时我们就不难判断其中"我"与"你"、"我打"、"你打不着我"的指示信息、所指球队。图中左边的人物指示爱尔兰国家足球队,右边的人物指示国足。可见,语境对信息理解,尤其是指示信息的获取具有十分重要的作用。

再请看以下话语:

(1) I'll ask him about it this afternoon.

(2) Please wait for me in that place tomorrow.

(3) The former is correct, while the latter is wrong.

(4) 记着,我们老地方见。

(5) 你带上这个准时到那儿等他。

当看到或听到以上话语时,我们必须首先知道其中 I, him, it, this afternoon, me, that place, tomorrow, the former, the latter 以及"我们"、"老地方"、"你"、"这个"、"准时"、"那儿"、"他"等在特定语境中的所指信息,才能明白以上话语的真正意义,否则我们只能获取字面意义。类似话语涉及特定的语境信息,尤其是人物、时间、地点或空间等指示信息,否则交际难以成功实施,因为话语中某些词语或结构的指示信息是说话人表达交际信息和听话人理解该信息的关键。它们就是下面要给大家介绍的指示语(deixis)或指示结构(deictic expressions)。

根据 Fillmore(1971)的《指示语讲座》和 Levinson(2001)在其著作《语用学》中的归纳,指示语可划分为如下五类:

A. 人称指示语(person deixis):指言语交际或言语事件中的参与者,包括说话人、听话人或第三者,可分为第一人称指示语、第二人称指示语和第三人称指示语。比如,英语中的 I, we, me, you, he, she, they, the other 等,以及汉语中的"我"、"我们"、"咱/咱们"、"他/她"、"他们/她们"、"你/您"、"你们/您们"、"其他人"、"有人"等。

B. 地点指示语(place deixis):指与言语交际或言语事件有关的地点、位置或空间等信息,包括表示近指和远指的地点指示结构,以及地点副词。比如,英语中的 here, there, nearby, in this place, in that place, in those situations 等，以及汉语中的"这里/这儿"、"那里/那儿"、"这个地方"、"那个地方"、"附近"、"在远处"、"在那遥远的地方"、"老地方"等。

C. 时间指示语(time deixis)：指与言语交际或言语事件有关的时间信息。比如英语中的 now, tomorrow, next year, in the evening, that time, those days 等，以及汉语中的"此时"、"明天"、"未来"、"从前"、"在那时"、"下周星期天"、"明年这个时候"、"有时"等。

D. 话语指示语(discourse deixis)：表示话语中的某一指示信息，或表示前述话语中的某一指示信息。比如"I am hungry—that is what I said."其中 that 指示"I am hungry"的信息，因此 that 就是一个话语指示语；此外，类似 in this story, the last paragraph 等结构以及位于句首的 in conclusion, what has been said above, according to what has been said above 等都属于话语指示语，以及汉语中的"如上所述"、"诸如此类"、"上文"、"我要讲的内容如下"等。

E. 社交指示语(social deixis)：表示说话人和听话人等交际者之间的社交关系或社交特征的词语或结构。比如英语中，在姓氏前加上 Mr, Mrs 或 Miss 以表示对听话人的尊敬或礼貌；汉语中表示尊称的"您"、"您们"等指示语，以及"小张"、"老王"、"李小姐"、"刘师傅"等称呼语，都具有表现或调节说话人和听话人之间社交关系的功能，因而属于社交指示语。

言语交际中，说话人、说话的时间、地点或空间、对象，以及说话人的社交地位等可称为指示中心。关于指示语，我们还应注意它们的手势用法(gestural use)，如例(6)—(8)，以及非手势用法(non-gestural use)，如例(9)—(11)。

(6) This one, please. （手势用法）

(7) He is my brother and he is my father. （手势用法）

(8) 这是我大哥，这是我二哥，那是我姐姐。（手势用法）

(9) 这是我在街上买的。（手势用法/非手势用法）

(10) You can never tell these days.（非手势用法）
(11) There you are.（非手势用法）

§2.2 指示语的主要类别与功能

本节仅以现实生活中的语用现象为重点，进行指示语及其功能的例释。感兴趣者可进一步参阅《语用学概论》（修订本，何自然、冉永平2002）第二章。

§2.2.1 人称指示语

人称指示语表示言语事件或言语行为的直接或间接参与者，主要分为三类：(1)第一人称指示语，主要指说话人，可单指，也可复指；(2)第二人称指示语，主要包括听话人，可单指，也可复指；(3)第三人称指示语，主要指说话人和听话人以外的第三者或其他人，同样可分为单指和复指，在言语活动中它一般不是谈话的直接参与者，但在特定语境中也可用来借指说话人或听话人。可将它们简单归纳如下：

	单指	复指
第一人称	I, me, mine, my, 我, 我的, 咱……	we, us, our, ours, 我们, 咱们……
第二人称	you, your, yours, 你/您, ……	you, your, yours, 你们/您们, ……
第三人称	he, him, she, her, it, his, 他/她, 某件事情, 那个人, 有人, ……	they, them, their, 他们/她们, 它们, 那些人, 有些东西, 有些人, ……

人称指示语，也即传统语法所指的人称代词，是英、汉语中常见的词语或结构。比如，"我们"、"他们"、"你"、"所有的人"、"一部分人"、"这些"、"那个"等，以及英语中的 they, we, you, I, those, all of them, a few of them 等，可表示人称指示信息，有的也可指代事物。但它们的所指对象或所指信息离不开语境，往往体现为一种动态的语境指示信息，否则很难成功地实现交际或正确理解信息。也就是说，对它们的理解需要依赖一定的语境信息，尤其是非语言语境信息。先看下例：

(12) "Ladies and gentlemen, we got him."

这是现实交际中出现的一个话语,其中包含两个人称指示语 *we* 和 *him*,在缺乏特定语境信息的情况下,谁也不知道它们分别指代谁,也就是说,交际中只有当听话人获知相关的语境信息之后,才能正确理解或推知它们的指示信息,否则获取的只能是字面意义。该话语是北京时间 2003 年 12 月 14 日英美联军总司令 Paul Bremer 在巴格达召开新闻发布会,宣布伊拉克前总统萨达姆(Saddam Hussein)被抓消息时所讲的第一句话,在当时的背景条件下,*we* 显然指代英美联军,*him* 指代萨达姆。为什么 Paul Bremer 开门见山就使用带有人称指示语的话语呢? 听话人能够理解它们的所指信息吗? 根据当时的社会背景,听话人不会有任何困难就能正确理解它们的所指信息,此时听话人依赖的就是他们所具有的有关伊拉克战争的背景信息,即非语言语境知识。但从语法制约或前指关系(参阅本章 2.3 节)来说,所指对象应该出现在某一代词的前面(或后面),也就是说,仅依赖语言语境就可获取某一代词的所指信息,但实际交际中却不一定总是这样,如例(12)。人们事先具备的时代或社会背景等信息是一种广义的语境信息,可以是非语言语境信息,它们是话语理解的前提条件。在一定语言语境的支持下,我们可获取类似代词所指示的信息。再如:

(13) "The capture of this man was crucial to the rise of a free Iraq," said Mr. Bush. "It marks the end of the road for him and for all who bullied and killed in his name."
"You will not have to fear the rule of Saddam Hussein ever again," he said. "All Iraqis who take the side of freedom have taken the winning side."
("'Dark and Painful Era' Over for Iraq, says Bush", VOA, 15 Dec. 2003)

以上引文是在伊拉克前总统萨达姆被抓后,美国总统布什(George W. Bush)于 2003 年 12 月 15 日发表电视演说时使用的话语,根据相关的时代背景或社会语境信息,我们不难确定其中 *this man*,*him* 以及 *his* 都指代萨达姆,*it* 则指代英美联军抓获伊拉克前总统萨达姆这一事件，you 指伊拉克人民，而非一般听众或电视观众。上例说明，话语中指示语的理解需要听话人具备相关的背景知识或特定的社会语境信息。比如，以上有关拉克战争的背景信息，以及在一定历史阶段所发生的重要事件等。

又如，2003 年 12 月 31 日晚，香港歌星刘德华在上海新天地参加倒计时迎新活动，并演唱了多首歌曲。演出中，他深情地唱道"爱你一万年……"，情到深处时更是数度哽咽，几乎哭出声来，并说道：

(14)"在这里，送给所有喜欢我的朋友，也希望大家想到，我有<u>一个好朋友刚刚不在，所以我送这首歌《月亮代表我的心》给她</u>。"

此话语中，说话人刘德华并没有直接提到好朋友是谁，因此仅根据话语信息我们是不可能确定"她"指代的是谁。但如果我们把当时演艺界发生的相关事件联系起来，就会很容易知道，这里的"一个好朋友"指代因癌症刚去世不久的香港著名演员梅艳芳。基于这样的相关信息，我们就不难推断出演唱中刘德华为什么要说这样的话语，且表现得如此伤感。因为同一首歌，一个半月前在梅艳芳的个人演唱会上，刘德华才与梅艳芳深情对唱过。如今天人永隔，此曲已成为一代天后梅艳芳的最后绝唱。此例同样说明，非语言语境知识，比如社会语境信息等百科知识对确定交际中某一结构的特定指示信息具有重要作用。

在有的交际语境中，第三人称指示语的使用可同时伴随手势用法，如前例(9)。再如，下图是有关 2003 年美英联军发动伊拉克战争、推翻伊拉克前总统萨达姆(Saddam Hussein)的一幅漫画，左边为美国总统布什(George W. Bush)，中间是伊拉克前总统萨达姆，右边是英国首相布莱尔(Tony Blair)。布什和布莱尔的话语都使用了 he，同时也都辅以手势，特指图中间的萨达姆。

(15)

(选自 *The Independent*，3 February，2004)

交际中人称指示语出现的场合较多，下面我们仅对其中部分指示语进行例释：

1. "我"与"我们"、"咱"与"咱们"

大家熟知，汉语中的"我"、"我们"、"咱"、"咱们"以及英语中的 I, me, we 和 us 都是第一人称代词，可指代说话人（也包括作者）。其中"我"与 I, me 往往单指说话人，也可指作者本人，在特定语境中它们的指称或指代关系都是确定的。"我们"、"咱们"与 we 表示第一人称复指关系，在交际中它们存在如下三种用法：

(1) 包括交际的双方或多方，对方可以在场，也可以不在场或根本不存在，如例(16)；

(2) 不包括交际的对方，如例(17)、(18)、(19)、(22)；

(3) 仅指交际的对方或听话人一方，不包括说话人一方，如例(20)、(21)。

这说明，在语用上"我们"、"咱们"与 we 存在指称关系的不确定性，具体指代对象完全取决于语境条件，不能一概而论，不能说它们在任何条件下都包括说话人和听话人。

(16) 走，<u>我们</u>进去瞧一瞧。

(17) 后天<u>我们</u>要去动物园，你去不去？

例(16)中"我们"可用"咱们"替代,表示包括听话人在内的复指关系;例(17)中"我们"却不包括听话人一方。再如:

(18) 主持人:你说的这套生意经我们已经听明白了,也就是说你要去贩假的话,你并不怕王海这样的"刁民"?

　王　海:不怕,我赔了就完事了。

(选自"谁来保护消费者?",中央电视台《实话实说》节目,1996年3月)

(19) 主持人:啊?性质?我们听说在农村就有这么一种风俗,就是谁家孩子要结婚、要娶媳妇,就全村当作大喜事,全村人都要到这儿来吃一顿。

　嘉　宾:我们那时候结婚吧,因为1976年那时候,钱还值钱,所以说我结婚的时候也没大操大办。

(选自"结婚的钱由谁来出?",中央电视台《实话实说》节目,1996年11月)

例(18)中"我们"就不包括谈话的对方——王海,只指示说话人(主持人)、现场参与者,甚至电视观众;例(19)中主持人使用的"我们"可等于"我",可单指说话人,而嘉宾所使用的"我们"则包括嘉宾本人,还可泛指其他同时代的人,"我"当然单指说话人(嘉宾)本人。可见,"我们"所指代的对象比较复杂,取决于它所在的语境条件。

此外,我们应注意的是,第一人称指示语"我们"与 we 的使用不仅是一个包含或不包含听话人的问题,更重要的是它们的使用还具有显著的语用功能。例如:

(20) 主持人:你管片的居民都怕不怕你?

　观众二:我没把自己当成一个警察就老去管人家,愿意跟老百姓处在一块儿。

　主持人:(对观众三)民警的工作很辛苦,咱们实话实说,你有没有怕他们的时候?

　观众三:怕倒不怕,因为我们这个岁数的人他们都尊重,没什么怕的……(被打断)

(选自"远亲不如近邻",中央电视台《实话实说》节目,1996年10月)

(21) 我们是学生,我们的主要任务是学习。(＝你们/你)

(22) <u>我们</u>认为,语用学与社会语言学之间存在很多交叉现象。
     (=我)

例(20)中"咱们"可用"你"替换,在该语境中说话人显然是单指对方(观众三),而不包括说话人自己和现场的其他参与者,因此仅从指示关系的角度来说,这里的"咱们实话实说"可等于"你实话实说"。但在语用上,"咱们实话实说"具有一定的言语行为驱使性,此时说话人借助第一人称复指代词"咱们"而非"你",既包括了说话人自己,也包括了听话人,这样就分减了该话语对对方可能产生的驱使性,让人听起来觉得更亲切,具有语用移情功能。同样,如果例(21)是一位教师在批评或劝诫学生时使用的话语,此时老师同样采用了移情的策略,从学生的角度出发,将"你"或"你们"说成"我们",从而提高了该话语的可接受性与劝说力,它所取得的语用效果肯定会好于"你(你们)是学生,你(你们)的主要任务是学习"。如果例(22)出现在学术论文或著作中,"我们"其实仅指作者本人,并不包括读者在内的其他人,但"我们"的出现可使其内容或观点带有与读者商榷的语气,表明作者的谦虚,从而有助于提高其所指内容的可接受性、认同性。

总之,以上情况表明,人际交往中第一人称指示语除了表示指代关系以外,还具有多方面的语用功能。在有的语境中,"我们"就比"我"在语用上具有更强的亲和力,因此我们不难理解为什么在可以使用"我"的语境中,说话人往往偏爱选择"我们"。

2. "他"还是"她"?

众所周知,英、汉语中对男女性别的表达是有区别的。"他"和 *he* 表示男性,而"她"和 *she* 则指示女性,"她们"指示女性,而非男性。但在客观交际中,也会出现一些意想不到的情况,尤其是当今社会的迅速发展,很多现象的出现让我们觉得十分棘手,语言使用中的性别指示关系也不例外。对此,恐怕也是仁者见仁,智者见智。

(1) 变性人的性别指示

请看下例,并注意划线部分代词的指示关系。

(23) 重庆男模陈勇军最大的梦想是"做个真女人"。11月19日,<u>他</u>
     在青岛接受变性手术,12月14日出院。医生说,最多半年,<u>她</u>

就会成为一个完全的女人。现在,陈勇军的名字变为"莉莉",她的生活究竟怎样?她的性别真的彻底变了吗?12日,《重庆晚报》特派记者奔赴青岛,对她进行了全面的采访。

　　莉莉已经成了个大忙人,当记者赶到青岛时,她正接受中央电视台的采访。莉莉身高1.73米,长发披肩,声音甜甜的。她想结婚,希望有个幸福的家庭,她也想回重庆老家看看亲人,希望有一天能在重庆举办个人演唱会。但她最大的希望是"做中国的河莉秀"。

　　当晚,我们见面。她秀发披肩,穿一件狐皮大衣,手拎一个时尚化妆盒,微笑着站在门口,记者惊呆了,"简直就是个时尚女孩!"

　　1.73米的个子,甜甜的声音,让人感到另一种女性魅力。但莉莉觉得这远远不够。青岛市妇幼保健院整形美容科的王希润是给莉莉动手术的医生。他风趣地说,莉莉现在还是个半成品,她还要经过3至6个月的恢复,才能成为一个完全的女人。……

　　　　　　　　(选自"手术后恍若隔世,重庆变性美女渴望结婚",
　　　　　　　　《重庆晚报》,2003年12月17日)

(24) 去年11月,重庆男模"莉莉"在青岛接受了由男到女的变性手术,由此实现了他人生最大的梦想。近日,"莉莉"来到南京,并决定在江苏施尔美整形美容医院接受下一步的面部整形手术,以彻底去除男性特征。昨天变性人"莉莉"正式入院准备接受手术。而当天恰巧是莉莉的23岁生日,医院专门为她举办了一个温馨的生日聚会。

　　　　　　　　(选自"重庆变性人'莉莉'在南京过23岁生日",
　　　　　　　　人民网,2004年1月9日)

(25) 昨天,全国首例女变男的变性人和自己心爱的女友在民政部门领取了结婚证。

　　29年前,他以女儿身来到人间,但20多年来,他从来不认为自己是女人,几乎每天都不由自主地抗拒着与生俱来的生理特性。为了爱情,今年夏天,他决然通过手术改变了性别。昨天,他和女友携手来到民政部门,办理了结婚登记手续,和苦苦相恋了3年的女友光明正大地步入了神圣的婚姻殿堂。

(选自"全国首例女变男变性人在四川领结婚证",
大洋网,2003年12月31日)

从严格意义上来说,上例中的"他"或"她"都属于前指现象(anaphora)(参阅本章2.3节)。有趣的是,例(23)、(24)中分别出现了"他"和"她"的指示代词,指代对象都是同一人物,但其性别却发生了根本转化。根据以上描述可见,作者选择的人称代词是伴随描写对象的生理特征的变化而不同,但还是让读者觉得"他"与"她"之间的转换有些随意,比如什么时候使用"他"?什么时候应该改用"她"?在该男子还未真正改变生理特征、成为完全的女性时,是否还应该使用"他"?是否实施变性手术后就应该换用"她"?还是在生理上变成完全的女性时才改用"她"?从例(23)和(24)中人称指示语的选择来看,还值得讨论。例(25)一开始就对描写对象进行了彻底的性别转换,使用"他"来指示由女变男的变性人。面对类似现象,恐怕难以统一意见。但此类事例可说明,语法约定与语言在实际运用中的情况存在某些差异。

(2)人妖、同性恋人的性别指示

中、外都有一些同性恋者,其性别指代关系也是语言使用中第三人指示语面临的一个难题。在指示男同性恋者的(爱情)对象或女同性恋者的(爱情)对象时,是否应该考虑他们/她们之间的角色关系,选择不同形式的第三人称指示语?还是应该使用相同的指示语指代同性恋者?值得探讨。

另外,"人妖"的性别指示也是一个问题。使用第三人称指示语时是否应该体现性别差异?是否应该按照"妖"(指与女性特征有关)的特征进行指示?选用"她/她们"还是"他/他们"?这也是摆在我们面前的一个有趣问题。我们知道,人妖均由男性装扮而成,非真正的女性,而"妖"往往又与女性特征密切联系在一起。请关注下例中人妖的第三人称指示关系及前指关系:

(26) 歌舞团近30年不衰

泰国东南部旅游城市帕塔亚的蒂芬妮人妖歌舞团是泰国和东南亚历史最悠久、规模最大的人妖演出团体,自1974年成立以来,生意一直很红火。

蒂芬妮歌舞团成立之初只有3名职业人妖演员。<u>她们</u>出于自身爱好,模仿当时著名的百老汇歌舞演出。由于模仿逼真而且专业素质高,<u>她们</u>一炮打响并迅速走红。如今,蒂芬妮歌舞团已有100多名全泰国最美艳的专业人妖演员,名气堪比法国红磨坊,演出场地也从最初简陋不堪的小舞台改在奢华的仿古希腊式建筑大剧场内,观众座位达千席。

……(略)

人妖生活不容易

人妖在泰国虽然不能真正为主流社会所接受,但好在并不遭受很大的歧视,学校里有人妖学生,商场里有人妖售货员。据不完全统计,到20世纪90年代,泰国人妖的数量已达2万多。

大多数人妖选择这条道路是为了挣钱,也有<u>一些人</u>则是天生的性别错位,但走上这条路后,大多数人妖都发现,<u>她们</u>不但要经历生理和心理的磨难,挣钱糊口也并非想像中那样简单。泰国法律规定,人妖仍然是男性,不过人妖在社会日常生活中定位为女性。人妖上公共卫生间会根据自己当天的服饰选择,如果是女性装束,那么自然去女卫生间。

……(略)

竞争激烈无缘爱情

<u>A</u>生于泰国中产阶层家庭,<u>她</u>当人妖不是为了赚钱,而是因为从小就喜欢做女孩子。父亲开始很难接受,但最后固执的<u>她</u>还是说服了父亲。经过长期服药和行为锻炼,A在成为一所艺术大学的学生时已经出落成了一位亭亭玉立

的"美女"。大学毕业后，A加入了人妖演出团，微薄的收入难以糊口。起初，A对于其他团员演出后和各色嫖客鬼混很不齿，但渐渐地，A体会了<u>姐妹们</u>的艰辛，她们非但没有经济来源，而且出卖身体挣的钱不少还要支援贫困的家人。A开始为自己20多岁仍不能自立而羞愧。最终，A走上了几乎所有人妖共同的道路——色情服务。A的美丽吸引了一位瑞典记者，两人从风月场结识逐渐发展为固定的<u>男女朋友</u>，A的家人也接受了这个西方"女婿"。在父母和男朋友的支持和资助下，A做了变性手术。但由于A不想跟男友去瑞典，两人最终分手。

再次回到表演舞台的A勤奋要强，<u>她</u>的天资、所受的教育和自己的努力使她在演出团的地位逐渐上升。但人妖演员之间的竞争是残酷而激烈的，完全是关系到个人生存的拼杀，虽然团员之间也有友谊互助，但生死关头却常有暗箭伤人。一天演出前，A刚穿上演出鞋就觉得脚下一阵剧痛，原来鞋中被人放了碎玻璃片。这就是人妖演员的生活。

人妖是泰国旅游产业的一大亮点，人妖表演是许多游客的必看节目。泰国的人妖，在迷幻的夜色中，日复一日地演绎着<u>她们</u>辛酸的人生。

（选自"泰国人妖辛酸生活揭秘：竞争激烈无缘爱情"，《环球时报》，2003年12月13日，记者甄翔）

根据以上描写，划线部分的"她们"、"她"、"姐妹们"其实所指代的对象全部是男性；从生理特征来说，"男女朋友"其实都是男性朋友，而非真正的男女朋友。因此，人妖应该被视为男性还是女性？应该使用"她"、"她们"，还是选择"他"、"他们"进行指代与指示？性别指示应该根据生理特征还是社会定位？恐怕难以定说。比如，泰国法律规定，人妖仍是男性，但人妖在日常社会生活中却被定位为女性，那么按照法律规定，上例中出现的"她"、"她们"或"姐妹们"是不可以的，按照生理特征，则应该使用"他"、"他们"或"兄弟们"进行第三人称指示，但按日常社会习惯，却又被定位为女性，故也可使用"她"或"她们"等。这自然给交际中第三人称代词或指示语的选择与使用带来了一定困难；同时，选择不同于常规条件下的第三人称代词或指示语，是否具有相同的可接受性、认同性？值得思考。

总的来说，类似现象的出现会给语言使用带来某些"新问题"，我们所面对的既是一个语言问题，也是一个社会语用现象（参阅第六章）。

§2.2.2 时间指示语

时间指示语表示人们通过话语传达信息或实施言语行为的时间关系。时间指示信息通常以说话人的话语时间为参照依据。由于语境条件不一样，说话人使用时间指示语表达的指示信息也不一样。要准确获知话语中的特定时间指示信息，我们必须明白说话人使用的是哪一类时间指示语，以及交际场合和动词时态等。比如，时间副词 *today* 指说话的当天，*now* 表示说话时刻，*yesterday* 表示说话的前一天，同样 *last month* 指说话的前一个月，而 *next week* 就指说话之后的一周。这些是一般情况下它们所代的时间指示信息，但在有的交际条件中它们还可指示话语的接受时间。它们所指示的时间关系可能还存在不确定性，比如 *now* 在不同语境下可表示 *today*，*this instant*，*this week*，*this month*，*this year* 或 *this century* 等，情况比较复杂，往往需要根据语境条件才能确定。类似时间指示语在汉语中的使用情况也基本一致。例如：

(27) 我们今天的生活很幸福。（指现阶段或这些年）

(28) 今天我们有三节课。（指说话的那一整天，或说话的当天上午）

(29) 你今天是球打得最好的一天。（指说话当天下午进行的比赛）

(30) Now it's 10:30 by my watch.（指说话的时刻）

(31) It is winter now.（指说话的那段时间或季节）

(32) I'm free now.（指这个月，或整个假期，或此时此刻）

(33) It's time to carry out the policy now.（指今年，或现阶段）

再如，下例中 *today* 则是包括说话当天在内的时间泛指，表示当今，也隐含了未来。

(34) Learning and the pursuit of knowledge are inconceivable today without access to all available technologies and the information they hold.

类似用法还可在广告语中发现。例如：

(35)

(选自 *The Times*，10 January，2004，p. 2)

这是一则有关 Arthritis 杂志的征订广告,其中的时间指示语 *today* 和 *tomorrow* 也是一种时间信息的泛指,并不表示明确的时间指示信息,*today* 可指每一天,也可指现在、此时、此刻;*tomorrow* 可指第二天,也可泛指未来。为此,在很多场合下时间指示语被人们蓄意用来传递非确定的指示信息,或表达含糊的时间指示信息,在商业广告中不乏类似现象,尤其是在一些不良广告宣传语中更为常见,故意使用含糊的时间指示信息,意在误导读者或消费者,以达到某种目的或获取利益。

在新闻发布会上(参阅以上例12),Paul Bremer 先生宣布伊拉克前总统萨达姆(Saddam Hussein)被抓消息后,还说了这样一句话:

(36) "Today is a great day."

其中 *today* 就是一个时间指示语，特指抓获萨达姆的那天——2003年12月14日，而不指示任何其他时间信息。可见，指示语或指示结构的理解受制于语境条件的变化。

大家再想想，英、汉语中"本周星期天"、"下周星期天"的所指时间信息是否相同？请看下例，它是英国威尔士大学在校园网上向全校师生发布的一则消息，时间是2003年12月4日。

(37)

| Events | Carol Service, this Sunday, 7 December |

University of Wales, Bangor
You are cordially invited to the University's Welsh Carol Service which is to be held at the Prichard Jones Hall at 8.00 p.m. next Sunday, 7 December 2003.
4/12/2003

此例是一个颇具说服力的实例。根据其中的时间关系，我们会发现 *next Sunday*（下周星期天）所指的时间信息却是离发布消息最近的星期天（7 December，即12月7日），相当于我们常说的"本周星期天"，因此标题中使用了 *this Sunday*，但文中却使用了 *next Sunday*，这绝不是错误所致。而汉语中"下周星期天"与"本周星期天/这个星期天"的时间所指信息往往是不同的，一般不可能指向同一个时间。因此，英语中 *next Sunday* 既可指本周星期天，也可指下周星期天。这是英、汉两种不同语言中时间指示信息的语用差异，应该引起我们的注意。

时间指示信息的获取往往需要依赖语境因素，有的可能是语言语境信息，也即可从上下文中寻找时间线索，但有时还需结合非语言语境信息，比如社会语境信息、某一特定的背景信息等。例如（摘自"毛泽东与柳亚子"（二），《人民日报》海外版，2004年1月5日，第7版）：

(38) 亚子先生吾兄道席：

诗及大示诵悉，深感勤勤恳恳诲人不倦之意。柳夫人清恙有起色否？处此严重情况，只有亲属能理解其痛苦，因而引起自己的痛苦，自非"气短"之说所可解释。时局方面，承询各项,目前均未至具体解决时期。报上云云,大都不足置信。前曾奉告二语:前途是光明的,道路是曲折的。吾辈多从曲折(即困难)二字着想,庶几反映了现实,免至失望时发生许多苦恼。而困难之克服,决不是那么容易的事情。此点深望先生引为同调。有些可谈的,容后面告,此处不复一一。先生诗慨当以慷,卑视陆游陈亮,读之使人感发兴起。可惜我只能读,不能做。但是千万读者中多我一个读者,也不算辱没先生,我又引以为豪了。敬颂

　　兴居安吉!

毛泽东
十月四日

这是毛泽东给柳亚子先生的一封信,最后只给出了"十月四日"的时间信息,但却缺少年代的时间指示信息,全文("毛泽东与柳亚子")也没有直接提到这封信究竟是在哪一年写的。但该文随后提到了"1949年初期,柳亚子等突然收到一份电报……"等信息,根据类似相关事件以及其他政治事件发生的时间信息进行推断,以上信件应该是1948年10月4日写的。再如:

(39)

Do you have a spare hour or two?

Maybe you've got some time between lectures and don't want to trudge back home or wander down the High St again!

The BLS needs volunteers to sit in the BLS common room during the day.

It will be a great way to use the facilities to help with assignments, a good time to catch up with friends AND there are tea and coffee making facilities!

Interested?

Pop down to the BLS, add your name and email address in a spare slot on the timetable on the door.

Training is Mon. 6th Oct at 10 am in the BLS.
Email els01b if there are any problems.

这是英国一所大学在校院网上贴出的一则招收学生志愿者的消息,其中提出了需要志愿者做什么、在什么地方、可利用什么、享用什么等好处,同时对感兴趣者提出了具体要求,并告诉了培训时间,但却没有直接提供需要志愿者的具体日期,只出现了 *during the day*,它究竟指哪一天呢? 在该交际语境中,它肯定是一个特定的时间指示信息。每年10月的最后一个星期六是该校举行大学开放日的时间,且已约定俗成,这是获取该时间指示信息的背景知识。这就是以上帖子中 *during the day* 的时间指示信息,它并不是从该语篇中可以直接寻找到的,需要读者具备有关时间指示信息的背景知识。

§2.2.3 地点指示语

地点指示语,也称空间指示语(space deixis),表示人们通过话语传达信息或实施言语行为的地点或空间位置。常见的地点指示副词包括 *here*,*there* 以及汉语中的"这里/这儿"、"那里/那儿"等。另外,*this*,*that* 等可与地点名词组合,构成 *this place*,*that country*,*in that place*,*in those situations* 之类的地点指示结构,它们和汉语中"这个地方"、"那个位置"、"那个方向"、"这个方位"等类似结构一样,具有很强的地点与空间指示关系。它们表示话语中有关物体的方位或空间信息,或说话时刻说话人与听话人所处的位置等。有些物体的方位从物体本身可以表示出来,但由于说话人或听话人所处位置与物体本身的方位不同,话语会因此产生歧义,甚至引起误解。此外,一些表示状态或移动的动词,为表示事物的准确位置或方位,通常需要不同的地点指示语进行配合。因此,交际中,结合语境或情景来正确表达和理解话语的地点指示语信息,是十分重要的。例如:

(40) a. He is behind me.
b. I'm in front of him.

例(40)a 和(40)b 表示的基本信息相同,是同一情况的不同说法而已,但不同主体所处的方位是不同的。因此,地点指示语的特定指

示信息也需要结合语境条件,它们的所指信息具有灵活性、动态性。只根据表面现象或语言语境,地点指示信息是很难确定的。例如:

(41)

(选自 *The Times*,January 10, 2004, p.1)

此图中 here 指向哪儿?电视屏幕?电视所在的房间?还是电视观众所在的地方?英国?类似词语或结构所表达的指示信息需要参照特定的语境因素,才能准确判定,否则可能引起理解时的困惑,甚至导致不解。

地点副词 here 和 there 之间也存在指示含糊。在不同语境条件下,here 可表示 *at this spot*, *in this hotel*, *on the earth*, *in this city/state/country/hemisphere/planet/galaxy* 等信息,有时它可不指向说话人或读者所在的地方。比如,我们从一位朋友寄来的信中读到"这里已开始下雪了",此时"这里"就不是指我们(=读者)所在的地方,而指示写信人所在的"那里"。同样,*this spot* 的指示信息也相当含糊,可指一个小点,可指一个很小的地方,也可表示一个较大的地方,只有借助于手势或获知说话人的交际意图之后才能判定其所指范围。另外,地点指示语可分为两类:手势用法(gestural use)和象征用法(symbolic use)。手势用法指当听话人在场的情况下,以说话人在说话时刻所处的位置为基准的空间位置,它是说话人可以用手势向听话人指点出来的方位或地点。例如:

(42) 把这本书拿到<u>那里</u>去,把那本书放到<u>这里</u>来。

(43) 我用<u>这台电脑</u>,你用<u>那台</u>。

(44) Please put the bags <u>here</u>, not <u>there</u>.

(45) Write the names <u>on this board</u>, and their titles <u>on that board</u>.

以上的指示语属于手势用法,说话人使用类似词语或结构时往往会伴随一定的手势。有近指和远指之分。*Here*, *this*...、"这里"、"这个……"、"这台……"等表示说话时刻靠近说话人所处位置的物体方位或空间位置,相当于 *the one here*;而 *there*, *that*...、"那里"、"那个……"、"那台……"等表示说话时刻远离说话人所处位置的物体方位或空间位置,相当于 *the one there*。象征用法指包括说话人所处位置在内的一个较笼统的空间或地域单位,它是听话人熟悉或可想象出来的地点。例如:

(46) 我刚从<u>那里</u>回来。

(47) Will you go to <u>that city</u> with me next time?

此外,部分表示移动的动词,也存在不同的方位指示。比如,英语中的 *come* 与 *go*,*bring* 与 *take*,汉语中的"来"与"去"、"拿来"与"拿走"、"带来"与"带去"等。例如:

(48) Ask him to <u>come</u> here.

(49) I'll <u>go</u> there next week.

(50) <u>进来</u>吧。

(51) 我们以后再<u>去</u>北京。

上例中 *come* 和 *go*、"进来"和"去"具有不同的方位指示。要了解 *come* 和 *go*,*bring* 和 *take* 一类移动动词的指示意义,必须对这类动词的各种指示关系有所了解。首先,要了解发生这类行为的移动实体的人称指示关系,即发出这类行为的人是说话人、听话人,还是第三者;

其次,要了解目的地与地点指示的关系,即目的地是说话人所在地、听话人所在地,还是第三者所在地;最后,还要了解发出这类行为的时间指示关系,即行为发生在说话时刻之前还是之后,否则就可能出现语用失误,比如我们就不能使用以下的话语:

(52) * Ask him to go here.

(53) * I'll come there next week.

(54) * Let's come over there.

(55) * 咱们过来吧。

§2.2.4　话语指示语

话语指示语或语篇指示语(text deixis),指在说话或写作过程中选择恰当的词汇或结构来传递话语或语篇中的某种指示信息。由于交际涉及一定的时间和地点,所以话语指示语与时间指示信息、地点指示信息等之间存在密切联系,有时话语指示语本身就是表示时间信息和地点空间信息的指示语。比如,*earlier* 和 *later*,*the preceding...* 和 *the following...*,*the next...* 和 *the last...*,*the former* 和 *the latter*,*above* 和 *below*,*this* 和 *that* 等。在一定语境中,类似结构可分别表示前述话语或后述话语中所隐含的信息;它们可单独使用,也可成对出现,在连续性话语中起着承上启下的信息指向或信息照应功能。如例(56)中,*the following* 就是一个指示后续话语或后续语篇中某一信息的话语指示语;例(57)中"综上所述"则是一个表示前指信息关系的话语指示语。

(56) The following is from the received Robert Stevenson Production of Jane Eyre for Fox.

(57) 综上所述,养鸟也是爱鸟,而非害鸟。

再如下例(58)的对话中,我们很容易发现"这一天"和"那天"都是指签订家庭协议的"9月18日",属于前面所讨论过的时间指示语,表示相同的时间指示关系,但在以下语境中它们也可被视为话语指示语或语篇指示语,因为我们可以从前后话语中寻找它们之间的所指关系或照应关系。因此,我们认为它们具有话语指示语的功能。

(58) 主持人:不敢交流。可是您还记得在签协议的<u>这一天</u>,<u>9月18日这一天</u>,是您跟孩子商量好的,签的呢?还是您自作主张跟他签的?

嘉宾1:我原来跟爱人两三年前,就跟她讨论这个问题,酝酿、吹耳旁风、吹枕边风,当然她不同意,但是慢慢地,不能着急。

主持人:这个事那么难?

嘉宾1:不是一下想得开的,孩子在毕业之前,我也下毛毛雨,说自己找工作,可能他没往心里去。

主持人:您跟您爱人说的时候,您爱人不同意,最主要的理由是什么?

嘉宾1:最主要的理由,她说,有这个能力吗?一是你本人可以有关系,你可以找去,你找一下,托个人走个后门,手拿把掐的。

主持人:觉得没有什么问题,你怎么那么为难儿子呢?您爱人今天也来了,孙阿姨在这儿。我们问一下孙阿姨,签协议的<u>那天</u>,阿姨签字了没有?您还记得<u>那天</u>吧?

嘉宾2:记得。签协议<u>那天</u>,我上班,我不在家,他们俩签了,签了以后,我下班比较晚,回来以后就觉得家里气氛不大好,紧张,两人不说话,……

(选自"家庭协议",中央电视台《实话实说》节目,2003年9日)

在有的语境中,某一话语指示语所指代的特定信息在其所属的话语或语篇中是不可能找到的,听话人往往需要具备一定的背景知识或交际双方共知的相关信息,以获取该结构的话语指示信息。例如(选自"毛泽东与文化名人",《人民日报》海外版,2004年1月14日,第7版):

(59) 雁冰兄:

示悉。写了一句话,作为题词,未知可用否?封面宜由兄写,或请沫若兄写,不宜要我写。

                毛泽东
               九月二十三日

  以上是1949年9月23日毛泽东给沈雁冰(茅盾)的一封回信,信中的"一句话"就是一个话语指示语,指代某一特定信息,毛泽东在信中并没有直接重复"一句话"的指示信息,但交际双方却是清楚的、共知的。作为一般读者,我们难以知道或根据书信推断,因此需要相关的背景信息——在1949年,《人民文学》创刊,茅盾担任主编,他觉得创刊号上最好能有毛泽东的题词和题写的刊名,于是茅盾就给毛泽东写了一封信。随后,毛泽东写来了一句题词"希望有更多好作品出世",同时附了以上回信。由此可见,回信中的"一句话"指示"希望有更多好作品出世"的信息。可见,表示话语或语篇指示信息的不仅是代词或代词性结构,名词或名词性结构也可表示某一指示信息,这类指示现象在语篇阅读中十分常见。了解话语指示语或语篇指示语及其功能将有助于我们更好地获取话语信息和语篇信息。

§2.2.5 社交指示语

  社交指示语就是人际交往中与人际关系联系密切的结构或词语,它们使用的目的在于改变、顺应或调节说话人和听话人之间,或说话人和第三者之间的人际关系,比如各种敬称、称呼语等。在很多条件下,社交指示语的探讨与社会语言学研究密切联系。如例(60)中,"同志"是我国在20世纪六七十年代使用范围十分广泛的称呼语,它的使用具有建立、改善说话人和听话人之间的人际关系的作用;又如例(61)中,$Jenny$ 是 $Jennifer$ 的简称,类似用法的出现体现了说话人与听话人之间的某种亲疏关系,具有人际社交关系的指示功能。

  (60) 同志,能告诉北京路怎么走吗?

  (61) Jenny, I'd like you to tell me the details of the document.

  此外,在人际交往中,某些人称指示语在特定语境中也可能具有社交指示语的功能。比如,汉语中的"您"、"您们"要比使用"你"和"你们"更显说话人的礼貌,更利于建立或维护人际社交关系。再如,例(62)中的人称代词"我们"实指主持人本人,等于"我",而非表示复指关系,但"我们"具有语用移情的社交指示功能,可缩短说话人(主持人)和听众之间在现时语境中的社交距离,或改善社交关系等,进而有助于顺利推进言语交际,因此该人称指示语也具有社交指示语的双重交际功能;再如例(63),在路上见面后,甲对乙使用了动词"来",而非"去",这一表示方位/地点指向的指示语同样具有社交指示语的功能,因为说话人选择了从听话人的角度出发,从而使该话语更具亲和力。可见,在人际交往中,一定语境条件下的人称指示语、地点指示语等也具有社交指示语的语用功能。

(62) 主持人:觉得没有什么问题,你怎么那么为难儿子呢?您爱人今天也来了,孙阿姨在这儿。<u>我们</u>问一下孙阿姨,签协议的那天,阿姨签字了没有?您还记得那天吧。

(选自"家庭协议",中央电视台《实话实说》节目,2003年9日)

(63) "下周<u>我来你家</u>帮你重新安装软件。"

§2.2.6 数字指示信息

交际中的话语或某一结构不仅在于表达语义信息,在特定语境中还可能隐含其他的语用信息。除了以上的指示语类别或指示结构的以外,某些数字在特定条件下也可能指代特定的信息,或隐含特定的语用信息。例如:

(64) 中途换球衣在正式的足球比赛中几乎是不可能的。因为要求得不到满足,一个著名的球迷团体打出了"中邦,105"的标语。

(选自"中邦告别赛竟遭主场球迷辱骂,……",《足球》报,2004年11月29日)

此事件发生于2004年11月28日,在中国足球甲级联赛中,因为球迷对主场球队"中邦"的不满,于是出现了"中邦,105"的标语,那么"105"隐含了什么信息呢?在此语境中,"105"的出现绝非无缘无故,显然传递了一定的语用信息,而仅非字面上的数字意义。此语境中,我们可将"105"与粤语中的一句著名脏话的谐音联系起来,解读其特定所指,因为根据现场气氛,球迷显然在借此表达对珠海中邦足球队的不满与愤怒,这就是"105"在特定语境中所隐含的语用指示信息。在此语境中,不懂粤语的一般读者或听众也会努力获解其交际用意。再如:

(65) 当阿里·汉走进海南的金鑫基地时,倒计时牌上写着"还有41天"。阿里·汉看不懂中文,但他显然知道"41"的意义。
(选自"汉考察新人补缺位置,战术布置细化到左右脚",2004年1月9日,《体坛周刊》)

以上话语中"还有41天"表示什么呢?难道其目的仅在于告诉人们还有41天的时间吗?对其理解需要具备相关的背景信息,否则只可能从字面上获知还剩41天时间的简单信息,而不知其具体信息与交际用意。这里的"41"表示从2004年1月9日到2月18日只剩41天的时间了,中国国家男子足球队就要与科威特国家男子足球队进行2006年世界杯亚洲区预选赛。这是"还有41天"传递的基本信息。但它作为一个告示牌,其最主要作用在于它的醒示功能,在于提醒、告诫所有的国家足球队队员,包括教练、工作人员等,离正式比赛的时间不多了,应该抓紧时间认真训练。这是"还有41天"在特定场合、特定时间、对特征人员传递的语用信息与用意。在此条件下,该告示牌出现的最大目的也在于实施其语用功能并取得一定的效果,而仅非表达简单的语义信息。可见,交际中的数字或与数字联系在一起的结构同样具有重要的语用指示功能,或隐含一定的交际用意。再看下例:

(66) 2003年10月,中国与东盟领导人宣布将在10年内建成"中国—东盟自由贸易区",有评论说,这将是20年后与欧共体、北美自由贸易区并驾齐驱的全球最有发展潜力的自由贸易区。而在这个最有潜力的自由贸易区里,泛珠三角"9+2"处于其中心位置及两大板块交界处,地缘优势非常突出,能否将此地缘优势化为经济优势,就有赖于"9+2"的主观能动性了。共建泛珠三角经济圈,正是"9+2"发挥能动性,奠定自己在自由贸易区里核心地位的重要举措。……

　　　　对于中国东盟自由贸易区带来的机遇,与东南亚国家直接接壤的广西和云南反应最快,并制定了一系列的对策。有专家指出,作为泛珠三角经济圈倡导者的广东,必须注意实现"9+2"与"10+1"的对接,积极探索将大珠三角建成中国和东盟海上贸易通道的方式与战略,这样才能将建设泛珠三角经济圈的潜在战略利益充分地挖掘出来。

(选自"泛珠三角:着眼未来20年的战略抉择",
《人民日报》海外版,2004年1月5日,第9版)

　　仅根据以上的语言语境,我们是不可能明白也很难推测其中"9+2"和"10+1"两组数字指代的具体信息。需要具备相关的背景信息:"泛珠三角"又叫"9+2",指沿珠江流域的广东、广西、福建、江西、海南、湖南、四川、云南、贵州9个省,加上香港和澳门两个特别行政区,进行区域合作,共谋经济发展。据此,"9+2"就是9个省,加上2个特别行政区。但我们还想知道什么是"10+1"?根据该语言语境,也很难推测,因它所对应的是精确信息,而非含糊指示。可见,对于需要精确或准确信息时,相关数字可能给读者带来一定的信息空缺,造成理解上的难度。这说明数字所对应的指示信息在交际中是存在的,可协助相关信息的传递,但在缺少相关背景信息的条件下,必然给人们的理解造成一定影响。再如:

(67) 对有志创业者,将深入开展创业培训;对在校大学生,则继续实施"双证书制度"(即毕业证书和《高校学生职业资格证书》),并启动"高校学生职业资格培训经费补贴"办法;对在职职工,将进一步开展岗位技能更新和等级提升的培训;对"4050"群体,继续做好再就业上岗培训;对郊区农村富余劳动力,开展大规模定向培训,并启动"青年万人培训项目"。

(选自"上海加强培养'灰领'人才,部分职业标准要提升",
http://www.chinanews.com.cn,2004年1月12日)

　　当我们看到上文中的"4050群体"时,一定想知道它所特指的是什么群体。既然全文未有介绍,我们只能根据语言语境信息进行推测,"4050"群体可能指代20世纪40年代或50年代出生的人们。无论如何,该数字也指示一定的特殊信息。

以上我们就指示语的主要类别进行了介绍和例释,比如人称指示语、时间指示语、地点指示语、话语指示语、社交指示语,以及它们的所指信息,也对数字的指示信息进行了简单讨论。对类似词语或结构的了解与分析,可帮助大家更加关注日常交际中的语用现象及其在特定条件下的语用功能及取效。

§2.3 前指现象

前指(anaphora)是现代语言学研究中的热门课题之一,尤其是语篇分析、系统功能语言学探索的主要对象。Anaphora一词来源于希腊语中的"αναφορα",意思就是"指前"或"回指"(carrying back)。因而,前指就是两个或多个语言结构之间的信息指代关系,其中一个结构(即前指词或前指结构)的理解依赖于另一个结构(即先行词)。简言之,前指词或前指结构往往指向上文中已出现过的语言成分,即先行词(antecedent)。前指词语与先行词之间的联系称为前指关系(anaphoric relation)。如同指示语或指示结构一样,前指也是一种需要依赖语境条件才能确定的语言现象。例如:

(68) When **John** saw me this morning, he told something about his work.

(69) 最近**小王**上班总迟到,可能她出了什么事情。

根据前后话语之间的语言语境关系,例(68)中he就是回指前面的John,其中he是一个前指词,John就是它的先行词;例(69)中"她"也是一个前指词,回指前面已出现的"小王"。从形式上讲,我们可简要归纳出几种常见的前指现象:

A. 代词或反身代词

(70) **Mariam** said that her husband hit her.

(71) John bought a new **CD**, but his friend bought a second one.

(72) 白天**杜梅**说出去办点事一早就走了,快到中午吃饭的时候才回来。我正在和贾玲站在礼堂前说话,她从大门进来,一身灰尘一脸疲惫,看见我们淡淡地打了个招呼,自己回家了。

(选自《过把瘾就死》,《王朔文集(上)》,华艺出版社,2002年,第222—223页。)

例(70)中人称代词 her 回指 Mariam;例(71)中 one 等于前面的 CD;例(72)中"她"和"自己"都指代前面的"杜梅",它们都是根据所在的语言语境可以确定的。

B. 名词或名词结构

(73) **A group of people** came in and asked for some tea, only Jenny preferred beer.

(74) 小刘硬梆梆的话伤了**胖男孩**。胖男孩/该男孩不高兴,耷拉下脑袋,很快就离开了。

根据以上语境条件,例(73)中 Jenny 显然回指前面的 a group of people,是其中的一个部分或个体;例(74)中"胖男孩/该男孩"也指代前一话语中的"胖男孩"。

C. 零指代/指代空缺

(75) My **favorite subject** is syntax, but Jack's Ø is semantics.

(76) 他昨天下午把**论文**交来,老师今天上午就看Ø了。

(77) 他喜欢**语用学**,我也喜欢Ø。

零指代(zero anaphora)就是一种前指词或前指结构的空缺,但依赖相关语言语境,听话人或读者则是容易补全的。例(75)中所空缺的就是 favorite subject;例(76)中所空缺的是"论文";而例(77)中所空缺的则是"语用学"。

D. 动词或动词结构的省略与替代

(78) John **smiled**, and Bill did too (/so did Bill).

(比较:他笑了,我也笑了。)

(79) He **handed in his paper** yesterday, I did today.

(比较:他昨天交了论文,我今天交的。)

根据以上语境,我们可发现例(78)、(79)所省略的动词或动词词组,即明确 did 所替代的词语或结构,这也是一种前指现象。相比之下,汉语中类似表示前指关系的动词却往往保留。

根据以上例释,我们不难发现,前指以及前指关系的确定所依赖的主要是语言语境,即话语的前后句法—语义关系。不同的是,2.2 节中所讨论的指示语及其所指信息的确定在很多条件下所依赖的是非语言语境信息。

思考与分析

1. 什么是指示语?它包括哪些主要类别?
2. 举例说明什么是地点指示语的手势用法。
3. 指示语和前指现象有何区别?请举例说明。
4. 以下是《足球》报的记者对重庆著名的民营企业家、重庆力帆足球俱乐部老板尹先生的一段采访。请分析:
   A. 第一人称、第二人称和第三人称代词的所指对象;
   B. 什么时候使用"我"?什么时候使用"我们"?它们的使用是否与所指对象的数量有关?
   C. 如果不是因为受所指对象数量的影响,那么什么原因促使说话人在"我"与"我们"之间进行转换?
   D. 如果不考虑所指对象的数量,什么时候使用"我们"比"我"更恰当,使该话语更具接受性?

   记:开门见山,问一个最直接但看上去又有些大的问题,你为什么会买下云南红塔?
   尹:这个问题是不小,但一些大的原因我就不说了,我只说一个具体的答案,就是为了报答乡亲父老。今年,我们力帆队因为一些工作上的失误,最后没有冲上中超,让重庆广大球迷非常失望,让我觉得愧对乡亲父老。重庆三千万人民对力帆有养育之恩,作为一个直辖市,酷爱足球的重庆人民不能没有一支中超球队。力帆集团一直希望凭借自己的努力,尽快弥补自己在今年甲 A 中的失误,我们很早就在进行这方面的工作,既然有了收购红塔为重庆人民夺回一个中超名额的机会,我们当然就毫不犹豫地抓住了。

记：你在什么时候动了收购红塔这个念头呢？

尹：从联赛最后一轮结束那一刻起，我就下了无论如何也要争取早日重返中超的决心，力帆不能早一日重返中超，我就无颜面对江东父老，从11月30日联赛结束那一天，到现在，我一直没有睡过一天好觉。现在我可以告诉你，当时我们就是这么想的，不管是扩军还是收购，我们就是靠买也要买进中超。我们很早就与辽宁队接触过，只不过因为种种原因没能谈成。所以当我们得知云南红塔要退出的时候，我们马上就决定一定要把红塔的中超名额买过来。

记：有报道说，你们买红塔花了3800万。如果算上卖掉红塔原来三名队员的价钱，再算上你们卖掉力帆现有一些队员的价钱，如果你们还能把中甲的资格都卖掉，你们可能两千万都不到，就稳稳地买到一个中超名额，这是一笔很划算的买卖吧？

尹：我告诉你，我们买红塔的价钱肯定不是3800万。具体是多少，这有关双方的商业机密，我不便向外界透露。你想想，现在卖队员真能卖出那么多的钱吗？明年球员的转会费肯定要降，现在八一也解散了，那么多球员都要重新上岗，哪有那么多位置？明年的转会市场是供大于求，卖球员不可能像你说的那样卖那么多钱。

记：你曾经多次宣称，要在重庆打造一支"百年老店"的足球俱乐部，而且在重庆推行本土化，但这次收购云南红塔后，这样的方向可能要转向吧？

尹：没有办法，只有一切从头再来，重新开始了。

记：那你如何安慰那些将要被挂牌卖到其他地方甚至有可能找不到俱乐部踢球的队员呢？

尹：我想告诉他们，我们一定会对他们做出妥善的安置，而且是金子到哪里都会发光。其实形势并不像他们想像的那么黑暗，现在上门来找我们要求收购我们中甲资格的企业很多，形势好得出乎我们的预料。这些企业如果想把我们的中甲资格买过去，按中国足协的规定，肯定要把我们一线队的大部分队员都接过去。

记：三年前，你买寰岛，花了6000万，现在买红塔，你又花了4000万，加起来正好是一个亿，在中国足坛投入这么多钱，能得到物有所值的回报吗？

尹：实际上，我们在足球上面已经投入了两亿两千万了。有人说，前两年，我投入足球，是为了给我的力帆摩托车做广告，现在买红塔，是为了给我明年推出的力帆轿车做广告。介入足球后，我的企业经营的确是在增长之中，但我觉得，这其中并没有必然的联系。不搞足球，我们企业一样可以赚那么多钱。所以关于回报这个问题，实实在在的数字很难说清，无形的价值更难说清，我只能告诉你，无法评估。

记：红塔是你收购的第二家俱乐部，收购第二家俱乐部与你收购第一家俱乐部有什么不一样的心情？

尹：买两家俱乐部算不了什么，如果有机会买第三家也不是不可能。不过这两次收购的心情当然是不一样的，买第二双皮鞋和买第一双皮鞋都有不一样的心情呢。不过这样的心情还是不说出来的好吧。

记：近年来，有不少企业都觉得中国足球越来越难搞，已经有很多企业抽身而退，还有不少企业已开始打退堂鼓，现在红塔这种航空母舰型的国营大集团都撒手不玩了，你们为什么还要往里砸钱？

尹：我刚才已经说过，最大的动力就是报答乡亲父老。每个人对金钱的价值观是不一样的。我的观念是取之于社会，用之于社会。把我们力帆从社会上赚的钱拿一部分出来，为重庆人民办一支中超俱乐部，这也是我们回报社会的一种方式。

记：今年力帆队在甲A没能取得好成绩，很多人认为，是力帆舍不得在足球上花钱，更有报道说，力帆在经营上出现了大幅度的滑坡。明年中超的投入，肯定会比在甲A的投入还要多，有人怀疑，力帆能不能玩得起中超？

尹：我可以告诉你一个数字，力帆集团一年的出口额占整个重庆市出口总额的12%，排重庆市第二名的企业才占6%，比我们要少一半。<u>我们</u>一年的出口总额是 1.85 亿美金,光出口退税就有两个多亿人民币。你说<u>我们</u>玩不玩得起中超?有关力帆资金上出现严重问题,完全都是一些别有用心的人在造谣。

记:今年,力帆队没能在联赛中打进中超,除了俱乐部本身的一些工作失误外,也吃了不少明枪暗箭的亏,你本人就亲自撰文抨击过中国足坛的一些不良现象,中超也不可能改变中国足坛的一些黑色交易,为什么<u>你们</u>还要投入更多的钱来趟这潭浑水?

尹:对中国足球我们现在就不必太多地去说三道四了,中国足球存在的问题,并不会因为<u>我们</u>说不说就存在或者消亡。中国的投资环境是现在世界上最好的投资环境,但与中国整个国家的投资环境相比,中国足球的投资环境却让很多投资者不满意,<u>我</u>想这应该引起<u>我们</u>每一个足球管理者、每一个足球投资者、每一个足球从业人员和每一个足球爱好者去好好思考一下。

(选自"尹明善:买进中超只因愧对父老,退出想法随时有",《足球》,2003 年 12 月 29 日)

5. 以下是两个摘选:选段一是温家宝总理于 2003 年 12 月 15 日在非洲埃塞俄比亚的首都亚的斯亚贝巴召开的"中非合作论坛第二届部长级会议"上的讲话;选段二是国家主席胡锦涛于 2003 年 12 月 26 日在纪念毛泽东同志诞辰 110 周年座谈会上的讲话。请分析与比较:

A. 以下两个选段中"我们"的使用与以上对话中"我们"的出现是否存在差异?如果有,表现在什么地方?

B. "我们主张"与"我主张"之间是否存在语用差异?

C. 为什么使用"我愿对中非关系的发展提出以下建议",而不使用"我们愿对中非关系的发展提出以下建议"?主要语用差异表现在什么地方?

选段一:
    女士们、先生们、朋友们,中国是世界上最大的发展中国家。

非洲是发展中国家最集中的大陆。中非合作是南南合作的重要组成部分。进一步加强同包括非洲在内的广大发展中国家的团结与合作,是中国新一届政府坚定不移的方针。我们愿同非洲各国一道,进一步发展和加强中非长期稳定、平等互利、全面合作的新型伙伴关系,使之成为南南合作的典范。我们主张,中非合作在行动,应以有利于非洲国家现实经济社会发展、改善人民生活为出发点和落脚点。本着这样的精神,我愿对中非关系的发展提出以下建议。……(略)

(选自"继往开来,全面推进中非友好合作",《人民日报》海外版,2003年12月16日,第1版)

选段二:

……我们将继续坚持"和平统一、一国两制"的基本方针,贯彻现阶段发展两岸关系、推进祖国和平统一进程的八项主张,团结广大台湾同胞,加强两岸人员来往和经济文化等领域的交流,维护台海和平,造福两岸人民。我们充分理解和尊重台湾同胞求和平、求安定、求发展的意愿和对民主的祈求。我们将以最大的诚意、尽最大的努力争取和平统一的前景。但对任何旨在制造"台湾独立"、"两个中国"、"一中一台"的言行,13亿中国人民都坚决反对。我们绝不允许任何人以任何方式把台湾从中国分割出去。……(略)

(选自"在纪念毛泽东同志诞辰110周年座谈会上的讲话",《人民日报》海外版,2003年12月27日,第1版)

6. 以下是一位记者对中国女子足球队教练采访的书面片段。有意思的是,当提及对方还未出生的孩子时,该报道却使用了"他",为什么不使用"她"呢?这说明了什么?请分析。

记 者:问个私人问题,听说您太太是我们山东很有名的游泳运动员是吧,做女足教练肯定跟太太的支持分不开?听说您要当爸爸了,肯定很开心,首先祝贺您!将来是否还要他搞您这一行?

张教练:是的,太太非常支持。不过自己很内疚,照顾不过来家里。为国家,为女足,放弃小家,值得;反过来没有大家,就没有小家。我想女足一定会成功。至于孩子搞什么,要看他的兴趣,首先培养孩子兴趣,培养兴趣很重要,有兴趣将来做什么一定能做好。

(选自"女足主帅张海涛访谈:最大目标进入雅典奥运会",人民网,2003年1月22日)

参考书目

Cruse, D. Alan. 2000. *Meaning in Language: An Introduction to Semantics and Pragmatics*. Oxford University Press.

Fillmore, Charles, J. 1971. *Santa Cruz Lectures on Deixis*. Reproduced, 1975. Indiana: IU Linguistic Club.

Grundy, P. 1995. *Doing Pragmatics*. Edward Arnold.

Jaszczolt, K. M. 2002. *Semantics and Pragmatics: Meaning in Language and Discourse*. Cambridge University Press.

Levinson, S. C. 2001. *Pragmatics*. 外语教学与研究出版社/Cambridge University Press.

冉永平:《语义学与语用学:语言与话语中的意义》(*Semantics and Pragmatics: Meaning in Language and Discourse*)导读,北京大学出版社,2004年。

阅读书目

Cruse, D. Alan. 2000. *Meaning in Language: An Introduction to Semantics and Pragmatics*. Oxford University Press. Chapter 15, pp. 305—327.

He, Ziran. 2004. *Notes on Pragmatics*. Nanjing Normal University. Chapter 3, pp. 44—56.

Levinson, S. C. 2001. *Pragmatics*. 外语教学与研究出版社/Cambridge University Press. Chapter 2, pp. 54—96.

Yule, George. 2000. *Pragmatics*. 上海外语教育出版社。第二章,第6—

24页。

何兆熊等:《新编语用学概要》,上海外语教育出版社,第三章,第56—85页,2000年。

何自然:《语用学与英语学习》,上海外语教育出版社,第二章,第24—46页,1997年。

何自然、陈新仁:《当代语用学》,外语教学与研究出版社,第六章,第123—138页,2004年。

何自然、冉永平:《语用学概论》(修订本),湖南教育出版社,第二章,第31—76页,2002年。

第三章

语用含意与人际交往原则

§3.1 什么是会话含意

无论是在英语,还是在汉语的交际中,我们可发现很多信息都不是直接传递的,也即交际中说话人通过某一话语传递的语用信息并非等于该话语的字面意义或语义组合。在此情况下,作为信息接受者的听话人需要根据相关的语境因素进行推理,由此获取字面意义以外的交际信息。该信息就是一种隐含的语用信息,可简称"含意"(implicature)。它是一种言外之意、弦外之音。例如:

(1) A：Let's go to the cinema this evening.

B：We'll have the English exam tomorrow.

(2) 甲：下午踢球吧!

乙：上午在换草皮。

例(1)中,B并没有直接接受或拒绝 A 的邀请,而是通过陈述信息"*We'll have the English exam tomorrow*"(我们明天有英语考试)向对方传递了"我今晚不能去看电影,因明天有英语考试"的含意;同样例(2)中,面对对方的邀请,乙也没有直接接受或拒绝,而是向对方进行信息陈述"上午在换草皮",从而隐含"上午在换草皮,不能踢球"的含意。这些隐含的非字面信息需要听话人具备一定的推理能力,而不能直接根据话语的字面意义获取表面信息,或进行语义解码。在言语交际中,类似的字面意义或语义意义以外的隐含信息就是我们要讨论的会话中的含意,即会话含意(conversational implicature)。

除了会话等言语交际中存在隐含信息以外,非语言交际也存在语用含意的问题。例如:

(3)

一道新菜式

10月17日,世界文化遗产山西平遥古城南城门一段城墙轰然倒塌,其他地方也发现有多处裂缝,当地文物局的维修方案已经通过,但800万元的维修资金目前还没有到位.据平遥县委一位官员证实,平遥古城今年的门票收入已超过4000万元,除了上缴政府的外,其余的被用于支付平遥古城旅游股份有限公司员工工资,股东收益以及开发运作,但就是没有修城墙的钱.

骡戈/漫画

(选自《南方都市报》,2004年10月27日,A3版)

以上漫画中,表面上两人正在分享一道"美餐"。对其隐含信息的理解,需要依赖一定的背景信息:2004年10月17日,世界文化遗产山西平遥古城南城门的一段城墙突然倒塌,原因在于年久失修,但倒塌后维修费用却迟迟得不到落实,相关部门纷纷推委。于是该作者有感而发,显然利用类似漫画批评、讽刺有关责任部门只顾利用国家资源获取自身利益,而忽略资源的保护与维修。这就是以上漫画所隐含的语用信息,也即含意。

§3.2 合作原则与含意

以上简单讨论了什么是含意,我们还想知道它是怎么产生的? 这是一个十分必要的问题。会话含意及其理论的提出、发展是与日常语言哲学家 H. P. Grice(1975)的贡献密不可分的,他提出了一套有关言语交际的、以准则为基础的总原则——合作原则(Cooperative Principle)。在言语交际中,会话不是说话人所进行的杂乱无章的语句堆砌,它总会伴随一定的目的,或者说具有一定的意图。为此,从话语理解或信息处理的角度来说,说话人使用的话语之间总是彼此联系的,总会服务于某一交际目的。在Grice看来,为了保证会话等言语交际的顺利进行,交际双方必须共同遵守某些基本原则,即合作原则。言语交际中,人们总是互相合作的,都怀着这样一个共同愿望:双方的话语都能互相理解,相互配合。因此,他们都遵守合作原则,并"根据双方会话的目的或交流的方向,在一定语境下提供会话所需的话语或信息"(Cruse 2000:355)。

合作原则包括以下四条准则(maxim),且每一条准则还包括一定的次准则(sub-maxim):

A. 质准则(Quality Maxim)

它关注的是话语或信息的真实性,要求人们说真话,即要提供真实信息。它包括两条次准则:

a. 不要说自知是虚假的话语或提供虚假的信息;

b. 不要说缺乏足够证据的话语或信息。

其实第二条次准则蕴涵了第一条次准则。我们可简单地将它们归纳为:不要提供未得证实的信息。在日常交际中,该准则被人们视为最重要的一条准则,违背"质准则"往往与撒谎、说话人的道德联系在一起。例如:

(4) 中国是一个人口众多的国家。

(5) Syntax is more abstract than pragmatics.

对于这样的话语,说话人一定要有足够的证据或理由说明它们具有真实性,或让听话人信服,否则就可能违背"质准则"。如例(6)、(7)都是违背了"质准则"的话语。

(6) 美国是中国的近邻。

(7) The sun goes around the earth.

B. 量准则(Quantity Maxim)

它关注的是话语的信息量。包括两条次准则:

a. 所提供的信息应是交际所需要的;

b. 不要提供交际以外的额外信息或少提供信息,即提供的信息应不多也不少。

例如：

(8) 甲：今天中午吃的什么？

乙：蛋炒饭。

(9) 甲：昨天上街买了些什么？

乙：就买了些东西。

(10) A：Is the exam difficult?

B：Not very actually. My mother teaches me to play the piano on the weekends, and father cooks for us.

例(8)中，乙如实地回答了甲的提问，并提供了对方所需要的信息，可见乙遵守了"量准则"，也就遵守了合作原则；例(9)中，乙没有提供甲需要获取的足量信息，可见他违背了"量准则"，从而隐含了乙不想告诉对方具体内容之类的含意；例(10)中，B提供的信息超越了A所希望知道的信息，这也违背了合作原则中的"量准则"。

C. 关系准则(Relevant Maxim)

它关注的是所提供的话语或信息是否相关。例如：

(11) 甲：美国把伊拉克总统萨达姆抓到了。

乙：今天中午我们吃了辣子鸡。

(12) A：Have you seen Mary today?

B：I'm going home.

以上两例中，乙和B所提供的信息都与对方的话语之间缺乏联系，也即说话人提供了无关信息，因此他们都违背了"关系准则"。同样，违背准则可以隐含一定的含意，比如，例(11)中，乙的话语可隐含这样的含意：他对甲的话题不感兴趣，或对政治问题一点兴趣也没有；例(12)中，B的话语可以传递这样的含意：他不喜欢 Mary。

D. 方式准则(Manner Maxim)

它关注的是所提供的话语或信息是否清楚、明白。包括四条次准则：

a. 避免晦涩；

b. 避免歧义；

c. 要简炼(避免罗嗦);

d. 要井井有条。

例如:

(13) 他关好门,洗完脸,就上床睡觉了。

(14) 他回到家里就吃晚饭,用钥匙打开门,马上生火做饭,洗碗以后,就上床睡觉了。

例(13)是按照事件与行为发生的正常顺序进行信息表征的,显得清楚明白,因而说话人遵守了"方式准则";但例(14)中,说话人显然违背了"方式准则",因为叙事顺序发生了混乱。

根据以上例释,我们发现,合作原则的四条准则及其次准则具有如下特征:第一,它们不同于语法规则,不是人们在使用语言时一定要遵守的规则。以上很多例子已说明这一点。语法规则是人们使用语言时必须遵守的,否则就会出现语法错误,或不正确的结构;而以上会话准则违背以后并不影响所讲话语的语法正确性;在一定语境下,会话准则的违背可产生某种含意。第二,以上准则可以遵守,也可以违背,而且准则之间可能相互冲突。第三,违背准则可以产生一定的会话含意。第四,合作原则及其准则是有关人类交际的总原则,但不同于涉及文化特征的礼貌等现象。下面我们再简要讨论会话中含意的产生。含意是交际中话语传递的非字面意义,是说话人的一种交际意图。根据以上 Grice 的语用学思想,含意的产生与合作原则中某一条或多条准则的违背有关。也就是说,含意的产生需具备类似条件:首先,听话人要能够发现说话人违背了某一或某些准则。如果说话人违背了某一或某些准则,比如说话人撒谎,而听话人却没有发现(即信以为真),此时就不可能产生含意。其次,听话人要能够发现,说话人希望听话人知道自己违背了某一或某些准则。例如:

(15) 甲:小张家住哪里?

乙:就在广州。

(16) A: Your kid broke my window.

B: Boys are boys.

例(15)中,假设甲本身知道小张家住在广州的某区,但不知道具体位置,因此他询问乙的真正目的是想知道小张家的具体位置,而乙的回答显然没有满足甲的期待,提供了不足量的信息,因而违背了合作原则中的"量准则"。此时,对方(甲)需要付出一定的额外努力,根据说话人(乙)提供的话语进行推导:他(乙)也可能不知道小张家的具体地址,或可能不想告诉小张家的具体地址,或可能批评对方连小张家住哪里都不知道。例(16)中,A向B抱怨说他的小孩把窗户玻璃打碎了,而B却还以"boys are boys"的同义反复(tautology),可隐含这样的信息:小孩总是很调皮的。

可见,会话含意是说话人在违背合作原则中某一或某些准则的基础上产生的,而听话人则需要付出一定的努力进行推导,因为含意不是话语的字面意义。

§3.3 会话含意的主要特征

下面我们讨论会话含意所具有的主要特征。

A. 语境依赖性

在会话、访谈等言语交际中,含意的产生与理解离不开特定的语境条件。在很多关于会话含意的讨论中,语境依赖性并没有被人们进行单独讨论,但因其对含意的产生和理解所具有的重要性,所以我们将语境依赖性视为会话含意的一个特征。第一章已指出,语境包括语言语境和非语言语境等因素,这是长期以来人们对语境的基本共识。其实,从广义的角度来说,交际所需要的场景,以及我们所具备的百科知识、逻辑知识也属于语境知识的组成部分。我们应该注意的是,交际所依赖的语境因素或语境知识不是事先确定的,也不是固定不变的。哪怕是同一个话语,在不同的语境条件下可能产生不同的会话含意,或不同的话语在相同的语境条件下可能产生相同的会话含意。例如:

(17) A: Am I late for supper?
　　　B: I've cleared the table.

(18) A: Have you cleared the table and washed the dishes?
　　 B: I've cleared the table.
(19) A: What have you done on earth?
　　 B: I've cleared the table.
(20) 甲:下午踢球去吧!
　　 乙:上午还在换草皮。
(21) 甲:老王住院了?
　　 乙:上午还在换草皮。
(22) 甲:足球场安装了一个新门柱。
　　 乙:上午还在换草皮。

　　根据不同的语境条件,以上相同话语可以传递不同的非字面信息,即含意。例(17)中,B答非所问,通过告诉对方饭桌已收拾干净了的字面信息,隐含了对方回来太晚、吃不上饭的含意;例(18)中,B通过回答对方询问的一部分,从而告诉对方自己还没洗碗,或传递了自己不喜欢洗碗之类的隐含信息;例(19)中,面对A的责问,B通过该话语告诉对方自己并非什么都没有做,起码收拾了饭桌;例(20)中,通过陈述信息,乙的目的在于告诉对方现在还不能踢球,因上午足球场还在换草皮;例(21)中,乙传递的含意是他不相信老王住院了,或不相信老王生病了,因上午还看见他在换足球场的草皮;例(22)中,乙的目的在于进行补充,足球场不仅安装了新门柱,而且还换了草皮。以上不同的、非直接的表面信息,是相同话语在不同语境条件下隐含的,如果离开了具体的语境条件,上例中的相同话语只能包括相同的字面意义或命题内容。可见,含意的确定与语境条件密不可分。

　　B. 可取消性

　　可取消性(defeasibility/cancellability)是会话含意的另一个重要特征。一个话语所编码的语义信息或字面意义和它在一定条件下的含意之间的最大区别在于:前者是组合性的,同一个话语的字面意义在任何条件下都是恒定的;而后者(会话含意)具有语境依赖性,也就是说,某一话语在特定语境中可能产生会话含意,但该含意也可能因为语境因素的变化而消失,因而是可取消的。例如:

(23) A：Let's drink some.

　　　B：It's not nine yet.

　　一小时以后：

　　　B：You want some beer or wine? It's almost ten.

　　　A：I didn't say that you could drink after nine. I said you couldn't drink before.

此例中B一开始就隐含了这样的含意：九点钟以后B才可以喝酒。然而，该含意在第A的第二个话语中被取消了，是通过该话语直接取消的。再如：

(24) 甲：那个学生修满70个学分没有？

　　　乙：刚好。

甲是负责全校学生成绩管理的教务员，乙是外语系的一位老师。按照学校的规定，只要学生修满70个以上的学分，就可授予学士学位。乙的含意本是"该学生只取得70个学分，不多也不少"，但在此语境中该含意被取消了，因为甲的目的在于关注该学生是否达到获取学位的标准，而不是实际学分的多少，而乙也不是要告诉甲该学生取得的实际学分，他也只是想说该学生已经达到标准了，很可能该学生的实际学分是71或72，但在此特定语境中，那是没有多大意义的。

可见，含意被取消的原因有两个：一是说话人在原来的话语中通过附加信息来取消原来说话的语用含意，如例(23)；二是在特定语境中话语表明（或暗示）说话人意欲取消该话语的语用含意，如例(24)。

　　C. 不可分离性

含意的不可分离性（non-detachability）指某一命题信息在相同的语境条件下可以产生相同的含意，它不会因为话语形式或其中某一词语的不同而改变。比如，交际双方都知道"小王是一个吝啬鬼"这一信息，在此条件下使用以下任何一个话语谈论小王时，都可隐含相同的信息：

(25) 小王很大方。（反语）

(26) 小王经常争着替朋友埋单。（反语）

(27) 小王请客一点不爽快。

(28) 小王是不可能还钱的。

(29) 小王把自己的钱袋看得很紧。

又如,在某知名教授举行学术讲座之后的第二天,A 向听讲座的 B 了解情况,询问该讲座是否受欢迎。

(30) A：What did you think of the lecture?

B：Well，I thought the lecture hall was big.

B 的含意显然是：没有多少人对讲座感兴趣,或讲座令人乏味。如果我们将其中的 *thought* 换成 *believed*，*reckoned* 等词,或将 *big* 换成 *large*，*great* 等词,该含意依然存在；如果再将话语 B 中的 *big* 换成 *nice*，*beautiful*，*magnificent* 或 *marvelous*,该含意仍然不变。这正好说明,会话含意具有与话语不可分离的特征。

D. 可推导性

可推导性(calculability)指一个话语所隐含的信息是可以推导出来的,其依据就是话语的字面意义、相关的背景信息等语境信息。前面的例子已表明,相同的话语在不同语境中可产生不同的含意；不同的话语在相同的语境中也可隐含相同的信息,但在特定语境中含意不是随意产生的,是根据一定的语境因素推导出来的,因为含意是说话人通过话语 X 所隐含的非字面信息 Y。

§3.4 人际交往原则

§3.4.1 礼貌原则

与言语交际联系密切或影响言语交际的因素很多,也很复杂。为什么我们要将人际交往中的"礼貌"(politeness)与会话含意的讨论结合起来呢？正如 Jaszczolt(2002)所言,无论 Grice 的会话含意理论,还是言语行为理论(参阅第四章)都无法解说语言使用的诸多方面,它们本身也存在缺陷。一方面,Grice 提出的各条准则无论如何难以囊括言语交际中所有的话语策略,会话含意理论也不能说明交际中人们为什么要违背合作原则中的某些准则等；另一方面,言语行为理论也需要进一步修正、补充与发展,比如言语行为划分种类的随意性、对间接性言语行为阐释的无力等。在此情况下,我们需要寻求其他办法,更加合理地诠释交际中的语言使用。比如,参照影响语言使用的社会语言学因素、社交文化语用因素等,这样礼貌、礼貌策略自然成了与语言使用、语言理解密切联系的因素。Lakoff(1973),Brown & Levinson(1978/1987),Leech(1983),Blum-Kulka(1990)等对语言使用中的礼貌、礼貌原则、面子、威胁面子的话语或言语行为等进行过讨论,至今仍对类似研究产生重要影响。语用学著名期刊《语用学学刊》(*Journal of Pragmatics*)在1990年和2003年还就礼貌的研究概况、语言与礼貌之间的关系、面子与威胁面子的言语行为、人际交往中的礼貌策略等进行了专题讨论,研究成果十分丰富。在早期,Lakoff(1973)对礼貌的关注源于 Grice 理论对言语交际中语用歧义(pragmatic ambiguity)解释的无能,为此她努力将礼貌与合作原则结合起来,提出了如下的"语用能力规则"(rules of pragmatic competence),即礼貌策略,它包括两条规则:

规则A:要清楚(等同 Grice 合作原则中的"方式准则")规则

B:要有礼貌。它包括三条次则:

a. 别强求对方;

b. 给对方留有余地;

c. 让对方感觉友好。

当规则 A 与规则 B 发生冲突时,牺牲规则 A,保全规则 B(Lakoff 1973:313)。也就是说,言语交际中信息传递或信息获取的重要性次于双方的人际关系。这一观点可以帮助说明言语交际中间接性言语行为(参阅第四章)、委婉语、模糊限制语(参阅第五章)等出现的理据。当然,在不同的文化条件下,以上规则之间的排序可能存在差异,因此 Lakoff 的礼貌观值得进一步探索与验证。在 Leech(1983)看来,交际中人们有效地运用语言属于一种修辞现象。修辞的范围十分广泛,可由交际双方相互遵循的一系列原则与准则构成。其中之一就是制约人际交往的"礼貌原则"(Politeness Principle),它包括以下六条准则,每条准则还包括两条次则。

A. 得体准则(tact maxim):减少表达有损他人的观点。

a. 尽量让别人少吃亏;
b. 尽量让别人多受益。

此准则以"听话人"或他人为出发点。根据下例(31)—(39),我们可清楚地发现,它们在听话人和说话人的受损(cost)或受益(benefit)(简称"损益")方面存在区别。例(31)最不符合得体准则,因为它会让听话人多吃亏,也就是说他的损失最大,而说话人得到的益处最多;反之,例(36)的礼貌程度最高,因为听话人受益最大。根据得体准则,例(31)—(36)的礼貌程度是递增的。另外,从言语行为的驱使程度来说,如果某一行为对听话人所产生的驱使程度越大,也即听话人的选择余地越少,该话语就显得越不礼貌,反之礼貌程度越高。如例(38)比(37)更礼貌,而(39)又比(38)更礼貌。

(31) 把车借给我用两天。
(32) 洗一洗这些衣服。
(34) 把铅笔递一下。
(35) 再来一杯啤酒。
(36) 周末好好休息。
(37) 把房间打扫一下。
(38) 把房间打扫一下好吗?
(39) 我想知道你是否有时间打扫一下房间。

我们再将某一话语给听话人带来的受益,以及该话语的驱使程度结合起来,如果是让听话人受益,其礼貌程度与驱使程度成正比,如例(40)就不如(41)礼貌,而(41)又不如(42)礼貌。

(40) 我不知道你以后有没有时间到我家吃饭。
(41) 中午到我家吃饭去?
(42) 到我家吃饭!

B. 慷慨准则(generosity maxim):减少表达有利于自己的观点。
a. 尽量让自己少受益;
b. 尽量让自己多吃亏。

此准则的受益和受损以"说话人"为出发点,它和以上"得体准则"

构成一对姐妹准则。比如例(45)就比(43)、(44)更礼貌,因为说话人受损最大;例(47)比(46)更礼貌,因为说话人的请求有可能被对方拒绝,从而受益减少。

(43) 我想知道可不可以打扫卫生。
(44) 我可以打扫卫生吗?
(45) 我来打扫卫生。
(46) 借一下你的车。
(47) 我想借一下你的车,行吗?

C. 赞誉准则(praise maxim):减少表达对他人的贬损。
a. 尽量少贬低别人;
b. 尽量多赞誉别人。

此准则以"听话人"或他人为出发点,涉及说话人对听话人的评价或批评。如例(48)和(49)中,$乙_1$都违背了"尽量少贬低别人"的次则,因此它们没有$乙_2$礼貌;同样,例(50)不如(51)有礼貌,因为说话人违背了"尽量多赞誉别人"的次则。

(48) 甲:我的西装怎么样?
　　 $乙_1$:难看死啦。
　　 $乙_2$:怎么说呢,不过我觉得颜色深了点儿。
(49) 甲:今天真倒霉。
　　 $乙_1$:我说的吧,自找的。
　　 $乙_2$:过去就算了,别再想啦。
(50) 感谢你啦,今天做的菜一般!
(51) 感谢你啦,今天做的菜真好吃!

D. 谦逊准则(modesty maxim):减少对自己的表扬。
a. 尽量少赞誉自己;
b. 尽量多贬低自己。

此准则以"说话人"为出发点,它和"赞誉准则"构成一对姐妹准则。自夸往往是不礼貌的,因此贬低自己会显得更得体、更礼貌。如例(52)中$乙_1$和(53)中$乙_1$的回答就显得不礼貌,因为它们违背了"尽量少赞誉自己"的次则；话语(54)也显得很礼貌，因为说话人遵守了"尽量多贬低自己"的次则。

(52) 甲：画得可以嘛！

乙$_1$：可不是吗？

乙$_2$：哪里哪里，很一般。

(53) 甲：衣服真漂亮。

乙$_1$：我买的东西没有差的！

乙$_2$：不是吧，都穿好几年啦。

(54) 老爷，奴才给您送茶来啦。

E. 一致准则(agreement maxim)：减少自己与他人在观点上的不一致。

a. 尽量减少双方的分歧；

b. 尽量增加双方的一致。

此准则关注的是说话人和听话人之间的观点、看法是否一致。如例(55)中，乙最大限度地与甲的观点保持了一致，因此显得最礼貌；丙部分地同意甲的观点，也即存在部分分歧("……但风太大啦")，因此没有乙礼貌；而丁直接表达了自己的想法，与甲的提议之间出现了不一致，因此显得最不礼貌。

(55) 甲：我提议大家明天到江边烧烤。

乙：我没意见。

丙：可以，但风太大啦。

丁：我不想去，觉得没什么意思。

F. 同情准则(sympathy maxim)：减少自己与他人在感情上的对立。

a. 尽量减少双方的反感；

b. 尽量增加双方的同情。

此准则和"一致准则"不是一对姐妹准则，但它仍涉及说话人和听话人之间的关系，尤其是双方的心理感受。如例(56)中，乙$_1$就没有乙$_2$礼貌，因为乙$_1$会让对方听后产生反感，而乙$_2$显得更加同情、体谅对方；同样，例(57)中，丙的话语违背了同情准则，最容易让对方产生反感,而乙的话语却增加了同情,因而显得更得体、更礼貌。

(56) 甲:我的腿不方便。

乙$_1$:我知道,上次摔断了。

乙$_2$:那小心点,我来吧。

(57) 甲:你外婆最近怎么样?身体还好吧?

乙:上个月突发心脏病,送到医院就……

丙:死啦?

乙:哦,太不幸啦!

以上是"礼貌原则"的基本内容。除此之外,Leech还提出了如下原则:

a. 反讽原则(Irony Principle):为了避免直接批评对方,说话人采取说反话的方式。它不违背礼貌原则,但又能让对方推导其中的反讽意味。

b. 逗乐原则(Banter Principle):为了表示与对方的亲密关系,说话人可讲一些明显不真实和明显不礼貌的话语。

c. 有趣原则(Interest Principle):讲一些不可预知,从而让对方感兴趣的话语。

d. 乐观原则(Pollyanna Principle):遇事要乐观,因此讲一些正面的话语。

这些原则和"礼貌原则"、"合作原则"等都被Leech(1983)统称为"人际修辞原则"。礼貌作为一种社会现象,无论在哪一个语言集团中都是普遍存在的,但在不同的社会文化条件下礼貌原则应该是存在区别的,而非一概而论。Leech提出"礼貌原则"的主要依据是英国特定的社会文化背景,因此它不适宜对不同语言、文化条件下的礼貌现象进行统一解说。比如,英语和汉语之间、英语和日语之间的礼貌差异都是比较容易发现的。Leech提出"礼貌原则"的初衷也是为了"拯救"Grice提出的"合作原则",补充说明该原则所不能解释的交际现象。比如,说话人为什么要故意违背某一准则,以产生一定的含意而不直言呢?这其中就涉及礼貌问题;同时,以上人际修辞原则不是以广泛的跨文化交际为基础的普通语用原则,因此其广泛性与适宜性值得怀疑以及进一步考证(冉永平 2004)。

§3.4.2 威胁面子的行为

在讨论制约语言使用的非语言语境因素时,"礼貌原则"被人们广泛引用。需要注意的是,该原则主要是以英国的社会文化背景为基础提出的,因此在涉及不同语言与文化的交流时,我们应该注意制约话语或言语行为产生的礼貌差异。当人们关注别人或自己的"脸"、"面子"时,礼貌是一个十分重要的概念,体现为一种很实用的语用手段或策略,我们经常听到"给谁留面子"、"谁不给谁留面子"、"谁很有面子"、"谁的面子很大"、"谁威胁了谁的面子"等话语,但中国人对"脸"和"面子"这两个概念的认识与西方人的认识之间是不完全一致的;我们也常说"没脸"、"有脸"、"丢脸"、"要脸"、"不要脸"、"赏脸"等。可见,脸、面子与日常交际的联系十分密切,同时脸、面子与礼貌也是难以割离的。

Brown & Levinson(1978/1987)将面子分为两种:A. 正面面子(positive face):指希望能够得到对方的认同、肯定或赞许。B. 负面面子(negative face):指希望自己的言行或行为不受对方的阻扰,有选择的自由。在会话等言语交际中,以上两种面子都可能受到威胁,不是说话人的面子受到威胁,就是听话人甚至第三者的面子受到威胁,此时的话语或言语行为就是"威胁面子的言语行为"(face threatening acts)。例如:

(58) 儿子:妈,我想出去玩一下。
母亲:作业做完再说。
(59) 甲:看我买的裙子怎么样?
乙:还不错,挺时髦的。
丙:我觉得一般,颜色我不喜欢。

例(58)中,面对儿子的请求,母亲直接进行了拒绝,根据以上Brown与Levinson的面子观,母亲的话语就是一个威胁儿子的负面面子的言语行为,因为儿子的行为受到了阻扰;例(59)中,乙对甲买的裙子表示了肯定与赞许,因而维护了甲的正面面子,而丙却表达了不同意见与看法，因而她的话语威胁到了甲的正面面子。

那么，Brown 和 Levinson 对正面面子和负面面子的划分是否与汉语文化中的"面子"和"脸"完全适应呢？在汉语交际中，我们常可发现类似例(59)这样表示相同、部分相同或不同观点与看法的话语，它们的情况与英语中情况基本一致，也就是说，Brown 和 Levinson 所提出的正面面子与汉语中的脸或面子有相似之处，而负面面子的情况却不太适宜于汉语中的情况。此外，根据 Brown 和 Levinson 的观点，说话人或听话人的正、负面子随时都可能受到威胁或伤害，就连说声"对不起"等也可能威胁面子(Brown & Levinson 1987，顾曰国 1992)。例如：

(60) Excuse me. （对不起。）
(61) Forgive me. （原谅我。）
(62) Pardon. （多包涵。）
(63) Accept my thanks. （接受我的谢意。）

类似例(60)—(63)的话语威胁到听话人的负面面子，因为面对类似话语，听话人往往会迫不得已而接受对方的请求或道歉，或直接实施某种行为，比如给对方让路等。但是，在汉语文化中，它们却是典型的礼貌用语，并不威胁，也不伤害听话人的面子。可见，英、汉语中的"礼貌"、"面子"、"脸"存在一定区别，在英语学习中我们应该注意因文化差异所引起的不同用法，不能墨守成规，应注意不同语言、不同文化之间的区别与变化，否则可导致交际中的语用失误。在很多情况下，出于礼貌、面子等非语言因素的考虑，说话人往往会选择不同的语言形式或交际策略。比如，在一定语境中出于礼貌或面子等方面的考虑，说话人可能使用间接性话语。例如：

(64) 老师：看完那篇文章后，有什么感想？
学生：选题不错，不过如果例子多一些就好了。

类似例子中，说话人(学生)的目的其实在于否定老师所推荐的这篇文章，或对老师推荐的文章表示不同看法，但由于对方的地位比自己高、权力比自己大，因此出于礼貌的考虑，以避免威胁老师的正面面子，说话人采用了先肯定、后建议的语用策略。因此，人际交往中，礼貌是制约人们选择语言形式或策略的重要因素之一。

思考与分析

1. 请给以下对话填补上不同的话语,以使话语乙和话语B可产生不同的含意。

    (1) 甲:

    　　乙:他连假期都没有回去。

    (2) A:

    　　B: It's cold today.

2. 请分析以下对话中的语用含意。

    (1) 王:暑假回老家吗?

    　　刘:我爸要来广州。

    (2) 甲:晚上看录像去。

    　　乙:还要排练节目呢。

    (3) 陈:你看见小王和小张了吗?

    　　黄:小张在教室。

    (4) A: How has your business been going on?

    　　B: There are five more helpers.

    (5) A: How about the lecture on phonetics?

    　　B: The hall is really beautiful.

3. 以下话语在人际交往中的主要作用在于传递语义信息,还是建立与维护人际关系?

    (1) A: Good morning, John.

    　　B: Good morning, Mary.

    (2) 甲:吃了吗?

    　　乙:吃了,上哪去?

    (3) 甲:买菜?

    　　乙:嘿,你也买菜?

    (4) 秉宽:二老太太吉祥,七爷吉祥,王总管吉祥!

白文氏:秉宽,你跟着老七到这边来了?

(选自《大宅门》,第 28 集,第 547 页)

4. 根据礼貌原则,分析以下话语,看它们是否遵守或违背了其中的某一准则。

(1) 甲:我想假期参加 GRE 强化班。

乙:我也有这样的打算。

(2) 小张:喜欢这样的味道吗?

小何:不错。

(3) 老师:你比以前进步了很多。

学生:哪里,没有什么进步。

(4) Please accept this large gift for your birthday.

(5) A:The man lost his money in the street yesterday.

B:Oh, it's most unfortunate.

5. 举例说明汉语交际中"脸"与"面子"之间的异同。汉语中的"面子"是否也可划分为"正面面子"和"负面面子"?

参考书目

Blum-Kulka, S. 1990. "You don't touch lettuce with your fingers: Parental politeness in family discourse" in *Journal of Pragmatics* 14.

Brown, P. & S. Levinsin. 1978/1987. *Politeness: Some Universals in Language Usage*. Cambridge University Press. Revised version of (1978) "Universals in language usage: Politeness phenomena" in E. N. Goody (ed.) *Questions and Politeness: Strategies in Social Interaction*. Cambridge University Press.

Cruse, D. Alan. 2000. *Meaning in Language: An Introduction to Semantics and Pragmatics*. Oxford University Press.

Grice, H. P. 1975. "Logic and conversation" in P. Cole & J. Morgan (eds.) *Syntax & Semantics* Vol 3. New York: Academic Press.

Grundy, P. 1995. *Doing Pragmatics*. Edward Arnold.

Jaszczolt, K. M. 2002. *Semantics and Pragmatics: Meaning in Language and Discourse*. Cambridge University Press.

Lakoff, Robin. 1973. "The logic of politeness" in *Papers from the 9th Regional Meeting, Chicago Linguistic Society*, pp. 292—305.

Leech, G. 1983. *Principles of Pragmatics*. London: Longman.

顾曰国:《礼貌、语用与文化》,《外语教学与研究》第 4 期,1992 年。

冉永平:《语义学与语用学:语言与话语中的意义》(*Semantics and Pragmatics: Meaning in Language and Discourse*)导读,北京大学出版社,2004 年。

阅读书目

Cruse, D. Alan. 2000. *Meaning in Language: An Introduction to Semantics and Pragmatics*. Oxford University Press. Chapter 17, pp. 347—378.

Green, G. 1996. *Pragmatics and Natural Language Understanding*. Lawrence Erlbaum Associates, Inc. Chapter 5, pp. 89—132.

He, Ziran. 2004. *Notes on Pragmatics*. Nanjing Normal University. Chapter 4, pp. 57—81; Chapter 5, pp. 82—101.

Leech, G. 1983. *Principles of Pragmatics*. London: Longman. Chapter 4—6, pp. 79—151.

Yule, George. 2000. *Pragmatics*. 上海外语教育出版社,第五章,第 35—46 页;第七章,第 59—70 页。

何兆熊等:《新编语用学概要》,上海外语教育出版社,第六章,第 151—179 页;第八章,第 211—242 页,2000 年。

何自然:《语用学与英语学习》,上海外语教育出版社,第三章,第 47—56 页;第五章,第 101—121 页,1997 年。

何自然、陈新仁:《当代语用学》,外语教学与研究出版社,第四章,第 83—107 页,2004 年。

何自然、冉永平:《语用学概论》(修订本),湖南教育出版社,第三章、第四章:第 77—141 页,2002 年。

第四章 言语行为的类别与功能

§4.1 言语行为的类别

§4.1.1 传统的句法分类

根据普遍的语法规则,无论是在英语还是汉语中,我们可发现以下三种主要的句法结构,也即句型分类:

A. 陈述句:表示信息陈述或断言功能的句子。例如:

(1) 我昨天在图书馆。

(2) They have finished their work.

B. 疑问句:表示疑问功能的句子。例如:

(3) 他们回国了吗?

(4) Are they still having their lunch?

C. 祈使句:表示命令或请求功能的句子。例如:

(5) 把东西搬进来!

(6) Take out the rubbish, Mike!

以上是传统语法对句子或句法结构的基本分类,也可视为传统的言语行为分类。该分类的基础是语言形式。其实,类似分类存在较多问题,比如陈述句的作用不仅表现为陈述信息,或表示断言。当一个陈述句在一定语境中,可实施其他的功能,比如句子(1)在以下例(7)的语境中就可隐含"我不知道小张昨天是否来过这里"之类的非字面意义,即语用含意(参阅第三章);同样,疑问句的作用也不仅表示疑问或询问,其功能是多样的。例如(8)—(10):

(7) 小王:昨天小张来过这里吗?
　　小李:我昨天在图书馆。

(8) A:这次不想交作业啦。
　　B:你想补考吗?

(9) A: I'm going to quit school.
　　B: Do you want to be poor all your life?

(10) A: Would you mind closing the door?
　　 B:(Closing the door)

例(8)、(9)中,话语 B 都是以疑问句的形式出现的,但说话人的目的并非在于询问,而是向对方发出警告或提醒,或进行劝告;同样例(10)中,A 也是以疑问句的形式出现的,但说话人的目的并非在询问对方是否介意关门,而是向对方发出关门的请求,它比直接请求或命令更显委婉与礼貌。因此,交际中,我们常发现通过疑问句进行的请求或发出的命令,如果听话人将说话人的用意理解为一般询问,假如例(10)中 B 在回应"Yes, I mind"或"No, I don't mind"之后,没有任何行动,则表明他没有理解 A 的用意,此时可能出现交际失败。

同样,交际中的祈使句也不一定只表示命令或指使的功能。例如:

(11) a. 过来帮一下。

  b. Give me a hand with this.

(12) a. 祝你过一个愉快的假期!

  b. Enjoy yourself in Beijing.

(13) a. 吃点水果吧,别客气!

  b. Make yourself a cup of tea.

在功能上,例(11)表示一种请求;例(12)表达了说话人的祝愿或希望;例(13)所起的作用在于向听话人发出邀请。可见,它们完全没有"命令"的功能。因此,将句型结构与其在使用中的语用功能等同起来的观点是不恰当的,甚至是错误的。

§4.1.2 言语行为三分说

为了传递信息,我们需要使用话语,但话语并非都是为了传递字面意义或表达话语本身的语义信息,在很多时候说话人都是在"通过言辞行事"(doing things with words)。比如,实施许诺、发出警告或威胁、表示请求、表达命令、进行批评等。因此,我们把在一定语境条件下实施类似功能的话语称为"言语行为"(speech acts)。例如:

(14) <u>我保证</u>下周还你书。

(15) <u>I promise</u> to give you ten dollars.

在一定语境中,如果说话人向听话人使用以上话语,他就是在实施"保证"、"许诺"(promise)的言语行为,它们都是通过说话的方式实现的。如果说话人不使用类似话语,他就不可能实施该行为,因此"说话等于做事情"。以上话语中,"保证"与 *promise* 属于"施为动词"(performative verb),它们决定该行为的类型。类似言语行为是直接的,但并非言语行为都必须包含一个施为动词。交际中,只要符合语境条件,一个陈述句也可起到言语行为的功能。例如:

(16) There's a dog in the yard.(院子里有条狗。)

从语用功能的角度看,在不同的语境条件下,该话语具有不同的言语行为功能。比如:

 • 信息陈述或断言:

如果说话人是在对院子进行描述,此时该话语所起的作用就在于陈述信息,或表示断言。
- 警告或威胁:
如果听话人想到别人家里去找东西,此时该话语所起的作用在于向对方发出警告或威胁,因为院子里有狗。
- 提醒:
如果听话人想到某人家里去玩,此时该话语所起的作用在于提醒对方注意,小心院子里有狗等。

诸如此类的功能,取决于说话人的意图和该话语出现的语境条件。以上例子说明,言语行为的类型并非仅由确切的词语所固定。为此,我们有必要对 Austin(1962)提出的言语行为三分说进行介绍,但应该注意它们不是三种不同类型的言语行为。

A. 以言指事行为

以言指事行为(locutionary act)指人们发出一定的声音、说出一定的结构,并表达一定的字面意义或所指关系,比如表述、陈述、疑问等。这是说话的一种物理行为,指言语交际中的发生行为(书面语体现为书面符号),还包括将词语按照一定的语法规则进行组合,且组合后的话语可以传递一定的表面信息,也可能存在歧义,或存在非语言的所指关系。以下例(17)表达的字面意义或陈述意义就是"这里太冷了",并没有传递任何其他的信息。这就是该话语的以言指事功能,其功能在于"指事"、"叙事"。

(17) 这里太冷了。

B. 以言行事行为

以言行事行为(illocutionary act)指某一话语在恰当的语境条件下所体现的施为用意(illocutionary force),即一种语用用意。比如,通过以上话语(17),说话人可传递一定的隐含信息,如"我们换个地方开会吧,因为这里太冷了"或"请把暖气打开吧"等的用意或含意,表示建议或请求。可见,以言行事行为的功能在于传递某一语用用意,其功能在于"行事"、"施事"。

C. 以言成事行为

以言成事行为(perlocutionary act)指某一言语行为所产生的后果,也即使用某一话语以后对听话人所产生的效果或影响。比如,在一定语境中,当说话人使用话语(17)以后,听话人明白他的用意,并接受了说话人的建议,比如同意换个地方开会,或直接打开暖气;或当说话人使用以上话语以后,听话人不接受或不同意说话人的建议,比如直接拒绝换别的地方开会或拒绝打开暖气等。这就是该言语行为所产生的效果或影响,其功能在于"成事"。

§4.1.3 以言行事行为类型

类似例(17)的话语属于一种间接性言语行为(参阅 4.2.2 节)。据此,我们可发现,言语交际中话语的以言行事用意或语用用意往往是非标记性的;此外,我们还可发现实施其他语用功能的话语。于是,在 20 世纪 70 年代中后期,语言哲学家 John Searle 提出了以下的以言行事行为类型,也是对施为动词的一种分类:

A. 表述类言语行为(representatives)

表示某一话语的命题内容的真实性,此类行为可用"真"或"假"进行判断。陈述、断言、描述等都属此类行为。实施该行为的英语动词包括 *state*, *suggest*, *boast*, *claim*, *report* 等。

B. 承诺类言语行为(commissives)

说话人承担某种义务去做某事,比如许诺、威胁、发誓、保证等。实施该行为的英语动词包括 *promise*, *vow*, *offer*, *undertake*, *contract*, *threaten* 等。

C. 指使类言语行为(directives)

说话人通过某一话语指使或指令听话人去做某事,比如命令、请求、乞求、挑逗等。实施该行为的英语动词包括 *order*, *command*, *request*, *beg*, *beseech*, *advise* (*to*), *warn* (*to*), *recommend*, *ask* 等。

D. 宣告类言语行为(declarations)

说话人通过某一话语进行某种宣告。比如宣誓、命名、任命、提名、宣判、辞职等。实施该行为的英语动词包括 *resign*, *dismiss*, *divorce*(伊斯兰用语), *christen*, *name*, *open*(开幕、闭幕等),

excommunicate，*sentence*（法庭用语），*consecrate*，*bid*（拍卖用语），*declare* 等。

E. 表情类言语行为（expressives）

说话人通过某一话语表达某种心理状态或态度。比如问候、祝贺、感谢、道歉等。实施该行为的英语动词包括 *thank*，*congratulate*，*condole*，*praise*，*blame*，*forgive*，*pardon* 等。

§4.2 直接与间接言语行为

以言行事行为的主要作用在于通过某一话语产生一定的语用用意或施为用意，缺少类似用意的言语交际是很少见的。为此，我们可将以言行事行为简单分为两种：直接言语行为（direct speech act）和间接言语行为（indirect speech act）。

§4.2.1 直接言语行为

直接言语行为包含了明显的、直接表示以言行事用意的动词。如下例中的划线部分：

(18) I promise I will help you with your study this term.

(19) I warn you there is a dog in the house.

(20) I beg you not to stay here for a long time.

(21) I thank you for your kindness.

(22) I apologize to you for the mistake.

(23) 我警告你离开这个地方。

(24) 我保证下周还你钱。

(25) 我建议到欧洲旅游。

(26) 我请求你再别这样啦！

(27) 我宣布第十五届全国大学生运动会开幕！

以上话语中 *promise*，*warn*，*beg*，*thank*，*apologize* 以及"警告"、"保证"、"建议"、"请求"、"宣布"等被称为"施为动词"（performative verbs）。它们所起的作用在于直接表示特定的言语行为,含有类似动词的言语行为被称为"直接言语行为"。它们也就是 Austin 最早提出的"施为句"(performatives)。听话人往往很容易发现这类话语所实施的以言行事功能。它们的主语只能是单数第一人称代词,时态为一般现在时,同时我们还可在施为动词前面附加 *hereby*(特地)。例如:

(28) I (hereby) declare the bridge open.
(29) I (hereby) command you to give it up.
(30) I (hereby) advise to leave this place as soon as possible.
(31) 我(特地)宣布本次选举无效。
(32) 我(特地)申明这次事故与决策无关。

再如,在英国、美国等的大学教师或研究生都可通过本校图书馆从其他大学借阅图书资料,但在办理手续时,读者必须进行保护版权的声明。比如读者需填写类似例(33)的声明,其中第一、第二个话语就是直接言语行为,实施了"请求"和"宣布"的言语行为。

(33)

COPYRIGHT DECLARATION

I hereby request you to supply me with a copy of the item as specified overleaf. I declare that

(a) I have not previously been supplied with a copy of the same material or by any other librarian;
(b) I will not use the copy except for research or private study and will not supply a copy of it to any other person;
(c) To the best of my knowledge no other person with whom I work or study has made or intends to make, at or about the same time as this request, a request for substantially the same purpose.

I understand that if the declaration is false in a material particular, the copy supplied to me by you will be

an infringing copy and that I shall be liable for infringement of copyright as if I had made the copy myself.
Signature

此外,直接言语行为也可以被动语态的形式出现。例如:

(34) <u>Passengers are (hereby) requested</u> not to smoke.

(35) <u>You are (hereby) warned</u> to leave this place.

另外,在如下的语境中,主语不是第一人称的话语也可起到施为句的功能,其中也包含一个施为动词 announce。

(36) The North West Centre for Linguistics is delighted to *announce*…
NWCL Research Training Programme
29 March—2 April 2004
University of Manchester
A week of courses on theoretical and applied linguistics and linguistic research methodology.
Includes the NWCL Annual Lecture
Numerous Social Events

§4.2.2 间接言语行为

交际中并非所有的话语都在语言形式上包含了直接表示说话人用意的施为动词,也就是说,有的话语所传递的语用用意或施为用意是间接性的,是通过某一话语在一定语境中隐含的。这样的言语行为被称为"间接言语行为"(indirect speech acts),属于隐性的以言行事行为。在这类言语行为中,我们不能附加 hereby(特地),也就是说,hereby 不能出现在非施为动词之前,如例(42)—(49);而且它们不受主语中人称代词和时态的限制。比如,话语(37)a—(41)a 在特定语境条件下可隐含语用用意或施为用意(37)b—(41)b。

(37) a. I will finish the work within a week.

b. I <u>promise</u> I will finish the work within a week.

(38) a. You will leave this market immediately.

b. <u>I order</u> you to leave this market immediately.

(39) a. 你们早点回去。

b. <u>我建议</u>你们早点回去。

(40) a. 小王下学期当学生会主席。

b. <u>我宣布</u>小王下学期当学生会主席。

(41) a. 山上有老虎。

b. <u>我警告</u>你们山上有老虎。

为此,根据以上条件,以下话语就不能被视为正确的具有以言行事功能的言语行为。

(42) *I hereby tell you the truth.

(43) *I hereby recount the history of the family.

(44) *Mike is always hereby promising to do things.

(45) *He hereby ordered them to do that work.

(46) *I (hereby) promised to pay him a visit.

(47) *I have (hereby) declared John Smith the chairman of the committee.

(48) *Passengers were (hereby) requested not to smoke.

(49) *Passengers are (hereby) regularly not to smoke.

除了以上含有施为动词的施为句以外,Austin 还提出了"表述句"(constatives)。表述句的功能在于陈述某一信息或描写某一事实,它们往往不具备施事的功能。例如:

(50) The place is quite beautiful.

(51) 中国和美国分别在两个不同的大洲。

其实,表述句的功能不仅在于陈述或描写。言语交际中,很多间接言语行为都是一种表述句,只要具备恰当的语境条件,它们同样可以实施以言行事的功能,或传递间接的语用用意。为此,在 1975 年 Searle 提出了间接言语行为这一特殊的以言行事行为类型。交际中,我们发现,话语传递的信息并不是它的字面意义,这类话语属于间接言语行为。比如,当陈述句、疑问句和祈使句在交际中所起的作用不是陈述、疑问和命令时,它们就可归入到间接言语行为之列。例如:

(52) 垃圾袋满了。

从句法分类来说,这是一个典型的陈述句。但在一定语境中,说话人的目的往往并非在于陈述,而是传递类似的语用含意或用意:(1)暗示对方应把垃圾袋拿去放在室外;(2)建议妻子该换垃圾袋了;(3)责备对方为什么不换垃圾袋;(4)提醒对方,我到外面扔垃圾袋去了,等等。再如:

(53) Can you pass me the salt?

如果在吃饭的时候,说话人对听话人使用以上话语,他的目的就不在于询问对方是否有把盐递过来的能力,而是在实施一种请求:请对方帮忙把盐递过来。类似话语就是间接言语行为,间接地传递了以言行事用意。

间接言语行为习惯上被人们分为两种:(1)规约性间接言语行为(conventional indirect speech acts);(2)非规约性间接言语行为(non-conventional indirect speech acts)。前者的以言行事用意是通过固定的语言形式表现的,且为人们普遍接受。例如,为了向听话人表达一定程度的礼貌、客气或尊重,或为了缓和语气,说话人可使用话语(54)a—(57)a。在形式上,话语(54)a—(56)a 表现为询问,话语(57)a则是陈述;但在语用上,它们与"请求"的间接性以言行事用意联系在一起。一旦我们在其中加上礼貌标记语 *please* 或"请"以后,它们就不再是间接言语行为了,因为 *please* 或"请"已明确标示出了所在话语的请求用意,且已被人们普遍接受。此时,话语(54)b—(57)b 就属于规约性间接言语行为。

(54) a. 安静一点好吗?
　　　b. 请安静一点好吗?
(55) a. 能不能把垃圾袋放远一点儿?
　　　b. 能不能请把垃圾袋放远一点儿?
(56) a. Could you be a little more quiet?

b. Could you please be a little more quiet?

(57) a. I'd rather you didn't do it any more.

b. I'd rather you didn't do it any more, please.

然而,非规约性间接言语行为更复杂、更具不确定性,因为它们受制于所在话语的语境条件。例如:

(58) 甲:逛街去吗?

乙:今天有个朋友要来。

此例中,甲的用意明显是想邀请乙一起去逛街,这是该话语的语用用意;而乙并没有直接回答说"去"还是"不去",而是告诉对方一个事实——"今天有个朋友要来",通过该话语,乙间接地向对方表达了拒绝的用意。需要注意的是,同一个非明示性的以言行事行为或非规约性间接言语行为在不同的语境条件下,可能具有不同的以言行事功能,或传递不同的语用用意。例如:

(59) 那人是北京来的。

根据不同的交际对象、时间、地点以及说话人的交际意图,该话语可隐含如下不同的以言行事用意:

- 表示建议:如,去向北京来的那人打听打听,看北京最值得游览的地方有哪些;
- 表示提醒:如,别说北京的坏话了,以防被北京来的那人听见了;
- 表示威胁:如,如果你再乱来的话,我会向北京来的那人检举你;
- 表示警告:如,你可要当心点,北京来人了;
- 表示暗示:如,可向北京来的那人拉关系等。

§4.3 日常用语的施事功能

通过以上例释,我们发现很多句子在使用中的语用功能已非传统语法所能解释的。在一定语境中,使用中的句子,即话语,可起到语用

上的施事功能,即"说话等于做事情",比如,陈述句可以起到宣布、告诫、提醒、建议、暗示等功能。例如:

> (60) Speaking to the Iraqi people, Ambassador Bremer called it a great day in Iraqi history. "<u>Now is the time to look to the future, to your future of hope, to a future of reconciliation</u>," said Mr. Bremer. "<u>Iraq's future, your future, has never been more full of hope. The tyrant is a prisoner.</u>"Many members of the Iraqi governing council are out of the country on a visit to Spain. But council member Adnan al-Pachachi welcomed the news of Saddam's arrest. "<u>Warmest congratulations to the people of Iraq on this historic day. The days of fear and oppression are gone forever</u>," he said.
>
> (选自 *Saddam Hussein Captured on Farm Near Tikrit*, http://www.voanews.com, 15 Dec. 2003)

以上是伊拉克前总统萨达姆被捕获的当天,英美联军总司令 Paul Bremer 在巴格达召开新闻发布会时所讲的话语。从句法结构上看,划线部分主要是陈述句,但从交际功能来看,它们所起的作用并非简单陈述,而是一种宣告及祝贺,因为具备实施类似功能的语境条件:说话人 Paul Bremer 具有恰当的身份与地位、说话时间发生在萨达姆被捕之后、说话地点是公开的新闻发布会、听众是来自世界各地的新闻记者以及部分伊拉克人等。因此,以上话语具备实施类似语用功能的恰当条件。

另外,在语用功能上,很多日常话语都具有很强的施事功能,但其中并没有出现前面提及的所谓"施为动词"。比如,在 2004 年 1 月 12 日召开的中央纪律检查委员会第三次全体会议上,中共中央总书记、国家主席胡锦涛讲话时指出:

> (61) ……(略)
>
> 推进反腐倡廉工作,要继续坚持标本兼治、惩防并举。必须继续严肃查处违纪违法案件,特别是要坚决查处大案

要案。对腐败分子,发现一个就要坚决查处一个,绝不能姑息,绝不能手软。同时,要把纠正群众反映强烈的不正之风作为党风廉政建设的重要内容抓紧抓好,坚决纠正一些地方和部门存在的办事不公、以权谋私、损害群众利益等问题。

　　十六届三中全会在总结经验的基础上,根据形势的发展变化,提出了建立健全教育、制度、监督并重的惩治和预防腐败体系的目标。这是我们党对社会主义市场经济条件下深入开展党风廉政建设和反腐败斗争提出的新要求,是加大从源头上防治腐败的根本举措。各级党委和政府都要按照这个要求,扎扎实实地做好工作。要加强思想道德教育和纪律教育,筑牢拒腐防变的思想防线;加强党风廉政制度建设,建设反腐倡廉的制度体系;加强监督制约,形成权力正确行使的有效机制。

　　希望广大纪检监察干部进一步增强责任感和使命感,加强学习、增强本领,坚持原则、秉公执纪,严以律己、以身作责,切实履行好党和人民赋予的神圣职责。

　　……(略)

在以上讲话中,我们并没有发现类似"强调"、"告诫"、"提醒"等的施为动词,但通过以上语境,我们同样可以感受到说话人希望传递的"强调"、"告诫"、"提醒"等以言行事的语用用意,而非叙事或信息阐述。我们可体会到很多话语所具有的强调功能、提醒功能、告诫功能等;最后一段话语明确地表达了说话人的"希望",但同时也隐含了强调与提醒的语用功能。从以上例子可看出,交际中的很多话语在实施言语行为时,并非都是借助特定的施为动词直接实现的,而是依靠恰当的语境条件。再如,2004年1月10日哈尔滨市政府新闻办公室就"一辆宝马车连撞13人的交通肇事"(2003年10月16日)发表谈话时指出(背景:这本是一起普通的刑事案件,但因为案件在侦查和审理过程中疑窦重重,受到社会公众的广泛质疑,面对强大的舆论攻势,黑龙江省的几位要员公开表态与此案当事人无任何牵连,中共黑龙江省委常委会议对案件进行过研究,中纪委也专门听取此案办案人员的汇报):

(62)"请相信,我们会尽快给人民群众、新闻媒体一个负责任的答复。"

在该条件下,说话人通过该话语实施了"允诺"、"保证"的言语行为,而非陈述,因此人们有理由相信并会等待,该案的真相离拨开迷雾、重见天日为时不远了,因为实施言语行为的说话人并非一般群众,而是哈尔滨市政府新闻办公室发言人;同时,听话对象又包括人民群众、新闻媒体的记者。这同样表明,以上话语具有实施该言语行为的恰当语境条件。在有的语境条件中,话语还可直接行使以言行事的功能,也就是说,说话人在说话的时刻就等于在实施某一言语行为,比如祝贺、问候、感谢、道歉、请求等。同样,这也需要恰当的语境条件。例如:

(63)同志们、朋友们:
　　今天是2004年元旦,我们在这里欢聚一堂,畅谈国事,共叙友情,喜庆佳节,感到格外高兴。<u>我代表中共中央、国务院、中央军委,向各民主党派和工商联、各人民团体和各界人士,向全国广大工人、农民、知识分子和干部,向人民解放军指战员、武警官兵和公安民警,向香港特别行政区同胞、澳门特别行政区同胞、台湾同胞和海外侨胞,向一切关心和支持中国现代化建设的国际友人,致以诚挚的节日问候!祝大家新年好!</u>
　　(选自"在全国政协新年茶话会上的讲话",《人民日报》海外版,2004年1月2日,第1版)

以上是中共中央总书记、国家主席胡锦涛同志在全国政协2004年的新年茶话会上的讲话,其中划线部分的功能不在于叙事,而在于向社会各界人士表示新年的祝贺与问候,这是一种施事的言语行为。它同样具备实施该行为的恰当语境条件:时间(2004年元旦)、地点(全国政协新年茶话会)、听话人(社会各界人士)、说话人(中共中央总书记和国家主席)等构成了该话语实施言语行为的恰当条件。再如,中国外交部长李肇星在2003年12月31日发表新年贺辞时说:

(64)"我代表中国外交部,向所有关心中国外交事业的海内外朋友表示感谢。"

(选自"李肇星发表新年贺辞,期待着朋友们支持中国外交", http://news.tom.com,2003年12月31日,中国新闻网)

该话语是一个在实施"感谢"的言语行为,因为它也具有实施该行为的恰当条件。

面对一个语篇或信息片段,我们认为,如何从中获取说话人(包括作者)的语用用意或意图比从中直接获取语义信息更为重要。比如,以下帖子的主要目的就不在于陈述信息,表达的信息也不是语义信息的简单组合,作者的用意在于向读者(学生)进行书面告知,因此它涉及具体的时间、对象、措施等因素。

(65)

Consultation Hours: Semester One

Tuesday 13:15—14:45

Thursday 13:15—14:45

I will normally be available to see people at the times indicated above. However, some weeks I have other meetings. When this happens, I will arrange alternative times and try to give at least one week's notice; the new days/times will be indicated on the sign-up sheets, so please check carefully.

Please sign the list to book an appointment and if you need some more than fifteen minutes please sigh yourself in for two slots. If none of these times suits you, please email me for an appointment at another time: xxxxx@bangor.ac.uk.

Please make sure that you let me know if you are unable to keep the appointment, either by emailing me or telephoning me (extension 2270) or the Department Secretary (extension 2264).

Professor X X

再如,例(66)也是一种书面形式的告示,主要语用信息包括做什么、怎么做、在哪里做、为什么等,同时还突出了强调的功能(如原文中的划线部分)。因此,它所起的作用也不仅是简单的信息告示,也是一种语用告示,与上文不同的是,它具有很强的语用驱使性。

(66)

Changing Modules or Degree

Please obtain a Form from Reception in the New Arts Foyer. This form can <u>only</u> be signed by the <u>Linguistics Secretary</u> (no other member of staff). This is the only way you can ensure that you are down for the correct modules/degree.

(67) As you are aware there is absolute freedom to surf the Internet and access any web site and download any data. But please be aware as registered UWB users you are governed by the Acceptable Use Regulations:
www. is. bangor. ac. uk/help/acceptableuse. php
Please use your common sense when surfing the Internet. Ask the question:"Would I be accessing this site if I were not alone?"
Sim Barbaresi
Information Services
Thu, 15 Jan 2004

例(67)是2004年新学期伊始,英国某大学校园网上出现的一则告示。每学期之初,该校都会有类似帖子出现。此告示的主要目的是什么?告诉互联网用户可以浏览网页并下载资料?告诉大家有问题找信息管理中心?提醒人们遵守互联网使用的有关规定?或提醒人们不要浏览非法网站?这就涉及该告示的用意。从语用学的角度来说,就涉及该告示的交际用意或语用目的。以上告示的主要目的不在于传递字面信息,而在于让大家理解其用意:提醒校园网用户注意遵守有关互联网管理规定,以及不要浏览非法网站。这就是以上告示在恰当的语境条件中所实施的语用功能。

再看下例。它是英国威尔士大学(University of Wales,Bangor)校方为了提防学生期末考试作弊而张贴的告示,全文主要是在解释什么叫 *unfair practice*,但它的目的并不在于解释,而在于提醒或警告学生考试不要作弊,否则会承担严重后果。从语用学的角度来说,这就是它的以言行事用意或施事用意。

(68)

> University of Wales, Bangor, UK
> **DON'T CHEAT**
> The University takes very seriously any acts of "unfair practice" by students in their coursework or in examinations.
> "Unfair practice" means:
> 1. Engaging in plagiarism by using other people's work and submitting it for examination or assessment as though it were one's own work.
> 2. Taking unauthorised materials (such as a book, notes or loose papers of any kind) or any source of unauthorised information into an examination room.
> 3. Communicating with another person in an examination room.
> 4. Copying or using any other way unauthorized materials or the work of any other candidate.
> 5. Impersonating an examination candidate or allowing oneself to be impersonated.
> 6. Claiming to have carried out experiments, observations, interviews or any form of research which one has not in fact carried out, or claiming to

> have obtained results which have not in fact obtained.
>
> If any allegations of unfair practice by students are substantiated, the consequences are extremely serious: it can result in the student's subsequent exclusion from the University, or the cancellation of all marks and disqualification from any future University examination.

§4.4 言语行为举隅与分解

以上我们讨论了言语行为的基本类型和日常用语的言语行为功能。下面我们再根据日常的言语交际,尤其是汉语交际,介绍并分析常见的言语行为,以引起大家对日常交际中不同言语行为的关注,帮助提高语言使用的语用意识。

§4.4.1 "请求"言语行为

"请求"(request)是一种带有使役性质的言语行为。为此,该行为的实施可能威胁到对方的面子,涉及礼貌及其程度问题。所以,在人际交往中,很多时候说话人往往不是直接向对方发出请求,而是借助一定的辅助性话语或间接性话语,以降低该请求所产生的使役性,或减少该行为可能带来的负面效应。例如:

(69) 嘿,小娟,我昨天下午有事没上政治课,可不可以借一下你的笔记本?我明天一定还给你。

类似的请求在我们日常交际中十分常见。说话人的主要目的是向同学借课堂笔记本,这是说话人的语用用意,也就是说,此例中只有"可不可以借一下你的笔记本?"是一个中心行为,其他部分则是服务于该中心行为的附加性话语,其中"嘿,小娟"是一种称呼语,在于向对方打招呼,以示友好,有时也用于引起对方的注意;"我昨天下午有事没上政治课"在于陈述信息,目的是向对方提供原因,是实施请求的前置辅助性话语,为随即实施的请求言语行为创造条件;"可不可以……?"是人们在实施请求时习惯采用的委婉形式,有助于降低请求产生的驱使性;"我明天一定还给你"则是实施请求的后置辅助性话语。类似辅助性话语就是实施特定言语行为的支持性话语,它们的使用目的在于推动、促成该行为的顺利实施。为此,我们可将请求言语行为进行如下分解,也就是说,很多时候一个请求言语行为可由以下部分构成。

A. 醒示语

常见的醒示语包括直接使用头衔或职务,比如,经理、老师、刘经理、张主任、王老师、服务员、师傅;或使用爱称或敬称,比如,小/老十姓(小王、老张)、名/小名(东东、三毛);或一般的招呼语或问候语,比如,"嘿"、"你好"、"下午好"等;或以上形式出现的多种组合;有时也存在直接使用对方姓名的情况。它们出现在请求之前,所起的主要作用在于引起对方的注意或打招呼,以套近乎,为进一步实施后续的请求行为奠定基础。如例(70)中的"老张"和例(71)中的"经理"。

B. 支持性话语

因为请求可能对听话人产生一定的驱使性,因此在实施请求之前或之后,说话人常会采用一定的语言手段,试探向对方发出请求的可能性或可行性,这有助于降低请求所产生的驱使性,增强对方接受该请求的可能性。比如,采用询问的方式进行试探,如"现在有空吗?"、"帮个忙行吗?"等;或向对方讲述请求的原因,如"我昨天没来上课,可不可以……"、"最近太忙,孩子又小,所以我想请你……"等。在交际中,询问或告诉对方类似信息,往往不是说话人的语用用意,而是寻找向对方发出请求的可行性或可能性。我们将类似起辅助功能的话语或结构统称为"支持性话语"。例如:

(70) 老张,现在有空吗?帮我抬一下桌子。

(71) 经理,你好,最近我家里事情很多,还有老人,所以我可不可以换个班?

C. 主体行为

主体行为就是实施请求或完成请求功能的中心部分。比如,例

(70)中的"帮我抬一下桌子"和例(71)中的"我可不可以换个班"。实施请求的主体行为存在多种形式,有直接进行请求的,如(72)、(73);有通过陈述或暗示的方式间接实施的,如(74)、(75);有通过询问的方式实现请求的,如(76)、(77)等。

(72) 帮我买本书。
(73) 请把录音机的声音开小点。
(74) 我想把桌子移到靠墙的地方,但又太重。
(75) 这个桌子放在这里很难看,要是抬到外面去就好了。
(76) 帮我抬一下桌子,好吗?
(77) 不知道能不能帮我请个假?

根据以上醒示语、支持性话语和主体行为的简单划分,我们不难看出,请求言语行为涉及两方面的因素:

a. 说话人通过某一话语实施请求的语用用意;
b. 听话人接受该请求的效果,比如接受、拒绝或不置可否。

由于交际受制于双方或多方的人际关系等因素,所以在实施请求时,说话人可能会采用不同的形式或策略,或选取不同的视角,以促成该言语行为的顺利实施。例如:

(78) 你可不可以帮我买几张邮票?　　(以听话人为出发点)
(79) 你能不能和我一起打扫教室?　　(以听话人为出发点)
(80) 我可不可以请你帮我买几张邮票?　　(以说话人为出发点)
(81) 我能不能过两天交论文?　　(以说话人为出发点)
(82) 我搭你的车去吧。　　(以说话人为出发点)
(83) 我们一起打扫教室,行吗?　　(以说话人、听话人为出发点)
(84) 咱们一快做吧。　　(以说话人、听话人为出发点)
(85) 这几封信需要邮寄。　　(以第三者为出发点)
(86) 要是有人把这几封信邮寄就好了。　　(以第三者为出发点)

类似不同形式与视角的选择不是任意的,而是存在一定的语用理据,因为说话人向对方发出请求的同时,往往会考虑成功地实施请求的可能性,或被对方接受的可能性,也即实施请求以后的取效问题。

从语言形式来说,请求言语行为可以简单分为直接请求和间接请求。这涉及策略的选择问题。例如:

(87) 请把车停远一点。　　　　　　(直接请求)
(88) 咱们一起吃饭吧!　　　　　　(直接请求)
(89) 快点,没时间啦!　　　　　　(直接请求)
(90) 你还没有打扫教室呢。　　　　(间接请求)
(91) 这篇论文还需要改一改。　　　(间接请求)
(92) 帮忙抬一下怎么样?　　　　　(常规性间接请求)
(93) 你可以借200块钱给我吗?　　(常规性间接请求)

按照句法结构的类型来说,实施请求的形式也是多样的。例如:

(94) 你在这里住两周行吗?　　　　(疑问句式)
(95) 我想问个问题,行不行?　　　(疑问句式)
(96) 把车开远点。　　　　　　　　(祈使句式)
(97) 我想找个人抬一抬桌子。　　　(陈述句式)

另外,我们需要注意汉语交际中"请"、"劳驾"、"麻烦"、"拜托"等礼貌标记语在实施请求时的作用。它们的出现在体现一定礼貌的同时,更有助于降低请求言语行为的指使力度,或缓和语气,从而增大对方接受请求的可能性。例如:

(98) 请你走开点,这里太危险。
(99) 麻烦帮我改一下。
(100) 我得劳驾你带个东西给老刘。
(101) 拜托帮忙处理这些文件。

§4.4.2 "拒绝"言语行为

"拒绝"(refusal/refusing)这类言语行为是针对对方的请求、邀请或建议之后,说话人所做出的一种"不合作性"选择。在一定条件下,拒绝等于回绝、谢绝,可分别相当于英语中的 *to refuse*, *not to accept*, to refuse in reply, to refuse an offer with gratitude 等;在汉语中,我们经常听到"婉言谢绝"、"断然拒绝"、"一口回绝"等说法,可见拒绝是言语交际中广泛存在的现象,且形式多种多样。对于拒绝,人们最容易注意到的就是拒绝的策略或方式,以及拒绝以后所产生的效果。下面我们列举一些表示拒绝的常见现象。

A. 直接表示拒绝。例如:

(102) 儿子:爸,我去踢球啦。
      父亲:不行,这么热。

(103) 甲:上街买衣服吧,降价了。
      乙:我不想买。

B. 通过反问或批评,表示委婉拒绝。例如:

(104) 学生:老师,期末考试的复习范围是什么?
      老师:上周不是告诉大家了吗?

(105) 小刘:小程,把你的磁带借我听听。
      小程:上次你都不借给我。

C. 提供原因或借口,或表示歉意并提供原因,进行委婉拒绝。例如:

(106) 甲:你也买件这样的衣服吧。
      乙:我老公不喜欢我穿这种颜色。

(107) 甲:晚上的讲座去吗?
      乙:我想去听音乐会。

(108) 甲:今晚帮我加个班吧。
      乙:对不起,晚上要去看朋友。

(109) 甲:替我买张到北京的硬卧票。
      乙:每人只能买两张,不好意思。

D. 提供建议,表示委婉拒绝。例如:

(110) 甲:先生,请问王府井怎么走?
      乙:你问别人吧,对不起。

(111) 甲:请问,托福考试报名什么时候结束?

乙:你到网上一查就知道了。

(112) 甲:走,一起去老师那里拿下周的讲义。

乙:你叫班长跟你一起去吧。

E. 提供原因或借口,再提供建议,表示委婉拒绝。例如:

(113) 甲:帮我看一下论文,提点建议吧。

乙:这段时间实在太忙,下次吧。

(114) 售货员:就买这件吧,不是挺合身的?

顾　客:太贵了点,再看别的吧。

F. 劝说对方放弃某一行为,实为表示委婉拒绝。例如:

(115) 甲:下午逛街去,衣服开始降价了。

乙:降价都是骗人的,别上当啦。

(116) 小钱:下午陪我去买手机吧。

小彭:还买什么手机,马上小灵通出来打电话更便宜。

G. 转移话题,回避对方的请求,表示委婉拒绝。例如:

(117) 甲:把昨天阅读课的笔记借我一下。

乙:明天还上政治课吗?上次老师没讲呢。

(118) 甲:身上带有多的钱吗?

乙:嘿,那里面还没去,进去看看吧。

以上我们仅列举了日常交际中常见的、较为典型的拒绝策略与形式,其实实际交际中的情况要复杂得多,存在表示拒绝的诸多情况;而且拒绝这种言语行为产生的原因也是多方面的,尤其是非直接性拒绝出现的原因更复杂,比如出于礼貌,或为了给对方留面子等。直接拒绝是最明显的,从说话人的角度来说,直接拒绝是一种很有效的策略,但同时也是最威胁对方面子的言语行为,因此它出现的语境条件十分有限。比如,当说话人的权势、地位比听话人高时,比较容易出现直接拒绝,如父母对子女、厂长或老板对下属、长官对士兵等;当交际双方处于平等地位时,也容易出现直接拒绝的现象。就策略而言,在很多语境中,说话人在实施拒绝的言语行为时,往往会提供一定的原因或进行解释,或直接提供原因以示拒绝,以求得对方的理解,这样说话人的拒绝就显得委婉,更具可接受性,同时也可给对方留有一定的面子,因为拒绝言语行为所危险的是对方的正面面子——希望能够得到对方的认可、同意(Brown & Levinson 1987)(参阅第三章)。这样的言语行为往往更容易达到说话人所期待的效果。因此,言语行为中策略的选择涉及语用取效问题,尤其是当权势、地位较高的说话人提出请求、建议等驱使性的言语行为,听话人进行拒绝时,提供拒绝的理由或进行合理性解释尤为重要。以上所列举的不同情况的拒绝,可简单归纳为不同程度的间接性拒绝言语行为,出现的原因是复杂的、多方面的,应根据语境情况进行分析。在此需要指出的是,请求、邀请、建议等在语用上对听话人都可能产生一定的驱使性。因此,有时难以将它们截然分开。再如以上例子:

(104) 学生:老师,期末考试的复习范围是什么?
　　　老师:上周不是告诉大家了吗?
(115) 甲:下午逛街去,衣服开始降价了。
　　　乙:降价都是骗人的,别上当啦。

例(104)中,该学生"请求"(request)老师把期末考试的复习范围讲一讲,还是"建议"(suggest)老师讲一讲,很难区分;同样例(115)中,甲是在"请求"乙陪她一同逛街,还是"建议"对方去逛街买衣服,也难以截然区分。尽管如此,对方的回答都可视为一种间接性拒绝。

以上我们只列举了交际中普遍存在的请求和拒绝两种言语行为。此外,日常言语交际中,还存在其他的言语行为,比如赞扬、感谢、邀请、抱怨,以及表示相同或不同观点、看法的言语行为。它们都涉及多变的语境条件,因此话语形式的选择也是丰富多样的。我们可从现实的学习、生活等环境中,收集相关语料,进行语用分析、对比与总结,这对适应不同的交际条件,提高交际能力大有益处。

§4.4.3 "撒谎"言语行为

当有人提到撒谎时,大家可能会问什么才算言语交际中的撒谎,或什么是撒谎的言语行为?一般来说,撒谎就是向对方提供了不真实、虚假的信息,不过这不完全正确。撒谎的确与目标信息的真实程度密切联系,但在现实交际中,有时人们可能会向对方传递一些非真实的内容或信息,此时为什么不被视为撒谎呢? 比如,当甲问乙几点钟时,甲不知道现在的准确时间,于是推测后告诉乙说"现在5点半了",但乙从第三者那里得知"现在已是5点50分了"。在此情况下,我们能认定甲在撒谎吗? 因为甲认为自己的推测可能是正确的,不是明知"现在5点50分了"的情况下故意告诉对方"现在5点半了",因此不存在蓄意讲假话或故意提供虚假信息的意图。以上是交际中常见的一种情况:说话人不知道自己提供的信息是错误的或虚假的。此时不能被视为撒谎。另一种情况是:说话人知道自己提供的信息是错误的或虚假的,但仍向对方提供该信息或内容。这也是交际中可能发生的情况,但我们还不能轻易断定说话人是否在撒谎。例如:

(119) a. He is a pig.

　　　b. He is dirty. /He is foolish.

(120) a. His wife is really a lioness.

　　　b. His wife often finds fault with him.

(121) a. 美帝国主义是一只纸老虎。

　　　b. 美帝国主义并不可怕。

(122) a. 人民解放军是保卫祖国的钢铁长城。

　　　b. 人民解放军是保卫祖国的坚强力量。

(123) a. 我每月在公司可拿5000块钱。

　　　b. 实际是5250块钱或4800块钱。

(124) a. 一个5岁的小孩勇敢地对妈妈说:"妈妈,打针一点也不疼。"

　　　b. 打针很疼,但小孩很勇敢。

在日常言语交际中,以上话语十分常见。例(119)a—(122)a 属于喻意用法,分别隐含了(119)b—(122)b 的类似信息;同样,例(123)a 也可看成近似用法或约略用法,等于(123)b 所表示的信息;例(124)a 中小孩的话语也可隐含信息(124)b。可见,说话人不是刻意追求它们的字面意义,也即说话人希望传递的信息并非字面信息。此时,我们能认为说话人在撒谎吗？显然不能。

说话人向听话人提供某一信息（P）时，是否被认定为"撒谎"，应该包括如下三方面因素：

a. P是错的；
b. 说话人相信P是错的；
c. 在传递P时，说话人故意欺骗听话人。

这是从典型特征出发所界定的撒谎。只要满足以上三个条件，某一言语行为就属于典型的撒谎行为。如果该行为只满足了其中一个或两个特征，听话人可能会怀疑说话人在撒谎，但无从判断。

现实交际中，也存在这样的情况：听话人知道说话人传递的信息或内容缺乏正确性，或缺少真实性，但也不能将类似情况下的言语行为视为撒谎。比如，出于礼貌或客气等原因，说话人使用了以下话语：

(125) 有空到我家坐坐。（告别时的礼貌语，并非真正邀请对方）
(126) 这菜做的不错。（听、说双方其实都明白菜的味道很一般）

在一定的社交条件下，例(125)、(126)的使用往往是出自礼貌等原因，说话人使用该话语的主要目的在于维护、提高双方的社交关系。即使听话人知道对方是假意说"有空到我家坐坐"，而非真诚邀请，也不会将其视为撒谎；例(126)也一样，即使甲的厨艺很一般，且本人也知道自己做的菜的口味很一般，当乙说出"这菜做的不错"时，甲也不会认为乙在撒谎。可见，类似话语虽然具有不真实性，但出于礼貌、维护人际关系等社交原因，我们却不会将它们看成撒谎，因为说话人的目的或意图不在于故意欺骗对方。再看下例：

(127) 洗得真干净！（反语：一点也没有洗干净）
(128) 这老师真好。（反语：学生抱怨老师要求太苛刻）

类似话语属于一种反语，其表面意义与说话人的语用含意之间是相反的，说话人的目的也不是故意欺骗对方，而在于取得某种交际效果。因此，人际交往中，人们也不会将它们视为撒谎的现象。对以上情况,Coleman & Kay(1981)将它们看成"社交撒谎"(social lie)。但我们认为,类似话语的使用主要出自社交目的,旨在取得某一人际交际效果,而非蓄意欺骗对方,因此"社交撒谎"的说法不够确切。总之,判定某一言语行为是否属于撒谎,关键在于说话人的交际目的,是否明知某一信息不正确而蓄意欺骗对方,以让对方上当受骗。下面请大家阅读以下新闻报道,并分析为什么壳牌(Shell)公司的行为被称为一种撒谎的行为。

(129)

Lies, cover-ups, fat cats and an oil giant in crisis

- Shell admits deceiving shareholders
- Sacked chairman savaged in report

SHELL was embroiled yesterday in Britain's biggest corporate scandal for almost 20 years after it admitted a three-year plan to deceive its shareholders.

The City reacted with astonishment after the crisis-stricken multinational released details from an internal report that exposed how the company had deliberately overstated its oil and gas reserves for several years.

Judy Boynton, the finance chief, became the third boardroom casualty of the furor that followed the shock 20 per cent downgrade in reserves three months ago. The Shell affair, the most damaging scandal in the UK since the Guinness debacle 18 years ago, has already led to the departure of the chairman, Sir Philip Watts, and the head of exploration and production, Walter van de Vijver.

The pair were savaged in the damning, independent report commissioned by Shell for appearing to know that reserves failed to meet market rules as far back as 2001. The report listed a bewildering array of e-mails sent between increasingly desperate executives. In one, Mr van de Vijver told Sir Philip last November: "I am sick and tired about lying about the extent of our reserves issues and the downward revisions that need to be done because of far too aggressive/optimistic bookings."

A month later, Mr van de Vijver, responding to an internal report that suggested Shell's position on the serves was a violation of US securities law, wrote: "This is absolute dynamite, not at all what I expected and needs to be destroyed."

The prospect of criminal charges being brought against some Shell executives appeared increasingly likely last night.

The report was designed to get to the bottom of an affair that has rocked confidence in the stewardship of Shell since the disclosure that its reserves had been overstated.

It says Mr van de Vijver repeatedly e-mailed Sir Philip over a period of nearly two years to inform him of concerns over the group's reserves. The report, carried out by the US law firm Davis, Polk & Wardwell, paints a picture of Sir Philip resisting attempts by Mr van de Vijver to scale back the amount of oil and gas that the company was telling the outside world it was discovering.

Sir Philip directed Mr van de Vijver to "leave no stone unturned" to hit targets.

The company again cut its reserves estimates in March, and yesterday saying it was drawing a line under the matter made further reductions.

The contents of the internal report will be a huge blow to Sir Philip, sacked by Shell along with Mr van de Vijver last month after the company's financial woes became public.

It is unclear whether they will receive any financial settlements, but Sir Philip was paid 1.8m in 2002, and has a pension worth 480,000 a year. Mr van de Vijver is reputed to have earned a salary of more than 1.0m and a generous pension.

Ms Boynton, the chief financial officer, was forced out after she failed to address the inaccurate nature of Shell's reserves reporting policy. A fourth person, the joint chairman Lord Oxburgh, is expected to resign within the next few days.

Sir Philip and other senior directors are thought to have been named in lawsuits initiated by shareholders in America.

The company said yesterday it had been requested to publish only a summary of its report by the US regulatory authorities.

Attempts to contact Sir Philip at his Berkshire home were unsuccessful.

America's financial regulator the Securities and Exchange Commission and the Justice Department are investigating.

The bar on Shell publishing the full result of its investigation sparked speculation that the US authorities did not want to scupper a potential criminal prosecution of Sir Philip, and possibly others, by releasing information that could prejudice the case. Kenneth Vianale, a partner in Florida-based Vianale & Vianale, which has launched a shareholders' class action, said: "Shareholders would like to have full disclosure of the report. But if a company conducts an internal report which is then given to a third party, such as the SEC, lawyers' privilege is waived."

(选自英国《独立报》[The Independent],
2004年4月20日,第1版)

§4.5 间接性与语用隐含

交际中的很多信息,尤其是非字面信息,都不是直接表达的,而是通过语境关系间接隐含的。这说明,话语的间接性与该话语在一定语境中所隐含的语用信息(即含意)是联系在一起的。

A. 言语事件所隐含的语用信息。请看下例:

(130) 主持人:那时候你的翅膀大概还没长硬吧!

女　生:已经长硬了,只不过,我觉得还是中国传统的孝顺支配了结局。孝就得顺,顺就是孝。我记得跟我父母有一次冲突,我爸爸心脏病发作了,从此我再也不敢了。

主持人:赵医生,你是心理医生,可能遇到这样的事情相当多吧?

嘉　宾:我觉得,在人与人之间,尤其在父母与子女之间,这种沟通是非常重要的。我给大家举一个例子。我曾经听到一个人讲过她的经历,这是一个母亲。有一次,她得了喉炎,嗓子哑了。她从医院回来。在这时候,她儿子从外面进来了,说:"妈妈,老师批评我了。"就诉说老师怎么怎么不对。当时这个母亲特别想批评儿子,你错了,老师是对的。可是因为失声了说不出话,她就瞪着眼睛,看着儿子说。等儿子终于说完了以后,突然又说了一句:"妈妈,我谢谢您。"她当时一愣,不知儿子是什么意思。儿子又说:"谢谢您,今天听我说了这么多的话。"第二天,儿子又对妈妈说:"妈妈,您昨天虽然什么都没说,但是我已经明白了,我错怪了老师。"……

(选自"子女眼中的父母",中央电视台《实话实说》节目,1996年5月)

此例中,说话人(嘉宾)通过一个事例的讲述,隐含地表达了自己的观点与思想:在对孩子的教育中,家长应该多听孩子的意见、想法,而不只是批评、教训。再看下例,说话人通过讲述故事,隐含了希望传递的信息以及希望取得的交际效果。

(131) 主持人:谢谢你。李老师,你说天下的母亲是不是都这样?
李婉芬:都是这样,我年轻的时候听过一个传说故事,说有一个年轻人得了一种怪病,大夫说"你怎么样才能好呢,只能要来你妈妈的心",意思是说他要吃了他妈妈这颗心,病就能好了。于是这孩子就把这话回去跟他妈妈说了。他妈妈二话没说,拿起刀子就把自己的心掏了出来,给了这孩子。这孩子抱着这颗心只想治自己的病,由于天黑,他摔了一个跟头,把心掉地下了,这时候,那颗心就说话了,说:"孩子,你摔疼了吗?"这故事我是很小的时候听到的。(掌声)……

(选自"父母眼中的孝子",中央电视台《实话实说》节目,1996年8月)

此例中,说话人在回答主持人的提问后,紧接着附加一个与对方提问无关的故事。从表面上看,说话人仅讲述了生活中的一个故事,但它却隐含了重要的信息,也即说话人通过它最想表达的隐含信息:普天下的父母对子女的关爱、无私给予与付出。这就是以上话语片段构成的言语事件所隐含的语用信息,或者说是说话人在回答主持人提问之后附加该故事的语用目的。在该语境条件中,该故事的隐含信息突显了说话人的观点与看法。可见,在特定的语境条件下,附加信息还具有语用效果的突显或增强功能。以上隐含信息不是通过某一或几个话语隐含的,而是借助整个言语事件隐含的。这样的事例还有很多。再如:

(132) "在非洲的草原上,狮子早晨起来想起的第一句话是什么?
它想:我一定要比羚羊跑得快才行,否则我就会饿死;而羚羊早晨起来想的第一句话则是:我一定要比狮子跑得快,否则我就会被吃掉。……"

(选自"学习小贝好榜样,狮子羚羊有想法",
http://sports.tom.com,2004年1月1日)

以上话语是2003年12月31日中国足协专职副主席阎世铎在四川成都毛家湾足球训练基地,与中国国奥足球队队员进行辞旧迎新座谈会上的一段讲话。通过该典故说明自然界弱肉强食的道理,但说话人的最大目的在于让听话人(球员)间接地悟出一个基本事实,也即通过该典故去理解说话人的语用含意:足球也是一项竞技体育,只有比别人跑得快、只有比别人强,才会赢得比赛、求得生存,否则只有落后、惨遭败绩。可见,在恰当的交际条件中,类似典故的引用,既可传递特定的语用含意,又可起到生动有趣、提高话语劝说力的作用。可谓一箭双雕、一举多得。

B. 话语所隐含的语用信息

言语交际中,很多语用信息是通过某一个或几个话语在特定的语境中间接地隐含的。在有的语境中,隐含信息是通过某一个话语或某几个话语体现的,也就是说,我们推导其中的隐含信息所依赖的仅是特定语境的个别话语。例如,一名靠献艺为生的伤残男子抱着吉他,边弹边唱《游子吟》、《流浪歌》等颇为苍凉的流行歌曲,从而吸引了不少行人驻足观看,其中有人慷慨解囊,而一直在旁边、自诩身世凄惨的另一位乞丐对此大为不满,于是冲着那位男子说:

(133)"哥们,你这一唱就是三小时,我们也得吃饭啊。"

(选自"广州乞丐走向集团化,自称最烦同行、下雨和
帮主",中国新闻网,2004年1月12日)

在表面上看,该话语是一个陈述句,但在该语境条件下,它却显然是一个间接言语行为,可以隐含多种语用含意:1. 可表示这位乞丐对另一位抱着吉他演唱、讨钱的男子进行抱怨,如"你这一唱就是三小时,我怎么讨钱呢";2. 可表示一种威胁,如"三小时够了,你自觉点,快走吧,不然揍人啦";3. 也可通过该话语乞求对方可怜、同情自己,如"哥们,差不多了吧,我们也要讨钱吃饭啊"。

再如,例(134)中第一个划线的话语在表面上答非所问,从言语行为的角度来说,它是一个间接性言语行为,该话语间接地隐含了这样的语用信息:说话人相信有关"涉黄"的新闻,因为无风不起浪,起浪一定有风。第二个划线的话语也没有直接回答对方的提问;从语法制约的角度来说,对一般疑问句,说话人应该使用"会同意"或"不会同意"进行肯定或否定回答,但她并没有这样做,因此违反了"合作原则"中的关系准则(参阅第三章)。据此,我们可以从中推导出这样的隐含信息:说话人(张)可能同意对方(记)的观点。

(134) 记:按你的说法,大部分新人出道时都要遵守所谓的"行规"吗?有没有例外的?

张:如果是良家女子,不愿意,那就别在这个圈里混了呗。

记:照这样说,那些当红的明星,比如章某、赵某,她们出道时也要付出这样的代价吗?

张:当然任何女星都有自己的奋斗历程,只不过有的长,有的短,而且她们的机会很好。不过她们在抓住机会的同时,什么都不付出,就能得到今天的成绩和地位吗?我觉得那是不可能的,目前要杜绝演艺圈中这样的事情发生是不现实的。

记:你有没有看到今天爆出的有关"范某涉黄"的新闻?

张:<u>中国有句老话,叫无风不起浪。……</u>

记:事情闹到这个地步,即使黄某同意让你做女主角,你应该也不会同意了吧?

张:<u>没有永远的朋友,也没有永远的敌人,并不能排除这种可能性</u>,只是我和黄某的关系现在不好形容。

(选自"'录音带丑闻'追踪:张某坦言最多忍耐到下周"*,《沈阳今报》,2004年1月6日)

再如:

(135) 徐帆迟到了,低着头一溜烟跑进诺大的会议室,还没坐定就一连串笑着对满屋等待的记者说:"不好意思,来晚了,

---

* 引文时,笔者进行了某些修改,以避免直接提及原文中的姓名。

我是化妆去了。"东方卫视的万总在一旁打趣说:"<u>我瞧着徐帆化妆前和化妆后没什么变化嘛</u>!"徐帆又低下头嘿嘿嘿一阵笑,简单介绍了自己来上海出席《青衣》记者会的心情后,……

(选自"徐帆谈戏谈人生谈老公,最爱的是悲情角色",
http://ent.sina.com.cn,2003年10月28日)

在特定的交际语境中,通过间接性话语表达隐含信息以后还可取得直接言语行为所不及的语用效果。比如,给对方留有一定程度的面子,或活跃气氛等。上例中,"我瞧着徐帆化妆前和化妆后没什么变化嘛!"就是针对"不好意思,来晚了,我是化妆去了"而发的,在当时的语境中,两位说话人的讲话都非常具有策略性,尤其是后者。前者说话的目的显然是在为自己找一个合理的、大家能认可的托辞,而后者的发话显然是对对方托辞的间接否定。在此语境中,说话人双方、在座的听众会很容易地推知彼此话语的语用含意,但又彼此心照不宣,难怪徐帆低下头,嘿嘿嘿一阵笑,可使现场凝重或紧张的气氛顿时烟消云散,由此取得较好的现场交际效果。如果说话人直言"你根本就没化妆嘛",所产生的语用效果自然会大不一样。此例表明,说话艺术十分重要,在特定语境中特定话语可能产生特定的语用效果。交际中,使用间接性话语或通过言语事件隐含某一信息(即含意)的目的是多种多样的。除以上作用以外,有时借助隐含某一特定语用信息的间接性话语还可对非正面或非积极的现象,甚至不良信息,起到一定程度的遮掩作用,以免过于直白,产生负面效应。例如:

(136) ……(略)

当领导一行几人赶到这个市时,却如何也找不到一把手局长。面对此场面,局里的副局长及一些工作人员都很急,在打电话和到家中找都无结果的情况下,局里只好派人再四处寻找。一天快过去了,还是没有结果,这时有人提议找他的车,结果在找了几个地方没有找到之后,决定撬开他家的车库,这一撬一切全明白了,因此时这位局长已死在车里,而车里还有一个女子,也已经死亡。"<u>发现了局长</u>

所在的地方,他身边还有一位女子,最让人难堪的是他们的衣服都没在应在的地方。"该市教育局的一位同志对记者这样说,他还说他们见到这个场面一时不知该怎么办,考虑了半个小时才决定向市委汇报。市委领导当时还都以为弄错了,因教育局长平时各方面表现得都很好,但当市委领导赶到现场也亲眼目睹后,第一句话是"这事没法向全市人民交待"。

(选自"中学发生大火,教育局长在车库里死得很尴尬",http://www.sina.com.cn,2003年12月13日,主任记者孙学友)

这是一个典型的通过间接性话语表现语用含意的例子。说话人没有直言该局长和该女子之间可能发生的媾和之事,因为作为有身份、有地位的局长发生此类事件是很不光彩的事情,"这事没法向全市人民交待",因此说话人通过现场描绘,巧妙地传递了信息,但同时又隐含了所要表达的语用含意。具备一般性常识的读者、听话人都会轻易推知究竟发生了什么,但该话语却比直言更文雅、更具遮掩性。可见,在恰当的语境中,间接性话语妙趣横生。

§4.6 言语行为的语境恰当性

话语理解受制于语境因素,前面多处,如4.3节,也涉及言语行为使用的语境条件。因此,在很多情况下一个话语或多个话语的语用含意是明确的、特定的。但也存在含意不确定的情况,也即听话人在信息处理时可能产生多种理解,这是一种语用含糊,此亦可,彼亦可。

(137) 主持人:这个《朋友的朋友》,我刚才在讲是男朋友的女朋友还是女朋友的男朋友。

江美琪:朋友的朋友的意思,就是当你曾经跟你相恋的人在一起,你们两个人分开以后,是不是还能够变成朋友这个话题。其实每个人去面对这样的事情是不同的反应,有人觉得分手之后还能不能当朋友,很多都会在思考,不管是分手后的男朋友还是女朋友现在都有很多是很好的朋友。我相信有这种的朋友。有一个很有意思的例子,我有一个朋友跟她男朋友分开,她又有一个新的男朋友,甚至他们三个人都了解,他们接受的程度不同,他们每个人用自己的态度去面对自己的感情。

主持人:作为我来说很难接受。

江美琪:我问过几乎大部分的男孩子,他们基本上都不同意。可是女孩子就不一样了。

主持人:首先声明我不是女权主义。你是不是有这样的经历所以才唱出那样的歌?

江美琪:不管是我自己朋友发生的事情或者是歌迷写信告诉他们发生一些什么事情,我觉得在他们的故事当中我都可以有一些体会,甚至可以唱出他们的心声。

(选自"江美琪新浪访谈实录",http://sina.com.cn/s/h,2003年12月15日)

此例中说话人(江美琪)并没有直接肯定或否定主持人最后的提问,因而回答具有语用上的含糊性:她本人可能有这样的亲身经历,所以才唱出《朋友的朋友》这首歌曲;也可能她本人没有这样的亲身经历,而是她的朋友有过这样的经历。根据该话语信息以及相关的语境条件,这两种情况都可能存在。再如:

(138) 上海申花(足球队)队员张玉宁在今天的颁奖中获得了一个特殊的奖项——2003西门子移动足球联赛网上最受欢迎球员奖,在这个奖项的网络评选中张玉宁是以绝对的优势胜出,张玉宁获得了一份特殊的礼物——来自另一位帅哥贝克汉姆签名的23号球衣,不过接到这份礼物张玉宁并没表现出太多的惊喜:"我觉得这件衣服并不太重要,重要的是有这么人支持我。"除了球衣外,张玉宁还得到了一个西门子的纪念手机,主持人问他第一个电话将打给谁时,张玉宁说:"我的父母,没有他们,我不会来到这个世界。"紧接着主持人又问他会不会找个上海的女朋友,"狡猾"的张玉宁打起了太极:"我一直希望找一个女朋友,但是我的老板现在不让我找,让我多花一些心思去踢球。"

(选自"张玉宁不屑贝克汉姆球衣,戏言老板不让找女朋友",http://sports.sina.com.cn,2003年12月13日)

此例中,说话人(张玉宁)也没有直接回答对方的提问:会不会找个上海女朋友。而是陈述了这样的信息:"我一直希望找一个女朋友,但是我的老板现在不让我找,让我多花一些心思去踢球。"该话语同样可以引出两种理解:说话人不会为自己找个上海女朋友,因为老板要他好好踢球;也可能会为自己找个上海女朋友,但现在还不是时候,因此托辞说老板不让他现在找个上海女朋友。可见,在一定语境中,话语可能隐含不同的理解,也就是说,具有语用上的含糊性。但在特定语境条件中,作为一种交际策略,语用含糊的出现也是恰当的,如上例(137)、(138)。前面例子都已表明,实施某一言语行为,必须具备一定的语境条件(参阅 4.3 节)。下面我们再结合实例,进行讨论。在日常交际中,我们常听到类似话语:"我对此表示遗憾"、"我对此表示歉意"、"对此我向你道歉",或英语中的话语"I'm sorry for that","I feel regretted about that","I apologize for that"等。它们所起的作用都不是陈述,而是在实施一种表示"遗憾"、"歉意"、"道歉"的言语行为。在一定条件下,当说话人使用类似话语时,他就在实施一定的言语行为,当然它们之间的功能是有区别的。比如,表示"对不起"的言语行为、表示"遗憾"的言语行为、表示"道歉"的言语行为等,具有语用功能的不同;同样,英语中的 *sorry*,*regret* 和 *apologize* 等在实际使用中,所体现的言语行为功能也不尽相同,因为不同言语行为出现的语境条件存在一定差异。这说明,实施某一言语行为应当具备一定的恰当条件,也称合适性条件(felicity condition)。2001 年 4 月 1 日,美国军用侦察机擅自进入我国南海的沿海专属经济区上空,进行军事侦察并撞毁我国飞机,致使我国飞行员王伟牺牲。对擅自闯入我国领空,并降落在我国机场的美方肇事机组人员,我国从人道主义的立场出发,也给予妥善安置,并批准美驻华使领馆的官员同他们见面。而美国政府对此事件以及牺牲的中国飞行员仅表示"遗憾"而已,当时的美国国务卿鲍威尔和总统布什对此事件发表讲话时,只用了词语 *regret* 和 *sorry*(两者都表示"遗憾")而非 *apologize/apology*(道歉)。因此,美国政府的以上行径引起了中国人民的广泛愤怒与不满,因为"遗憾"并不等于"道歉"。请看由此引发的相关评述:

(139)

美国会不会以"遗憾"代替"道歉"

据人民网报道:"外交辞令"如今恐怕已不是一个褒义词,有人称之为"没有错误的废话"。但是,在国与国交往,特别是在一些重要场合或重要事件中,这"外交辞令"却非用不可。

在美军侦察机撞毁我战斗机事件中,中国要求美国正式道歉。美国从国务卿鲍威尔到总统布什,日前尽管坚持"美军没有做错事","无须道歉",但他们的态度日见软化。4日,鲍威尔对中国飞行员之死(不知鲍氏的消息来源)表示"遗憾(REGRET)"。5日,布什总统首次说:"我为一名中国飞行员失踪表示遗憾,同时为他们损失一架飞机而遗憾。我们为这位飞行员,为他的家人祈祷。"(I regret that a Chinese pilot is missing and I regret that one of their airplanes is lost. Our prayers go out to the pilot, his family.)

记者英语水平不高,但总觉得把"REGRET"译为"遗憾"不够贴切。因为在汉语中,"遗憾"有时也表达对某人或某事的不满。在前文中,似应译成"抱歉"为好。在英语中,"REGRET"(抱歉)和"APOLOGIZE"(道歉)是有差别,在汉语中也有差别。但其差别是一步或半步之遥,还是根本不属同一层次,则在言者的本意和听者的理解了。据说,美国前总统克林顿就是个"认错高手"。去年,美军承认50年代在朝鲜战争时,曾杀害当地难民(即老根里事件)。克林顿发表声明,只表示"深切遗憾"。而没有用"道歉"一词。韩国民众指责他没有诚意,根本没有"正式道歉"。克林顿却狡辩说:"我不觉得(REGRET 遗憾和 APOLOGIZE 道歉)两字有什么区别。意思都是深感难过。"但他始终没有用上"道歉"一词。

"道歉"在国际外交上起着重要作用,不同的道歉方式更蕴含不同的政治含意,堪称一门"艺术"。美国政府冒犯别国后需要"低头认错"时,有不同的方法,有时候是直截了当地道歉,但很多时候只是间接地认错或表示"遗憾"。

两年前的5月8日,美军炸毁我驻南斯拉夫联邦大使馆。事发当晚,当时的国务卿奥尔布赖特就忙不迭亲自到首都华盛顿的中国大使馆请罪,表达"真诚的道歉和哀悼"。其后,克林顿多次"道歉",并亲自致哀。

但华盛顿的道歉有时只是为了息事宁人,甚或仅仅作为一个权宜之计。1968年,美国一艘侦察艇和82名船员被朝鲜扣留长达11个月之久。后来,美国签署声明,为闯入朝鲜领海"严正道歉"后,美国船员才被放行。但美方代表在动笔前强调,签署声明"只是为救出船员"。

不愿坦然道歉的时候,美国政府只会婉转地认错了事。例如美国一艘核潜艇日前在没有通知日本的情况下进入日本港口。尽管此举违反两国协议,但美国也没有道歉。据报道,美国驻东京大使馆临时代办福斯特只表示这是个"不可原谅的错误",鲍威尔与日本外相河野洋平通电话时,也仅称之为"不幸"事件。

美国在这次撞机事件后,是以"遗憾"代替"道歉",还是会正式"道歉",人们拭目以待。

(选自 http://www.zjonline.com.cn,
浙江在线,2001年4月6日)

(140)

美方首次表示"对不起"但仍拒绝道歉

针对撞机事件,尽管美国国务卿鲍威尔首次使用"对不起"(sorry)一词,但鲍威尔和副总统切尼继续强硬表示美国不会正式道歉。

鲍威尔和切尼甚至还威胁,如果不能尽快解决撞机事件,中国的永久正常贸易待遇(PNTR)和中国加入世贸进程将受到影响。

尽管美国副总统切尼及鲍威尔昨日都重申美国不会道歉,但鲍威尔昨日在《福斯新闻周日》电视节目中针对中国副总理钱其琛再度要求美国道歉一事,首次使用"对不起"(sorry)这一字眼。

鲍威尔表示,"我们已表达了遗憾,表达了我们的悲痛。我们对有人丧生感到对不起(We have expressed regrets, we've expressed our sorrow, and we are sorry that a life was lost)。但道歉(apology)则是另一回事,因为这意味着我们要承担责任。但是,我们没有做错事,也不会做,所以我们不会道歉。"

鲍威尔昨日在电视节目上同时强硬表示,中美关系已因双方就如何处理美国EP—3机组人员的争论而受到损害,中国必须尽快释放美国机员,愈快愈好。如果事件继续拖而不决,中国的永久正常贸易待遇将受到影响。

鲍威尔称,美国仍然支持中国加入世贸。但是,如果中国今年没有加入世贸,而要让国会议员再次投票决定是否给予中国永久正常贸易待遇,目前这样的状况将使中国难以再度过关。他还表示,中方一再要求美国道歉是置美方善意于不顾(rebuff)。

此外,首次就中美撞机事件发表谈话的美国副总统切尼,昨日在接受美国全国广播公司(NBC)访问时指出,布什已清楚表明,美国对中国飞行员"丧生"表示遗憾。切尼狡辩说,此次事件在国际空域发生,如果要美国道歉,是不能接受的事。

(选自 http://www.zjonline.com.cn,
浙江在线,2001年4月9日,中国新闻社)

以上例子说明,实施某一言语行为或言语事件需要具备一定的合适性条件或恰当条件。比如,道歉就需要说话人具有一定的诚意(sincerity),否则就不可能被视为真正的道歉,或被视为缺乏诚意的道歉。再比如,前面 4.4.3 节提到过"撒谎"的言语行为也一样,都必须具备合适性的语境条件,比如撒谎必须是说话人故意欺骗听话人,并让对方上当受骗。以上情况已表明,不仅包括言语行为等在内的语言理解离不开语境因素,而且言语行为的生成与成功实施也离不开特定的语境条件。

思考与分析

1. 什么是施为句和施为动词?请列举英、汉语中常见的施为动词。
2. 举例说明直接言语行为和间接言语行为之间的主要区别。
3. 列举英、汉语中的间接言语行为;结合语境,分析为什么会出现间接言语行为。
4. 请仔细阅读以下选文,并分析什么是道歉、何时应该道歉,以及如何道歉;选文二的标题"I regret to say Geoff Hoon is a sorry apology for a politician"是一个典型的施为性言语行为。类似选文有助于大家知道"道歉"意味着什么,以及更清楚地知道:
   A. 上例(139)、(140)中,为什么我们要求美国政府就撞机事件向中国人民"道歉",而非仅仅表示"遗憾"?
   B. 为什么美国政府不愿意就撞机事件向中国人民进行"道歉"?

选文一:

WHEN AND HOW TO APOLOGIZE

One key to getting along well with people is knowing when to say you're sorry. Sometimes little comments or actions can hurt or offend others. Heavy workloads and stress may keep us from seeing how our actions make others feel. The little things can add up. It doesn't take long for someone to hold a grudge and for grudges to grow into conflicts. In most cases, if someone is offended by something you do or say, it's much better to apologize right away. That solves the small problem and keeps it from getting bigger.

It's hard to apologize. Many of us are ashamed or have too much pride. Sometimes we just don't know how to do it. Here are some tips that may make it easier to say you're sorry.

- **Take responsibility.** The first step in apologizing is to admit to yourself that you have offended someone. You may know this right away, or the other person's reaction may let you know you have done something hurtful. But you must admit you have done wrong and accept responsibility for your actions.
- **Explain.** It's important to let the person you hurt know that you didn't mean to do harm. At the same time, you must show that you take your mistake seriously. Recognize that your actions caused a problem for the other person.
- **Show your regret.** The other person needs to see that you have suffered, too. Come right out and say you are sorry or ashamed. *I felt bad the minute I told your secret. I'm ashamed of myself.*
- **Repair the damage.** To be complete, an apology must correct the injury. If you damaged someone's property, offer to fix it. If the damage isn't so obvious, ask *What can I do to make it up to you?* There may be nothing concrete you can do, but the offer must be sincere. *I'll try to keep my mouth shut in the future. Meantime, let me buy you a cup of coffee.* Another way to repair the damage is to send a note or a small gift.
- **Use good timing.** Apologize right away for little things. For example, if you bump into someone, say you're sorry right away. Don't wait until the next day to apologize. However, if you have done something more serious, like insult a friend,

your apology should be more thoughtful. A quick apology might seem phony. Take the time to sit down, look the person in the eye, and apologize honestly.
- **It's not about who "won" or who "lost".** It's about keeping a strong friendship.

选文二:

I regret to say Geoff Hoon is a sorry apology for a politician

DOES GEOFF HOON have any idea of the damage done to domestic audio equipment nationwide yesterday morning when, between 8:10 am and 8:33 am, pillows, tea-cups, pieces of toast and bedside reading material rained down on radio sets as he spoke?

The Defence Secretary was being interviewed by John Humphrys on the *Today* programme. The immediate cause was a campaign being organized by Samantha Roberts, the widow of Steve Roberts, our Armed Forces' first casualty in the Iraq war. Tapes have emerged in which, not long before his death, Sergeant Roberts complained of a lack of kit. Later, he had to hand on his enhanced body armour because there was a shortage. The armour might have saved him when he was shot.

I suppose such things happen in wars. The remark is not meant as an excuse for not trying to prevent them, but merely as an acknowledgment that when you mix urgency and short notice with huge logistical complexity, things will sometimes go wrong; and when things go wrong on the battlefield, people sometimes die. The chances of this happening are probably increased because the British taxpayers is not as generous to its military as the American taxpayer, and our serving men and women operate on a tighter budget, with the shortages and overstretches to which that leads.

Every time there is an apparently avoidable casualty, alarm bells ring, and it is right that they do. Every time a life is lost without good reason then we must ask what went wrong, and try to correct it. Any death, whether or not avoidable, is a reason for sorrow. Service chiefs and their political masters must express sorrow, and do. Service chiefs and politicians regret casualties all of us regret casualties and to express regret may be seemly even where no mistake has been made.

Apology is different. If it turns out that a mistake made by an identifiable person has contributed to a death, that individual may make a personal apology. Admission of guilt and the seeking of forgiveness which is what apology amounts to are very important indeed in our culture. They are not the same as expressing regret, which even the uninvolved may do out of sympathy of good manners.

Real apology is a great deal more that good manners. Real apology is a kind of self-abasement. To apologise is to humiliate oneself, intentionally, and so it is customarily done face to face with the person to whom the apology is made, and it is never quite satisfactory when done indirectly. Apology is, if you like a ritualised, verbal form of self-harm. It must hurt, and be seen to hurt, the apologiser.

LITTLE ENRAGES MORE reliably than the taped apology or the kind of chap who, as a way of getting out of things, say sorry too easily. From him, sorry isn't enough. To an offender in tears of genuine shame, it might be. It has to be difficult. That is the convention.

Some kind of deep, inchoate readiness to co-operate in that convention is. I believe, hard-wired into our natures at birth. For if the habit of apology could simply be taught, then we would all be serial apologisers from the cot. "sorry" is the easiest exit from trouble, yet though the word is not a difficult noise to produce, we bridle at making it.

From the earliest age infants do not want to apologise. Think how hard it is to get a little boy (who may not long have learnt to speak) to say sorry to his sister. Surface logic tells him that the utterance of two syllables is a pretty good exchange for a pat on the head, the lifting of a threat, or the arrival of a pudding; but a deeper logic makes that simple movement of tongue and lips very different.

Geoff Hoon is therefore no different from the rest of us in wanting to avoid two difficult words: "sorry" and "mistake." But—crikey—did he make an unattractive display of dodging them yesterday.

There may be no cause at all for the Defence Secretary to say sorry to anyone. And until the inquiry now under way is complete, we cannot say whether Sergeant Roberts's death did arise from anybody's mistake. But so desperate was Mr Hoon not to suggest even the possibility of a mistake, and so anxious was he to satisfy the public demand that he apologise, yet do so without actually saying sorry, that he backed himself into a great thicket of evasive language.

The point about evasive language is that it doesn't fool anybody. Instead, it infuriates, because we can tell that our intelligence is being insulted but cannot quite get a handle on how. We end up shouting "Lawyer! Lawyer! Damned lawyer!" at our radios, or leaping from our beds like your late-rising columnist and aiming missiles at the source of the voice. It was a lawyer's voice.

And the point about lawyers is that they impress only other lawyers, plus a few journalists who think this kind of thing is clever. Mr Hoon, like Tony Blair and Michael Howard, is a lawyer. He looks like a lawyer. He is also Secretary of State for Defence, and no doubt a perfectly competent one. Geoff Hoon does not strike most people who have encountered him as either a bad, stupid or unpleasant person.

Nobody really thinks that if there is a culprit in the David Kelly affair, Hoon is that man. Perhaps he went along too willingly with a strategy because he thought it was what the Prime Minister, or Alastair Campbell, wanted, but the idea of Mr Hoon bullying or bouncing either of those two gentlemen into the now-notorious "naming strategy" for Dr Kelly is laughable.

And no reasonable person could think that the reason Sergeant Roberts did not have body armour when he was shot resides in some wicked act or omission on Geoff Hoon's part. It was understandable but unfair for Samantha Roberts to say that Mr Hoon has her late husband's blood on his hands. If the war had to be organized in an unnecessary rush (as John Humphrys suggested to Mr Hoon yesterday) the reasons were political, concerned the Parliamentary Labour Party, and should be laid at the Prime Minister's door. If the Minister of Defence lacks the funds for sufficient body-armour for its soldiers, then 11 Downing Street is to blame. If shortage of body armour arises because there are resources but they have been incompetently allocated by MoD officials, then ministers are unlikely to be the cause, even if it is their job now to get things put right.

IT FOLLOWS THAT a personal apology from the Defense Secretary is not at present remotely appropriate. Mr Hoon knows it is not. When he meets Samantha Roberts next week what he should offer her are his condolences, and his promise that when he finds out what went wrong, he will do his best to put it right. But he seemed afraid to say that. The curse of modern politics, the communications professional, has been whispering in his ear that the public (and, more to the point, the newspapers) want to hear him say sorry or, better still, extremely sorry.

So yesterday he took the lawyer's way out. He said he was sorry that Sergeant Roberts had died. He said, in fact, that he was extremely sorry that he had died.

Well we all were. But that is not an apology. Mr Hoon went on to say that he was "extremely sorry that" Sergeant Roberts did not have the extra body armour he needed. Again, so were we. But there can be few of us who have not fumed, on complaining about bad service or a faulty product, at the receipt from a customer relations manager of an expression of sorrow that we are upset. In these sleights of hand, the word "regret" does sterling service, for it is always possible to regret that something has gone wrong or someone has been offended, even when we are reluctant to say sorry for the fault or the offence.

But nobody, not a single listener—I'll bet—to the *Today* programme, will have failed to notice that Mr Hoon was not apologising, but only appearing to. This achieves nothing. It just enrages people. To the charge of shamelessness (which I do not make, but some will) is added that charge of evasiveness.

And hardly had I stopped barking at the radio over the non-apology. When Mr Hoon moved to the question of what went wrong. For some reason he did not want to admit the possibility that anybody might hardly deny that something had gone wrong.

So he started blathering about "problems." There had been "problems," he said, with "asset-tracking" (which turned out to mean checking that things are in the right place). There were "problems," he said, in identifying which unit had what. "That is a problem," he declared. "It's a problem for our Armed Forces. It's a problem for the American forces."

"All of there problems," he said, were being investigated. In all he used the word "problem" eight times. Then he clutched at another word: "difficulties." "I accept," he said, "that there were certain difficulties in this case." One expects Sergeant Roberts's widow does too.

Mr Humphrys invited Mr Hoon to explore the possibility of "mistakes" but Hoon stuck doggedly to "problems" and "difficulties," lurched once (ill-advisedly) to "shortcomings" (Humphrys seized on this) and then scuttled back to "problems" and refused to budge.

And the funny thing is that commentators will assure you that all this is very clever, and that there are no flies on these deft and quick-thinking politicians. The reverse is true. All this is very stupid, and fools nobody will have liked or trusted Mr Hoon more at the end of that interview than they did when it started.

He had nothing to say sorry for, and nothing to hide. All he lacked was the courage to say so.

(选自 The Times, January 17, 2004, p. 30)

5. 我们看两篇有关伊拉克是否拥有大规模杀伤性武器的中、英文报道。阅读后，请判断英国首相布莱尔(Tony Blair)和美国总统布什(George Bush)在2003年初发动对伊拉克的战争之前是否存在撒谎，或者说整个事件是否可称为典型的撒谎事件。

英美政要谈伊大杀伤性武器

本报综合新华社消息 英国首相布莱尔4日在议会下院就赫顿报告进行辩论时说，在伊拉克战争之前，他没有意识到关于萨达姆有能力在45分钟之内部署大规模杀伤性武器的说法所指的大规模杀伤性武器，实际仅是野战武器，而非远程弹道导弹。

英国联合情报委员会主席约翰·斯卡利特去年在赫顿调查中作证说，2002年9月发布的伊武器情报中有关萨达姆可在45分钟内发动大规模杀伤性武器攻击的说法，指的是迫击炮和小口径武器等野战武器，而不是远程弹道导弹。布莱尔当日在回答议员提出的疑问时称，在去年3月18日英国议会下院就政府对伊动武决策进行表决时，他并不知道大规模杀伤性武器具体指的是何种武器。

美国国防部长拉姆斯菲尔德4日在参议院军事委员会听证会上说，伊拉克在美国发动战争前究竟有没有大规模杀伤性武器，现在做出结论还为时尚早。美国负责搜寻伊拉克大规模杀伤性武器的前首席武器检查官戴维·凯未能找到证明伊拉克在美国开战前拥有大规模杀伤性武器的证据，但也未能证明当时伊拉克并没有这类武器。他说，美国的武器搜寻人员还需要更多的时间才能得出最后结论。

拉姆斯菲尔德还为美国未能发现大规模杀伤性武器提出了几种解释：伊拉克可能将这类武器转移到了别的国家，可能将其分散藏匿在全国各地，可能在战前刚刚销毁，可能只拥有一小部分武器但拥有大量生产能力等等。但拉姆斯菲尔德没有就他的解释提出相关证据。

（选自《人民日报》海外版，2004年2月6日，第3版）

Bush backtracks over case for war against Saddam

George Bush [the American president] was forced on to the defensive over his decision to invade Iraq yesterday in a rare hour-long television interview. The American President acknowledged that some pre-war intelligence had been wrong, but he denied taking his country to war under false pretences.

In the interview, his first on network television since he took office, Mr Bush insisted that even if no weapons of mass destruction were found, Saddam Hussein [the former president of Iraq] had the capacity to produce them and could, in time, have developed a nuclear weapon.

In Britain, the pressure on Tony Blair [the British Prime Minister] to explain what he knew about Iraq's weaponry on the eve of war increased after Hans Blix, the former UN [United Nations] chief weapons inspector, likened him to a salesman trying to "exaggerate the importance of what they have." Dr Blix accused Mr Blair of trying to "dramatise" intelligence in the run-up to war. The comments reignited the controversy over claims in the Government's dossier on Iraq's arsenal that Saddam could deploy weapons of mass destruction (WMD) "within 45 minutes."

Mr Bush's interview was an attempt to address the growing credibility gap over Iraq's WMD, as polls showed his approval ratings, sliding. He told NBC's *Meet the Press*: "He [Saddam] had the capacity to have a weapon and we thought he had weapons. The international community though he had weapons. But he had the capacity to make weapons and then let that weapon fall into the hands of a shadowy terrorist network."

According to *Time/CNN* survey yesterday, 55 per cent of Americans have "doubts and reservations" about Mr Bush, and only 44 per cent believe he is a leader to be trusted. Br Bush refused to commit himself to testifying before the new commission that will examine the handling of Iraq intelligence. He said only that he would be glad "to visit with them" and make recommendations to the panel, which will not issue its report until March next year, five months after the presidential election.

In London, ministers launched a desperate effort to shift

attention away from Iraq and on to public services after an ICM poll showed Labour level pegging with the Conservatives at 34 per cent popularity. There is expected to be a series of announcements about reforms before a Cabinet meeting on Thursday.

Dr Blix told the BBC's *Breakfast with Frost*: "One can interpret it in different ways but the intention was to dramatise it, just as the vendors of some merchandise exaggerate the importance of what they have. But from politicians, of our leaders, in the Western world, I think we expect more than that—a bit more sincerity."

Robin Cook, the former foreign secretary who resigned as leader of the House in the run-up to the war, intensified his call for Mr Blair to clarify whether he took Britain to war without knowing that the 45-minute claim related only to short-range battlefield weapons, insisting the entire Joint Intelligence Committee (JIC) should resign if that was the case.

Mr Cook told ITV: "If it is the case that, in these assessments that the JIC sent off to the Prime Minister, they never once explained that Saddam Hussein only had battlefield weapons, that is an appalling failure of communication. Frankly, if the Butler committee decides that was indeed the case, I think the JIC as a whole would have to go because how would he Prime Minister possibly have confidence in them after they failed to show in the information they had, the information he really needed to have?"

The Prince of Wales visited Basra yesterday in a five-hour whistle stop tour of Iraq's second city. Prince Charles described the servicemen and women stationed there as "a remarkable bunch of people." He then traveled to Iran last night.

(选自《独立报》(*The Independent*), 9 January, 2004, p.1)

参考书目

Austin, J. L. 1962. *How to Do Things with Words*. Cambridge, Mass.: Harvard University Press.

Brown, P. & S. Levinsin. 1987. *Politeness: Some Universals in Language Usage*. Cambridge University Press. Revised version of (1978) "Universals in language usage: Politeness phenomena" in E. N. Goody (ed.) *Questions and Politeness: Strategies in Social Interaction*. Cambridge University Press.

Coleman, Linda, & Paul Kay. 1981. Prototype semantics: The English word LIE. *Language* Vol. 57, No. 1, pp. 26—44.

Grundy, P. 1995. *Doing Pragmatics*. Edward Arnold.

Jaszczolt, K. M. 2002. *Semantics and Pragmatics: Meaning in Language and Discourse*. Cambridge University Press.

Kasper, G. 1995. *Pragmatics of Chinese as Native and Target Language*. University of Hawaii Press.

Leech, G. 1983. *Principles of Pragmatics*. London: Longman.

Levinson, S. C. 2001. *Pragmatics*. 外语教学与研究出版社/Cambridge University Press. Chapter 1, pp. 1—53.

Nofsinger, R. E. 1991. *Everyday Conversation*. Sage Publications.

Searle, J. 1975. Indirect Speech Acts. In P. Cole & J. Morgan (eds.), *Syntax and Semantics* 3: *Speech Acts*. New York: AP.

冉永平:《语义学与语用学:语言与话语中的意义》(*Semantics and Pragmatics: Meaning in Language and Discourse*)导读,北京大学出版社,2004 年。

阅读书目

Cruse, D. Alan. 2000. *Meaning in Language: An Introduction to Semantics and Pragmatics*. Oxford University Press. Chapter 16, pp. 331—346.

He, Ziran. 2004. *Notes on Pragmatics*. Nanjing Normal University. Chapter 7, pp. 118—140.

Levinson, S. C. 2001. *Pragmatics*. 外语教学与研究出版社/Cambridge University Press. Chapter 5, pp. 226—283.

Yule, George. 2000. *Pragmatics*. 上海外语教育出版社,第六章,第47—58页。

何兆熊等:《新编语用学概要》,上海外语教育出版社,第四章,第86—118页,2000年。

何自然:《语用学与英语学习》,上海外语教育出版社,第四章,第79—100页,1997年。

何自然、陈新仁:《当代语用学》,外语教学与研究出版社,第三章,第56—82页,2004年。

何自然、冉永平:《语用学概论》(修订本),湖南教育出版社,第六章,第170—208页,2002年。

第五章 日常用语的语用分析

§5.1 附加信息、多余信息

交际受制于特定的目的,实现该目的的手段之一就是向对方提供必要的关联信息,该信息属于主体信息。但在客观交际中,因受制于各种语境因素,从交际所需、对方所提供的信息来说,说话人(或作者)可能会提供一些听话人(或读者)不需要的无关信息或边缘信息。类似信息就是一种附加信息或额外信息,它们是言语交际或书面语交际中,除了主体信息以外,说话人或作者主动附加的信息。语境条件是判断主体信息、附加信息或额外信息之间差异的重要参照因素。

有人认为,附加信息是主体信息以外的额外信息,都属于多余信息,因而在语用上是无用的,其实这样的观点不完全正确,甚至是错误的。我们认为,在特定语境中,附加信息的出现并非多余,往往存在一定的语用理据。交际具有很强的互动性和动态性,为此说话人需要随着交际的进行,尤其要根据对方提供的相关信息、人际关系等语境因素,进行语言形式和策略的选择与调整。为此,我们不难理解交际过程中为什么说话人要提供一定的附加信息,甚至多余信息。它们都是交际主体为了某种原因而主动提供的,属于主体信息以外的额外信息。同时,我们认为,附加信息不一定都是多余信息。

下面,我们分析交际中附加信息或额外信息出现的语用理据。请看下例:

(1) 主持人:那么您吸烟这件事,侯老先生他知道吗?
    侯耀文:知道。

主持人:他是怎么表现的?

侯耀文:<u>他自个儿也抽</u>,所以他不说我。

(选自"为什么吸烟?",中央电视台《实话实说》节目,1996 年 5 月)

(2) 主持人:那有没有人对你们的驯兽表演提出过反对意见或者质疑?

周:到目前为止没有人反对,<u>而且我们这个表演,尽量是回归自然的表演,可以体现动物的可爱,更好地增强人类对野生动物的保护意识</u>。

(选自"山中无老虎",中央电视台《实话实说》节目,2003 年 11 月)

(3) 主持人:如果这些虎舍建好了,还能再容纳多少老虎?

周:可以容纳五六百头吧。<u>整个我们这个虎舍可以容纳 1000 多头</u>。

(选自"山中无老虎",中央电视台《实话实说》节目,2003 年 11 月)

类似情况在日常交际中十分常见,划线部分都是对方在询问相关信息时,除了主体信息以外,说话人主动提供的附加信息,即在问一答这样的言语交际模式中,听话人回应时所提供的信息超出了对方通过直接询问所希望获知的信息。例(1)和例(2)中,划线部分的附加信息在于向对方说明原因,起着辅助性的解说功能,同时也为自己的行为进行辩解;例(3)中,附加信息是说话人提供的一种补充信息,对方(主持人)并没有要求他提供,因此从对方的交际期待来看,该附加信息显得有些"多余",属于多余信息,因为对方询问的前提是在知道以前的情况(虎舍能够容纳多少只老虎)下发出的。像例(1)、例(2)那样,通过类似附加信息向对方提供原因的现象还有很多。再如:

(4) 女儿:爸,给我 5 块钱,<u>我想买袋橡皮泥</u>。

父亲:这么大还玩这个。(同时掏钱)

此例中"我想买个橡皮泥"出现在直接请求之后,是说话人(女儿)为了达到向对方(父亲)要钱的目的而附加的,但它和例(1)、例(2)中的附加信息一样都不是多余的。总体上来说,我们可将类似附加信息在内的话语视为"支持性话语"(supportive moves),协助请求等言语行为的实施,否则可能会对特定目的的实施带来困难,甚至导致失败;

此外,还可缓解请求之类的言语行为所产生的驱使性。从人际交往的角度来说,在很多情况下,附加信息的出现显得十分必要,而非多余,否则可能影响到双方的人际关系等。下面我们采摘一个完整的会话语境。根据该会话的发展与延伸,分析主体信息以外的附加信息。该例是一位记者采访罗小姐的片段,她刚替自己的姐姐成功"代嫁"到了蒋家。

(5) ……(略)

记:你到蒋家几天了,生活情况怎么样? A1

罗:挺好的,<u>大勇对我很体贴,一有时间就陪我聊天,排解我的烦恼</u>。而且令我暗自觉得宽慰的是,知道内情的大勇母亲几天来从未跟我提起那些不开心的事情,<u>看得出来她很善良,很懂得体贴人</u>。B1

记:你对他的家人怎么样? A2

罗:应该也还可以吧。<u>这几天我已经把做饭、洗衣服、搞卫生等事情都揽了下来,不让两个老人家累着。可惜是没有心情出门,要不我也会给他们买些礼物表示一下心意的</u>。B2

记:你和大勇认识多久了? A3

罗:两年多。B3

记:以前跟他是怎样的关系?那时候对他有特别的好感吗? A4

罗:很普通的朋友。一大帮朋友出来玩的时候认识的,所以也没有很特别的感觉,开始时惟一的印象是觉得他比较老实。B4

记:姐姐跟他在一起的时候,你有时会跟着出去,印象逐渐深刻一<u>些</u>吧? A5

罗:见过多次,慢慢觉得他除了老实外,还比较直爽,有话就说从来不憋着,<u>这样的性格我很喜欢</u>。B5

记:你平时和姐姐的关系怎么样? A6

罗:其实不怎么亲密,<u>因为我们的上班时间是错开的,她工作</u>

的时候一般我在睡觉。平时没有很多交流,好多事情我也不知道她是怎么想的。B6

记:12月13日婚礼前夕,姐姐突然说不想结婚了,当时你有什么反应?A7

罗:也不能怎么反应,因为这是她的事,谁也不能勉强她。B7

记:当时家里人是什么态度?A8

罗:一家人对姐姐都比较失望,但也没有办法。B8

记:是谁第一个跟你提出来让你代替姐姐去参加婚礼的?A9

罗:我父亲。当时他笑着说,丽丽,没有办法了,明天还是要你"顶住档"(撑住场面)先啊。B9

记:你听了什么反应?A10

罗:我也开玩笑地说,干脆让妈妈去"顶住档"算了!全家人当时都笑了。B10

记:但后来又是什么情况促使你决定第二天顶替姐姐"出场"呢?A11

罗:看到家里人焦急的样子,我也有些不安,几个姨妈也跟我谈心。那时候,我拼命在脑海中搜集有关大勇的所有回忆,前所未有地想像:我如果跟他在一起生活会是怎么样。B11

记:后来想法清晰了吗?A12

罗:是的。开始时很复杂,后来静下心来想想,大勇还真的是一个很正直、老实,而又爽快的人,嫁给这样的男子确实也不算委屈——所以我决定第二天替姐姐走进蒋家家门。在这个过程中,家里人也没有逼迫我,如果不自愿,我可以比姐姐"人间蒸发"得更快。B12

记:这么说你真正喜欢他或者说决定喜欢他并跟他在一起是这时候才出现转折的?A13

罗:我想应该是吧。B13

记:12月13日早上,对方来接新娘的时候,你感觉怎么样?你觉得自己进入了"新娘"这一个角色了吗?A14

罗:穿上嫁衣他们来接我的时候,事实上我很开心。那时候

我已经调整好心态面对这场婚姻了。B14

记:你觉得自己作为新娘子,当时在婚宴上的表现怎么样? A15

罗:应该还可以。我和大勇给每张桌子的亲友敬酒,表现得挺大方自然。B15

记:昨天大勇说他的一位姐姐在酒席上提出说新娘子好像比以前胖了一些,你当时是什么反应? A16

罗:我笑了一下没有回答,那时候也不适合去做太多的解释。B16

记:昨天下午大勇跟姐姐去办离婚手续了,你有没有一起去? A17

罗:没有。B17

记:回来他说什么了?你当时的心情怎么样? A18

罗:就是简单说他和姐姐已经办好离婚手续了。我觉得心头莫名轻松了一些。B18

记:你现在怎么看待和大勇的这段婚姻? A19

罗:来得很巧合,很突然。但我想珍惜。B19

记:现在你们都碰上了一道难题,应该是特别齐心。生活到底是要归于平淡的,到时候你适应得了吗? A20

罗:没什么的。我对生活没有太高的期待。B20

记:你最近见过姐姐吗?她现在在哪里?事情发展到现在你会不会有些恨她? A21

罗:几乎没见过,见了也打个招呼后就没有话说。她现在还是住在我父母家里。其实也没什么好恨的,她也许真有她的难处,而我也是自愿选择跟大勇的。B21

记:你觉得自己和大勇在以后的生活里和你姐姐以及家人能相处得好吗? A22

罗:事情过去以后,还是要正常生活的。我们怎么说都是一家人嘛,应该没有什么解不开的疙瘩。B22

记:你的朋友中知道这件事情的人多吗? A23

罗:很少。B23

记:知道的朋友有没有发表什么看法？A24
罗:她们说应该由我选择自己的道路。B24
记:所以你的压力也不会特别大？A25
罗:是的。B25

(选自"姐妹易嫁第三回:妹妹很开心,夸姐夫很体贴",
http://news.163.com,2003年12月20日)

以上对话出现了25个"问—答"的话轮。从问与答的信息对应关系来看,说话人(罗)在回答记者(记)提问时在很多地方都附加了额外信息(见划线部分)。多余信息即无用信息,当然是一种附加信息,有人将附加信息看成是多余的,此例足以说明这种认识是不正确的。从语法制约的关系上看,超出了类似问—答之间的信息对应,可属于多余信息;但从交际中的语用关系来看,我们认为附加信息不一定是多余的,在特定语境条件下还是必要的、具有多功能性。比如,以上B1、B2、B5、B15中的附加信息都具有很明显的语用增强功能,都是说话人的正面补充,可视为一种信息加强;B6、B7、B16、B20、B22中的附加信息以及B21中的第二个附加信息都是说话人针对自己的回答,在原因方面的附加说明与解释,以增强回答时所提供信息的合理性或说服力;B9、B10、B11、B12以及B21中的第一个附加信息也是说话人所补充的额外信息;而B19中的附加信息在于表白自己对"代嫁"一事的态度,从而隐含了她在谈话一开始附加B1、B2等信息的原因。可见,附加信息之间还可以形成一定的关联关系。这就是附加信息在交际中的语用功能。面对交际中类似的附加信息,我们绝不能说它们都是多余的、无用的。

如果仅从信息交流或信息传递的角度看,交际中不少话语,包括一些话轮,的确显得多余。例如:

(6)(主:主持人;高、侯:电视节目的现场嘉宾)
......
主:你是什么时候结婚的？A1
高:我是去年。B1
主:啊,简单到什么程度呢？A2

高：我是到北京来办的，是在婚庆公司办的，没有在自己的家里办酒席。按我们那边的风俗，就是办得很厉害，从早上天亮之前就要接新娘，一直要忙到晚上闹洞房，新郎新娘很累的，从早忙到晚，而且要坐车子，大轿车，还要加长的。B2

主：一般多少辆车？A3

高：一般6辆，8辆，而且全是名牌车。B3

主：名牌车？加长的？A4

高：就是婚车是加长的，其他车都无所谓了。B4

侯：得有一个长的，其实想不开嘛，弄一个公共汽车多好。（笑声）C

主：除了这些还有什么？A5

高：还有就是办酒席办得很厉害，多的四五十桌。B5

（选自"结婚的钱由谁来出"，中央电视台《实话实说》节目，1996年11月）

根据以上交际语境，主持人的询问"名牌车？加长的？"是对说话人（高）在前面两次回答（B2、B3）中部分信息的重复，而非在寻求新的信息。因此，从信息交流来看，该话语显然是多余的；但在语用上，该话语的出现却是合理的、必要的，比如，通过对对方所提供的信息进行重复询问，从而进一步求证，增加双方的言语互动，并在此基础上推动话轮的发展。因此，交际中"废话"非废，很多时候交际双方的人际关系就是通过"废话"来维持、巩固的。比如，老刘见到老王正在陪妻子散步，于是老刘见面后打招呼说：

(7)"老王，在散步呀？"

从语义信息或语境信息来看，难道这不是"废话"吗？又如，当我们看见熟人或朋友在菜市买菜时，也常使用类似的"废话"：

(8)"嘿，买菜？"

但正是因为这些"废话"的出现，人际关系才能得以建立、维持或巩固，绝不会因为类似话语的出现而影响双方的人际关系。可见，在恰当的语境条件下，"废话"的出现是有语用理据的，绝非多余。其实，在人际交往中，出现附加信息的场合是很多的，这说明言语交际并非完全是一对一的语义信息对应关系。比如，问与答之间，很多时候就是一对多或多对一的情况。

§5.2 模糊限制语的运用与功能

无论是在书面语表达，还是口头的言语交际中，我们都能发现一些把事情或事物弄得模模糊糊的词语或结构。这样的词语或结构可统称为"模糊限制语"(hedges)。这一概念是 G. Lakoff(1972)率先提出的。模糊限制语可对话语中信息的真实程度、涉及范围等进行修饰，也可表示说话人或作者对某一内容所进行的主观推测，或提出客观依据，或对话语的内容进行间接性评价等。总的来说，模糊限制语所起的作用是多方面的，受制于多种语境因素(详见何自然、冉永平 2002，第八章)。先看下例：

(9) <u>种种迹象表明</u>，今年暖冬的沈阳，横亘在辽沈两支球队之间的恩怨，大有伴随即将拂过东北大地的春风一起消散的迹象。辽沈兄弟时隔 8 年之后，将再次聚首五里河。

"陈波事件"灭火暗战了一年后，一个偶然的事件改变了辽沈两队水火不容的状态。老将陈波去年在金德失宠，赛季结束金德将之挂牌，没想到陈波偏偏选择了加盟同城夙敌——辽足。

……(略)

他们肯定无法承受 320 万的身价，但<u>据说</u>他们已经获得了巨大的财政支持。于是，辽足高层明确表态："320 万的身价没有问题，我们肯定会买下陈波。"

此时，另外一件事情影响着事态的发展。<u>某媒体</u>突然传出金德即将转让，让正在重组球队的金德焦头烂额。

于是，金德方面的态度有所缓和，<u>有消息说</u>陈波转会辽足已经获得金德同意，甚至连价格都有得商量。这样，辽沈之间多年的隔阂，终于让人看到<u>一丝</u>化解的迹象。

多年以来,辽沈两家俱乐部的高层几乎从来没有握手言欢的场面。这也许将随着春天的到来而改变,有消息说1月10号左右,辽足老总张曙光、金德老总何兵将双双返回沈阳,此后两人很可能会进行一次意义非同寻常的谈判。

……(略)

(选自"金德重组'焦头烂额',辽军趁机迫近老家五里河",《球报》,2004年1月8日)

上例中的划线部分就是我们所讨论的模糊限制语。它们都涉及信息来源,作者进行模糊处理以后,信息来源变得含含糊糊,给读者或听话人的感觉就是,难以断定信息的真实与否。作者或说话人本身也可能不知道某一信息的真实来源;也可能他清楚其真实来源,但因某种原因故意将其进行模糊处理,以避免信息报道失真后可能承担的相关责任,或减轻承担责任的力度,或降低负面效应等。这就是模糊限制语在特定语境中所体现的语用功能。

说话人或作者在传递某一信息时,往往在其来源未得到充分证实之前,或信息的可靠性存在疑问或不确定时,为了回避报道失实而承担相关责任,但同时又有报道该信息的必要性,此时人们常会借助模糊限制语的作用。再看下例:

(10) 国务院新闻办公室昨日举行记者招待会,……(略)简要介绍了振兴东北老工业基地有关政策、措施和最新进展情况,并回答了中外记者的提问。

针对有记者关于"听说上个月哈尔滨的前副市长朱胜文在监狱里自杀了,能否确认一下这个消息"的提问,张左己说:"前不久哈尔滨确实是发生了一起服刑人员在狱中自杀的事件,情况正在调查中。"

……(略)

有消息说,朱胜文在哈尔滨乡房第三监狱服刑期间,于2003年12月29日从狱中三楼一间厕所的窗户跳下摔死。据称,朱胜文跳楼时,至少有一名狱警曾试图阻止,但没能成功。张左己说:"2003年以来,在全省开展了'两风'建设,即党风建设和工作作风建设,重点解决提拔任用干部的不正之风,重点解决干部在工作中违纪和工作不落实的问题,查处了一批地、市级干部违法违纪的案件。"

……(略)

(选自"哈尔滨前副市长朱胜文狱中自杀?情况正在调查",大洋网,2004年1月9日,记者柯力)

此例中,"听说"表示信息的模糊来源,记者提问时附加该模糊限制语以后,目的在于向对方进行求证,而答话人也并没有直接回答该提问,答非所问,但从提问和答语之间的语用关系来说,它们之间又存在一定的关联性,但却是隐含的,因此具有语用含糊性与不确定性,即该答语可能隐含了哈尔滨的前副市长在监狱里自杀这件事,也可是否认该市长的自杀,而指其他人的自杀。正是因为如此,作者在随后的评述中继续采用了"有消息说"、"据称"等模糊限制语,因为他获取的信息具有不确定性,从对方的答语中获取的信息也是含糊的。在此条件下,借用模糊限制语的语用功能,既可帮助作者达到报道该信息的目的,但同时又可防止报道失真后可能承担相应的某种责任(比如法律责任),可谓一箭双雕。

但在有的语境条件中,说话人(或作者)使用模糊限制语的目的并不是为了避免承担某种责任,而是出于人际关系等社交方面的考虑,比如给对方留有面子,或减少伤害对方面子的程度等,这些都涉及模糊限制语使用的社交语用功能。例如:

(11) 昨天有媒体报道称,国家队领队8月26日从中国足协领取了150万元的国家队亚洲杯亚军奖金,扣税后的120万元将下发给国家队队员和教练。对此报道,国家队领队朱和元的说法是:"胡说八道!纯粹凭空捏造!"

昨天出版的一家专业体育媒体称,8月26日国家队领队朱和元从中国足协领走了150万元的亚洲杯亚军奖金,在扣除20%的所得税之后的120万元当天分发给国家队的队员和教练。而且这还只是国家队亚洲杯奖金里的第一笔,国家队今后还将领取承包亚洲杯北京赛区票务的中体竞赛集团对国家队进入亚洲杯决赛的 500 多万元悬赏。这笔悬赏在上缴中国亚洲杯组委会和其他三个赛区之后还有 150 万元左右落在国家队。

对于这个消息,国家队领队朱和元反应很强烈:"胡说八道!你就说是国家队领队说的,这是凭空捏造!比赛之后发奖金,这应该是中国足协财务部门来发,我怎么会去领钱?他们连国家队发奖金的程序都没有搞清楚!这不是我们想怎么发就能怎么发的。"<u>据悉</u>,国家队工作人员有权发放的只有集训结束后队员们的训练津贴。津贴数额不大,每名队员每天只有 80 元。

对于向国家队发放亚洲杯亚军奖金一事,中国足协新闻官董华表示:"国家队的确发放了这笔奖金,但都是严格按照国家体育总局规定的程序和数额发放的,<u>昨天媒体的有关报道</u>的奖金发放程序和数额都是不准确的。"

<u>据昨天了解</u>,国家队队员和教练领到的亚洲杯奖金,分到个人手上的数额大约就是每人两三万元,远没有媒体和外界认为的那么多。

(选自"国足发放 150 万亚洲杯奖金?朱和元:凭空捏造",《东方体育日报》,2004 年 8 月 28 日)

此例中"昨天有媒体报道称"、"昨天出版的一家专业体育媒体称"、"据悉"、"昨天媒体的有关报道……"、"据昨天了解"等都是为了避免直接提及相关媒体而有意使用的模糊限制语,其实以上作者和说话人都知道刊载不真实信息的媒体名称和撰写该不真实报道的记者名字,但出于人际关系以及行业关系等方面的考虑,《东方体育日报》的记者首先避免了直接提到同行媒体的名称。这就是一种日常交际中制约语言选择与使用的社交语用因素。

另外,在一些商业广告语,尤其是一些不良宣传中,模糊限制语的选择与使用还可起到相关的宣传效应。比如,例(12)中的"据中华中医学会资料调查表明"、"同时资料也表明"、"世界卫生组织资料显示"似可起到模糊宣传的作用,提高目标信息的所谓"权威性"、"真实性",

从而达到广告宣传的效应;从信息的真实性看,以下模糊限制语之后所指示的信息也许就是商家自撰的,但普通读者与消费者根本就无从考证,因而可能具有一定的欺骗性。这就是模糊限制语在广告语中的语用功能。

(12) 据中华中医学会资料调查表明:许多中老年人得了病以后,服用药物上都有着一定的误区——那就是患者在患有一种病的时候,就服用一种药,患有多种疾病的时候,就服用多种药。这样实际上给他们身体造成了诸多的伤害。

同时资料也表明:采用多病多药的治疗方法时,由于药物之间所带来的毒副作用,导致脾胃损伤,使人体无法正常吸收营养,体质下降。加上药力之间的冲突,毒副作用加剧,影响肝肾功能,致使肝肾排毒功能降低,机体免疫力越来越低,抗病能力越来越弱,进而造成人体各个脏腑器官日渐衰竭,这样做的结果是不但不能治疗各种疾病,反而会诱发其他疾病的发生,从而缩短人的寿命。

世界卫生组织资料显示:中老年患者平均每人患有三种以上疾病,老年人死亡原因中,有三分之一不是自然死亡,而是因为用药不当!"多药同服"所造成的最终结果是:药效越来越不明显,治疗效果越来越差,平均寿命比正常人大大缩短……(略)。

(选自"这药酒能同时治好几种病",《南方都市报》,2004年12月21日,A09版)

不仅汉语中存在大量的模糊限制语,同样,我们也可在英语中发现很多具有模糊限制性的词语或结构。比如,*it is said that* ..., *it has been reported that* ..., *approximately*, *something between* ... *and* ..., *more or less*, *a little bit*, *sort of*, *almost*, *I think*, *as far as I can tell*, *I'm afraid* ..., *probably*, according to ... 等。在一定语境条件下,它们也具有丰富的语用功能。

§5.3 习语的选择与功能

无论是在日常的书面语中,还是会话、访谈等言语交际中,我们都可发现很多被人们广泛接受的一些固定用语,包括习语、谚语、俗语、歇后语、引语,甚至名言。当然就其名称来说,它们之间难以截然区分,相互包容与交叉。为了分析上的简便,下面我们将它们统称为"习语"。言语交际中,说话人借用习语所传递和表达的信息往往不等于它们的字面意义,更不是其构成单位的意义组合,因而很难对它们在使用中的意义与用法进行句法学和语义学的常规性解释,但为什么习语又会在特定的语境中出现呢? 从修辞学的角度来看,很多习语已涉及喻意用法,比如比喻、借代或转喻、夸张、类比等。因此,有人将习语称为一种废旧的隐喻(dead metaphors)(Strässler 1982)。

正因为如此,我们可从语用学的视角对日常交际中的习语或引语等进行功能分析。早在 20 世纪 70 年代初期,Gordon & Lakoff(1971)和 Sadock(1972)分别提出过"语用习语"(pragmatic idioms)和"言语行为习语"(speech act idioms)之说;在 80 年代初,德国学者 Strässler(1982)还专门从语用学的角度对会话中的习语进行过探讨,将习语和指示语、语用前提结合起来,进行语用分析。从以上学者的前期研究来看,他们所探讨的习语也包括一些常规性用语,比如,起着特定语用功能的间接言语行为(参阅第四章)。由此看来,习语的范围十分广泛。

下面,我们简单分析习语在日常交际中的基本功能,以求对习语的研究起到抛砖引玉的作用。

1. 通过习语的喻意用法,提高或增加所在话语的生动性、说服力或劝说力,并凸显说话人(或作者)的某种见解与认识。例如:

(13) 阎世铎开场白中少了传统的年味。"新的一年即将到来,大家面临着奥运会 12 强赛的挑战,这表明我们已经走到了决战前夜。常言道,养兵千日用兵一时,我在这里也希望大家能够拿出勇气和决心,来面对眼前的挑战……"

(选自"阎掌门高谈阔论夜训国奥,辞旧迎新最后成了表决心",
《华西都市报》,2004年1月1日,记者方珲)

(14) 问:事实上,在几十年的创业过程中,您一直不忘报效祖国、报效家乡,从80年代初,您的事业稍有发展,就开始致力于捐助发展内地和香港的文化教育、体育、医疗及社会公益事业。您在梅州市创办了中国银利来有限公司,并将银利来的全部赢利,用于家乡的公益事业。

曾:这些都不值一提。人的一生有赚不完的钱,但要把所赚的钱全部乱花掉,那轻而易举但毫无意义。所谓大厦三千丈,躺下仅八尺。金利来35年的创业,从无到有,从少到多,一直引领中国男士服装的潮流,成为中国人欢迎的国际品牌。

(选自"此生惟愿国昌盛——曾宪梓博士访谈录",
《人民日报》海外版,2003年12月15日)

(15) "有什么土壤长什么苗,有什么苗开什么花。"刘超副所长说得好,正是因为广州市公安局在科技方面肯做大手笔,才会结出累累硕果。

(选自"广州公安:科技强警大显威力",
《人民日报》海外版,2004年1月5日)

例(13)是2003年12月31日中国足协专职副主席阎世铎在四川成都毛家湾足球训练基地,在为中国国奥队队员召开辞旧迎新座谈会上讲的一席话。虽然名义上是座谈会,但却是一次动员大会,因为很快就要举行2004年奥运会的亚洲足球预选赛。根据上下的语境条件,阎世铎慷慨陈词,会议气氛显得有些紧张,完全没了辞旧迎新的味道。我们认为,正是因为类似"常言道,养兵千日用兵一时"等习语的出现,加重了说话人话语的凝重与慷慨,进一步突出了说话人的劝说用意、鼓动意图。例(14)、(15)中,说话人分别引用了"所谓大厦三千丈,躺下仅八尺"和"有什么土壤长什么苗,有什么苗开什么花",目的并非是为了让听话人知道它们的字面语义信息,而在于通过它们的类比功能增加所在话语的分量,提高了话语的解说力。从所在话语或语

段的语义信息来看,以上划线部分完全可以取掉,毫不影响语义信息的传递;但在语用上,话语所产生的效果就会大不一样。再如:

(16) 主持人:教孩子从小处做起,从关心自己最亲近的人开始,学会关心。

顾立新:还比如,上星期我在地铁看见一个家长,拿出一角钱来,交给孩子。干什么?一个盲人在那里拉二胡,你把它放到那里面去。这一个行动表明了家长的苦心。让孩子投进去的不仅仅是一角钱,还有爱心、关心。

观众六:我是当爷爷的了。我觉得这个问题北京有句俗语,就是<u>上梁不正下梁歪</u>。说妈妈关心子女,这妈妈有没有关心自己的爸爸和妈妈呢?如果你关心你的父亲和母亲,你的孩子肯定会关心你。

(选自"学会关心",中央电视台《实话实说》节目,1996年10月)

(17) 王瑜女儿:我所说的不关心,是说我现在张不开口去问:"爸爸、妈妈,你们在想什么?"

主持人:你们母女为什么不能有这样的交流呢?

王瑜女儿:这可能就是从小养出来的,成了习惯。从小我有心里话就不对父母说。我想这都是后天养成的,所以我认为,这个原因应该在家长。

主持人:英壮,您来评价一下。

英 壮:我觉得也是有点太不像话了。有点<u>站着说话不腰疼</u>,饱汉子不知饿汉子饥。说父母只关心她吃、穿,只给她零花钱。我不爱听。不给你?不给你你干吗?绝对不干!但是现在给她了,她还要向父母索取。

(选自"学会关心",中央电视台《实话实说》节目,1996年10月)

例(16)中,说话人引用"上梁不正下梁歪",目的在于通过隐喻关系生动、明确地表达观点,要想让孩子(喻为"下梁")关心自己,父母(喻为"上梁")就得做好示范作用,关心、关爱自己的父母,否则就会产生负面效应,导致今后孩子对自己不关心的恶果,由此形成一种隐喻关系;同样,例(17)中,说话人通过引用"站着说话不腰疼,饱汉子不知饿汉子饥"的习语,也是希望通过它更形象、生动地表达自己的观点与用意,同时增强对年轻人的批评力度,因为他们只知道向父母索取,根本不理解、体会不到父母的苦衷,养成了不良习惯还将责任推向父母,如同站着说话不腰疼、饱汉不知饿汉饥一样。

2. 语用隐含

在言语交际中,出于种种原因,信息的传递可以是直接的,也可以是间接的(参阅第三章、第四章)。如上所述,习语的使用除了可以增加所在话语或目标信息的劝说力、慷慨力之外,在一定语境中还可起到隐含语用信息的作用。例如:

(18) 主持人:各位观众朋友,大家好。欢迎大家收看我们的《实话实说》节目!我是主持人崔永元,在祖国的心脏北京,向您致以诚挚的问候!我们中国有这么一句老话,叫<u>听君一席真心话,胜读十年圣贤书</u>。如果经常收看我们的这个节目,你就会知道,实话实说是我们这个节目的宗旨,高朋满座就是我们这个节目的特色。(对王利公)您既是《人民日报》的记者,又是《中国质量万里行》杂志的副主编,这个双重的身份是不是可以保证您永远不买到假货?

王利公:那不一定。作为一个消费者也要认真地学习,逐渐地成熟才行。

主持人:(对高明)你今天坐在这里我稍微有点替你担心,因为我知道你在北京大学读书的时候,听过肖灼基先生的课,如果今天我们的话题发生争论的话,你怎么能跟老师争呢?

高 明:有这么一句话,<u>吾爱吾师,吾更爱真理</u>。

主持人:好!希望你<u>青出于蓝而胜于蓝</u>。大家都是消费者,经常去购物,很好的购物心情因为遇到了假冒伪劣商品,于是心情就变糟了。对假冒伪劣,每个消费者都有不同的态度,有的忍气吞声、息事宁人,有的就挺身而出,而在挺身而出的人里面,有一个人的名字大家都很熟悉,他就是王海。山东青年王海,在北京买假索赔,引起了新闻界的关注,在新闻界沸沸扬扬的炒作下,出现了一个"王海现象"。支持王海的称他为打假英雄;反对王海的说他是"刁民"。

(选自"谁来保护消费者?",中央电视台《实话实说》节目,1996年3月)

以上对话中出现了三个习语。第一个习语"听君一席真心话,胜读十年圣贤书"在于向听众暗示这次的《实话实说》节目将与说"真心话"有关,且可能是聆听有名望、有地位的人物发表某种见解与高见,这好比"读圣贤书";第二个习语"吾爱吾师,吾更爱真理"所起的作用也在于隐含,说话人没有直接回答对方的提问,而是通过该习语更得体地表白了自己的观点与思想,同时也回应了对方的提问;"青出于蓝而胜于蓝"本身就是一种喻意用法,所起的作用在于表述说话人的一种愿望,希望对方做得更好。可见,以上语境中它们所起的作用主要是一种语用隐含。

由于交际中的语境因素千差万别,说话人使用习语、引语或名言的场合很多,作用也不完全相同。比如,例(19)中,"不求地久天长,只求曾经拥有"是一句歌词用语,在该语境中说话人的目的在于归纳、概括所描述的婚姻状况,通过大家熟悉的用语可以更通俗地展现该话语的表现力,同时也暗示了该女士对婚姻的无奈。

(19) 主持人:说到情感话题,肯定是进入一个私秘的个人空间。所以我们也来求助您。因为在您这儿,您可以得到大量的有关个人情感经历的个案。我想你能不能在现场,我们可以隐去事主的名字和她所有带有标志性特征的符号,我们都隐去,咱们就说事。

嘉　宾:这个女性目前状态是三十二三岁,但是她一直有一个很简单的愿望:我想结婚,我想生孩子,我想有个家。但是她要成婚就非常不容易。为什么会不容易呢? 这里面还有一个过程,就是说比较成功的女性,她一开始就显示出一种品质,她非常能够往前走,能够撇除其他,但是在她大学刚毕业的时候,她很不幸的就是有很多这样的情况,她对同龄人不感兴趣。因为男女之间有一个差别,女性在二十几岁、三十岁的时候情感已经成熟,而男性他的成熟度相对要晚,三十岁的男性才成家立业,对情感还没有很成熟。所以她不能够。她觉得同龄人不理解她,这个时候她没有更多的选择,然后跟着自己的感觉走。这个时候爱情对她是一种浪漫,是一种磨难,是一种追求死去活来感觉的阶段,"不求地久天长,只求曾经拥有",这个歌词都是这样。……

(略)

(选自"精品女人的困惑",中央电视台《实话实说》节目,2003年10月)

§5.4 程式性话语的规约性与趋同性

在特定的交际语境中,说话人按照一定的社会习俗或社交规约,选择并使用已形成的、具有普遍性的表现形式与意义的话语,且形式也相对固定。这样的话语或语言片段就是"程式性话语"(formulated speech)。程式性话语常与一定的社交行为或人际交往活动密切联系,且被人们广泛使用与认同。只要涉及相同类型的交际语境,无论说话人是谁,话语的基本范式(即基本格式或形式)及其表现的意义,都具有一定的普遍性或共性。这种普遍性或共性在某一范围或地区内,已被人们普遍接受与认同。比如,中国人在遇到春节之类的传统节日时,朋友之间、熟人之间、邻里之间等见面或打电话进行问候与祝福时,常使用类似"祝大家新年愉快"、"祝您新年愉快、身体健康"、"马年(猴年)愉快"、"春节快乐"、"过年好"、"祝您们全家新年吉祥如意"、"祝新年万事顺心"、"恭喜发财"、"生意兴隆"、"财源滚滚"、"官运亨通,后步宽宏"等的话语。它们都是在类似春节之类的特定节日中普遍使用的祝福语、问候语,虽然具体形式不完全相同,甚至存在某些差异,但在一定的地区或时间范围内,基本格式与用语都大同小异,也就是说,人们普遍遵循一定的社会规约、社交规约或风俗习惯。我们认为，以上话语就属于一种程式性话语，它们具有约定俗成性。

又如，在生日聚会上，被邀请参加聚会的人们也会普遍遵循一定的社交规约，对过生日的朋友进行生日祝福，比如使用"生日快乐！"、"祝你生日愉快！"、"祝你生日愉快，天天快乐！"、"祝您生日快乐，身体健康！"、"祝你生日愉快，健康美丽！"、"祝您身体健康，寿比南山！"等具有普遍社交意义和普遍形式的话语。使用类似用语的目的已非仅是为了传递字面信息，而在于建立、维护或增强双方甚至多方之间的社交关系。因此，它们也属于具有社交语用功能的程式性话语。

不仅在中国存在很多程式性用语，在西方国家，在每年的圣诞节、新年等到来之际，见面或打电话时也会普遍使用"Merry Christmas！"，"Happy Christmas！"（英国很多地方使用），"Happy New Year！"，"Good luck for the new year！"等节日祝福语、问候语。它们也是西方国家长期约定俗成的一种社交文化习惯。类似话语也属于具有普遍性且基本格式大体相同的程式性话语。

另外，在一些正式或非正式场合中，比如公开演讲、慰问讲话、发表贺词或致辞等的开始和结束之时，说话人往往也会按照一定的社交或社会规约，使用某些具有固定程式或普遍格式的话语，其中可能存在局部差异，但在总体范式，即基本格式与用词上，具有相同性或趋同性。比如，"女士们，先生们！"、"同志们！"、"大家好！"、"女士们，先生们，首先我代表……向在座各位表示热烈欢迎，并祝……取得圆满成功！"、"朋友们，您们好，在新春佳节之际，我代表……并以个人的名义向……，致以节日的问候和美好的祝福！"、"最后祝大家工作顺利、身体健康、生活愉快！"、"最后，祝各位代表会议期间生活愉快、万事如意！"、"最后，祝各位工作顺利、身体健康、阖家欢乐！"、"我宣布……开幕！"、"我宣布……闭幕！"等。在相同或近似的语境条件中，它们的表现形式与使用场合都具备一定的共性与趋同性。例如：

(20) <u>同志们、朋友们</u>：

<u>春回大地，万象更新。在全国各族人民辞旧迎新之际，我们在这里欢聚一堂，共度新春佳节。首先，我向大家表示节日的良好祝愿！</u>

过去的一年,是我国发展进程中重要而非同寻常的一年。我们同突如其来的非典疫情进行了艰苦卓绝的斗争,取得了阶段性重大胜利;我国经济保持良好的发展势头,人均国内生产总值突破 1000 美元,跨上了新的台阶;"神舟"五号载人航天飞行圆满成功,中华民族飞天梦想成为现实;……(略)

　　最后,祝同志们、朋友们新春愉快,身体健康!祝全国各族人民阖家欢乐,幸福吉祥!

(选自"温家宝在 2004 年春节团拜会上的讲话",
新华社北京 2004 年 1 月 20 日)

在类似公开性讲话中,人们普遍会按照约定的习惯,并遵循一定的话语格式或程式。比如以上划线部分就是说话人在类似条件下普遍采用的程式性话语。当然,其中可能会出现局部的用词变化,但总体格局往往大同小异。再如:

(21) *各位专家、各位代表:大家好!*

　　　欢迎大家来到广州参加第八届全国语用学研讨会,在此我谨代表学校党政领导、全体教职员工对各位专家、各位代表的到来表示诚挚的欢迎!

　　　……(略)

　　　最后,祝大家会议期间生活愉快!并预祝大会取得圆满成功!谢谢!

此例中,"各位专家、各位代表:大家好!"、"欢迎大家来到……在此我谨代表……表示诚挚的欢迎!"、"最后,祝大家会议期间生活愉快!并预祝大会取得圆满成功!"、"谢谢!"等类似话语,都属于具有一定程式性结构和用途的话语,且在类似场合中被广泛使用。再如,2004 年 1 月时值中、法两国建交四十周年,以及国家主席胡锦涛访问法国之际,部分单位和个人对此纷纷表示祝贺:

(22)
> 在中法建交四十周年和中法文化年——这一举世瞩目的盛事进入高潮之际，欣闻胡锦涛主席将访问法国，我们法国泰耐克电器集团全体员工深感欢欣鼓舞并对此致以最热烈的祝贺：
>
> 祝愿中法两国关系在四十年友好邦交的基础上更上一层楼
>
> 祝愿中法两国各界在中法全面伙伴关系背景下建立更多合作
>
> 热烈欢迎胡锦涛主席访问法国并对此预祝访问圆满成功！
>
> 　　　　　　　　　　　　　法国泰耐克电器集团
> 　　　　　　　　　　董事长：陈建男率全体员工贺

(23)
> 中法友谊万古常青
> 　　　　　　　群合食品公司全体同仁贺

(24)
> 庆中法人民友谊加强发展
> 祝胡锦涛主席访法圆满成功
>
> 　　　　　　　　　　法国百华联谊会会长：
> 　　　　　　　　　　　曾芬枝女士敬贺

(25)
> 巴黎乐凯香水礼品连锁　全体同仁
> 巴黎四区鳄鱼牌专卖店
>
> 热烈祝贺中法建交四十周年
> 热烈欢迎胡锦涛主席访法并预祝访问圆满成功！

(26)
> 贺中法建交辉煌四十载源远流长
> 祝胡锦涛主席访法圆满成功泽荫千秋
>
> 法国顺德进出口贸易公司
> 法国何氏地产公司何福然贺

(选自《人民日报》(海外版),2004年1月22日)

在相同的语境条件下,即中、法两国建交四十周年和胡锦涛主席即将访问法国之际,以上不同贺词(例22—26)之间并没有太大区别,都存在基本相同的套式和用语。从文体学的角度来说,它们具有相同的语体特征。在功能上,它们都表示一种祝愿与期待。

此外,在书面用语中,我们也会发现一些在相同语境中被人们普遍使用的一些程式性话语。比如,书信的开头、结尾等普遍包括一些具有固定格式、规约性的用语。类似用语也可被称为程式性话语。比如,汉语书信中的"来信已阅,勿念。"、"悉函,迟复为歉。"等开头用语,以及"此致敬礼!"、"敬礼!"、"致以敬礼!"、"祝夏安!"、"夏祺!"、"研安!"、"祝学习进步!"、"祝生活愉快、身体健康!"、"祝万事如意!"等结尾用语。又如,英语中出现在书信开头和结尾的"*Nice/Happy to have heard from you*"、"*Thanks for your letter*"、"*All the best*"、"*Best regards/wishes to you all*"、"*I'm looking forward to hearing from you*"等常规性话语,它们的出现也是人们长期形成的一种社交规约,具有调节人际关系的社交语用功能。当然,其中可能存在一些局部差异与变化,有的变化可能体现出一定的时代特征或地域特征,但基本用途与格式具有总体上的趋同性、普遍性。因此,我们也将它们视为程式性话语。

以下例(27)是毛泽东主席在1957年写给我国现代著名诗人、《诗刊》杂志的主编臧克家先生和《诗刊》全体同志的一封书信;例(28)是毛泽东在1961年写给臧克家先生本人的一封书信。它们都选自《毛泽东与文化名人》(孙琴安、李师贞著),其中的"惠书早已收到,迟复为歉!"、"同志的敬礼!"、"……,甚为感谢。"、"专此奉复,敬颂"、"撰安!"

等属于书信交往中常见的程式性话语。在书信的开始部分,人们一般会提及所收到的书信或往事;在结尾处进行告别或表示祝福等,这是一种程式性的社交礼仪。

(27) 克家同志和各位同志:

惠书早已收到,迟复为歉!遵嘱将记得起来的旧体诗词,连同你们寄来的8首,一共18首,抄寄如另纸,请加审处。

这些东些,我历来不愿意正式发表,因为是旧体,怕谬种流传,贻误青年;再则诗味不多,没有什么特色。既然你们以为可以刊载,又可为已经传抄的几首改正错字,那末,就照你们的意见办吧。

《诗刊》出版,很好,祝它成长发展。诗当然应以新诗为主体,旧体可以写一些,但是不宜在青年中提倡,因为这种体裁束缚思想,又不易学。这些话仅供你们参考。

同志的敬礼!

毛泽东
1957年1月12日

(28) 克家同志:

几次惠书,均已收到,甚为感谢。所谈之事,很想谈谈。无奈有些忙,抽不出时间来;而且我对诗的问题,需要加以研究,才有发言权。因此请你等候一些时间吧。专此奉复,敬颂

撰安!

毛泽东
一九六一年十二月二十六日

可见,程式性话语就是一些在特定场合中使用的、在用途和表现形式上具有一定规约性和普遍性的话语或结构。除以上情况外,在其他场合中我们仍可发现一些程式性话语。比如,在毕业典礼、授予学位、宣布开幕、宣布闭幕、致欢迎辞、致闭幕辞等时,说话人通常会使用一些套语。例如,"我宣布第十届全国农民运动会开幕!"、"我宣布第二十二届广州进出口商品交易会胜利闭幕!"等话语。另外,使用程式

性话语比较典型的就是法庭用语,尤其是判决用语,具有很强的施为性(参阅第四章),同时又具有很强的程序性和程式性。

此外,在西方举行的教堂婚礼、洗礼以及其他的宗教仪式上,主持人都会使用一些常规的、形式较为固定的套语。在我国一些少数民族地区,人们在举行婚礼或葬礼时,也会遵循某些传统习俗,使用一定的程式性话语。

总之,程式性话语具有很强的规约性,表现结构或形式上具有趋同性,同时还具有语境条件下的可预见性,也就是说,听话人可以根据程式性话语,去判定该话语所出现的语境条件;反之,也可以根据特定的语境条件,推断说话人可能会使用的程式性话语。

§5.5 语码转换与语码混用

交际中,尤其是在互动的会话、访谈等言语交际中,我们经常发现说话人因某种原因同时使用或交叉使用两种语码(code)的现象。一种语言可视为一种语码,比如英语、汉语等,都属于不同的语码;某一种语言的特殊变体也可视为一种语码,比如"中国话"里的方言——四川话和粤语等。一种情况是说话人突然从一种语码转而使用另一种语码,这种现象被称为语码转换(code-switching);另一种情况是说话人同时使用两种或多种不同的语码,从而出现语码混用(code-mixing)。比如,在英语和法语之间、汉语和英语之间、普通话和粤语之间、粤语和英语之间等相互转换与混用。

语码转换就是两种或多种语言(包括语言变体)之间的换用,所形成的结构往往是一个完整的信息结构或句子,用以表达某种相对独立的思想或信息,因此语码转换具有更强的动态性和信息表达的完整性,如例(29);而语码混用则多指两种或多种语言(包括语言变体)之间进行个别词语或局部结构的转换,从而形成两种或多种语码之间的混合使用,如例(30)和例(32)。可见,语码转换和语码混用之间存在一定差异。在日常言语交际中,语码混用的情况更多,因此有学者倾向于将这两种情况统称为"语码转换"(Milroy & Muysken 1995)。

长期以来,语码转换和语码混用一直是社会语言学的一个重要研究领域,因为它们涉及语言使用中的双语或多语现象。不过,近年来也出现了语码转换与语码混用的会话分析和语用学分析,比如 Auer(1998)。这表明,语码转换与语码混用是涉及社会文化、认知、心理、交际目的、特定语境等多种因素的语言行为;也是一种与语用意图/目的密切联系的交际策略,因此对其研究视角应该是宏观的,而不仅是微观的,而且还应是多维的。

在下面的例释中,出于简便,我们也将语码转换与语码混用通称为"语码转换"。先看一个在英语和粤语之间进行语码转换的例子:

(29) A: Can you take the camcorder?
　　　B: (1.0)① I don't know.
　　　A: You can't?
　　　 (2.5)
　　　A: *Jony yau gei yat jau fan hokhau.*
　　　　(Need to return to school in a few days.)
　　　B: *Hai a. Ngaw dou mou yausek.* =②
　　　　(Yeah. I haven't had a rest.)
　　　A: = Where do you want to go?
　　　B: I don't know.
　　　A: Do you want to take the camcorder?
　　　B: *Ngaw m ji la.* Me brother doesn't like me taking it.
　　　　(I don't know.)

此例中,A、B两人正在讨论准备一起外出游玩的事情。在A的第一次询问得到B不置可否的回应以后,于是A第二次发话进行求证,但B并没有做出反应;短暂停顿(2.5秒钟)之后,A继续发话,此时他将语码转换为粤语而非英语,目的在于引起对方的注意,并向对方暗示继续交谈,果不其然,B也用粤语回应了A的提问;随后A继续用英语询问对方希望到什么地方去玩。这样,通过语码转换,A迅

---

① 括号中的数字表示停顿时间的长短,以"秒"为单位。
② 等号表示说话双方同时发话。

速将话题又转回到一开始提出的问题上。可见,通过语码之间的转换有助于恢复被终止的话题,或者帮助实现话题转移等。这表明,在言语交际中语码转换可以形成互动的语境线索,有助于说明双方如何通过语码转换推动言语交际的继续,或通过话题的转移,从而推动交际的进行。这说明交际中的语码转换具有较强的动态性和实用性。

在汉语的日常交际中,我们也会发现语码转换与混用的现象。与其他语言之间的语码转换相比,我们发现汉语交际中出现语码混用的现象更多。例如:

(30) "Hi,你好呀!This morning,我们对你的case进行了discuss,我们发现,这对我们没什么benefit。所以我们不得不遗憾地告诉你:与这件事相关的所有project都将被cancel掉。"

(选自"中国IT人的时髦说话方式",《广州日报》,2001年2月20日)

(31) 北京每天都会上演各种名目的party,总有展示礼服的机会。但大多数北京人的穿着舒适而随便,走在街头的几乎全是牛仔裤、T恤衫。特别的是,这里不时有大使馆举办盛装出席的晚会,直到这时候,你才见识了什么叫做珠光宝气。

据民间统计,在重庆最繁华的中心——解放碑,平均每分钟能看见5个美女!在这样一个美女出没率极高的地方,想制造美丽的邂逅,不必跑到酒吧,只需要在繁华的街道摆个潇洒的pose,专心"守株待美"就成。

即使让周迅、袁立、苏瑾这三位杭州美女站在街头,你的眼光仍然会瞄向其他的美女,毕竟西施曾是杭州的化身。杭州的美女千变万化。在杭州的酒吧和pub里面,充满了单身情人。只要你脖子扭扭动动脑、屁股扭扭加加油,你的第一次艳遇很可能就会成功,当然还有可能是老外哦!

(选自"中国七大城市玩乐排名,六大指数评点都市新生活",中国新闻网,2003年12月19日)

(32) 他们每天一起起床、一起吃早餐、一起散步、一起看电视、一起买东西。为了这种彻彻底底"成双成对"的满足感,她还真付出了不少代价。首先她把原来的单人床换成双人床,然后屋内原来形单影只的一切,全部换成成双成对。一个人用的咖啡杯,现在要买一对;一个人用的沙发抱枕现在要有一双;一个人吃的泡面碗现在要有两个,连买毛巾她也要买一组两人的米奇老鼠跟女老鼠图样……一切都 double 了,她说这叫"double 的幸福"。有所谓"double 的幸福",当然也有所谓"double 的代价"。为了省上电影院的门票费,她买了一台 DVD,每个周末两人泡在家里看街上买来的碟片;为了省上餐馆吃饭的钱,她买了一组进口厨具,自己下厨做饭。因为有了两个人的小窝,这时他们哪儿都不去了。

(选自"谁来为同居埋单?",金羊网,2004年1月6日)

例(30)中,*hi*,*this morning* 是英语中常见的招呼语,很容易被借用到汉语中来,但 *case*,*discuss*,*project*,*cancel* 则是具有一定专业性的词语,说话人将其混用到汉语中可能出自类似原因:炫耀自己的英语水平;也有可能故意混用英语,以迷惑旁听者,不让他们知道相关事宜。例(31)中,*party* 和 *pub* 都是常用的流行词语,常被年轻人借用,*pose* 也是一个时髦的用语,它们的出现可以体现说话人追求时髦的社会—语用心理。例(32)中,*double* 的使用可以更好地体现"成双成对"的特征与现象。

此外,语码转换或语码混用还出现在特定行业或特定语境之中,具有一定的语用功能,比如专指某一特殊信息,或隐蔽不良信息,或避免所指的目标信息被第三者获知等。例(33)中,"陪 high 妹"就是一个出现在特殊人群中的语码混用语,专指陪同吸毒人员一起吸食毒品的地下色情陪侍人群,而对于一般人来说,往往不知该混用语码所隐藏的特定信息,因此类似语码混用具有较强的特指性及隐蔽性。

(33) 听朋友介绍,现在在……的一些地下迪厅里,出现了一个专门陪同吸毒人员一起吸食毒品的地下色情陪侍人群,她们被吸毒人员称为"陪 high 妹"。记者认识的一个 high 友"虾皮"告诉记者,最近他和朋友一起在吸食摇头丸、蹦迪时,开始不用自己带女孩子去玩了,而是在迪厅里叫现成的

"陪 high 妹"一起玩。"虾皮"向记者透露,这些"陪 high 妹"她们既是吸毒人员,又是色情陪侍人员。

"虾皮"告诉记者,一般"陪 high 妹"们会选择一些高档娱乐场所,她们先与娱乐场所的负责人联系好,当有男性吸毒人员以吃饭或者唱歌为名包租全封闭的包房时,娱乐场所的负责人就会将"陪 high 妹""推荐"给吸毒人员。吸毒人员选定"陪 high 妹"后,集体用啤酒、可乐服下摇头丸。数十分钟后,吸毒人员与"陪 high 妹"随着快节奏的迪士高音乐乱舞狂欢。由于冰毒、摇头丸都属于兴奋剂型的精神药品,服用后十分容易导致性欲冲动。因此,"陪 high 妹"们陪 high 以后就会与"客人"进行性交易。如此看来,吸毒行为与卖淫嫖娼活动相结合,是"陪 high 妹"违法活动的最大特点。

在记者的再三要求下,"虾皮"同意带记者去见识一下"陪 high 妹"的真面目。元旦前夕的一夜,记者随同"虾皮"一起来到他经常 high 的地方:福州路上一屡见报端的著名夜总会。在包房里,"虾皮"和他的四五个朋友让服务生叫两个"陪 high 妹"来玩。不一会儿,两个打扮时尚、前位的"陪 high 妹"就过来了。可以明显地看出,这些"陪 high 妹"和其他的色情陪侍人员有所不同,具体不同在哪里,记者也说不上来,但就是觉得不一样。最起码她们的脸色更加苍白,人更瘦,想必是吸毒惹的祸。

谈好价钱后,一股震得耳膜发裂的重音乐也响了起来,记者看到,"陪 high 妹"们抢着和"虾皮"他们那帮 high 友一起吸食摇头丸。不一会儿后,大家就开始跟着音乐摇起头来。摇着摇着,就只见这两个"陪 high 妹"开始进入状态了,她们开始脱起了外衣,就穿着性感的内衣抱着"虾皮"他们 high 起来。

……(略)

(选自"记者暗访所谓网吧'包房':藏污纳垢,不堪入目",
http://www.qianlong.com,2004 年 1 月 12 日)

当然,出现语码转换或语码混用的原因是多方面的。有的是为了体现个性、怪异,表现与众不同;或追求时尚而使用的,尤其是在音乐、娱乐等领域;或在一些特殊群体,比如年轻人,尤其是香港、澳门、台湾以及广州等与外界接触相对较多的地方,更容易出现语码转换、语码混用;同时这些地方使用英语的机会也较多,因此比较容易出现汉语—英语、粤语—英语等之间的转换与混用。例如:

(34) 台湾昨日发现首宗沙士个案,仔仔周渝民昨日在沙士的阴影下来港,fans 们无惧沙士,热情未有因此而冷却,为见偶像不惜跌倒!

台湾昨日有实验室人员感染沙士,成为入冬以来首宗沙士个案,仔仔昨日由台湾来港参加晚上举行的"新城国语力音乐会",二百名 fans 一早在机场等候,仔仔在十二名保安护送下出闸时,场面一度混乱,期间有 fans 跌倒兼把垃圾桶推跌,fans 们争相送礼物给偶像,同时又大叫"仔仔,小心身体!"

身穿蓝色 T 恤、绿色外套的仔仔,再配上一个斜孭袋,非常有型!而仔仔全程都笑容满脸,有 fans 问他的肠胃病是否痊愈,仔仔点头响应。当 fans 问仔仔知不知道台湾有沙士出现,只见仔仔一脸愕然。据知仔仔前日还在录音室工作,昨天一起床便赶到机场上机,根本没有时间收看新闻报道。

早前仔仔的消化系统出现问题,体重大上大落,令家人和 fans 们十分担心,经理人公司逼他去作健康检查,目前仔仔已依照医生所编排的健康餐单进食,仔仔坦言已开始留意自己的饮食习惯,尽可能会依时饮食。

(选自"周渝民肠胃病初愈访港,200Fans 疯狂",网易娱乐,2003 年 12 月 18 日)

此外,歌词中也容易出现语码转换或语码混用的现象。比如,以下歌词中就出现了 *Shall we talk*,*YEA love you so much*,*love you so much*,*with you* 等英语句子和部分结构,或许是为了凸显主题,或许是为了体现别异,以吸引听众等。总的来说,出现语码转换或语码混用的场合与原因是多方面的。

(35) ……(略)
　　大门外有蟋蟀,回响却如同幻觉
　　Shall we talk, shall we talk
　　……(略)
　　螳螂面对蟋蟀,回响也如同幻觉
　　Shall we talk, shall we talk
　　……(略)
　　如果沉默太沉重,别要轻轻带过
　　明月光,为何未照地堂
　　孩儿在公司很忙,不需喝汤
　　Shall we talk,斜阳白赶一趟
　　沉默令我听得见叶儿声声降
　　　　　　(选自"陈奕迅:《Shall We Talk》试听",
　　　　　　网易娱乐,2003年11月24日)

(36) ……(略)
　　我愿共度 baby say the I love you

　　原来我还 love you so much
　　没有了你就没有我
　　YEA love you so much
　　比爱自己还要多
　　YEA love you so much
　　想要给你幸福
　　重爱一次 with you
　　懂不懂懂不懂我的心
　　懂不懂懂不懂我的心

　　……(略)
　　原来我还 love you so much
　　不再压抑真实的我
　　YEA love you so much

走过时空的交错
YEA love you so much
不再让你孤独
重爱一次 with you
懂不懂懂不懂我的心
懂不懂懂不懂我的心

(选自"杜德伟:《原来我 Love You So Much》试听",网易娱乐,2003 年 11 月 25 日)

总的来说,实际交际中语码转换或语码混用的现象很多,出现的语境条件越来越纷繁复杂,当然随之所体现的语用功能也越多。再看下例,其中所出现的 X 是否也是一种语码混用呢?

(37) 通常年轻漂亮的女演员都被冠之为偶像,但很少有人用"偶像"或者"实力"来界定章子怡。对此,子怡颇感欣慰。"我好像是一个很特别的意外,在许多人眼里我可能是一个 X——未知数。如果没有《卧虎藏龙》,我也许不会有现在,我也不知道我怎么就到了现在这一步,我的身上充满了问号。我愿把我的聪明放在演戏上。"

(选自"章子怡'私房话':我是许多人眼里的 X",新华报业网,2004 年 1 月 13 日)

最后,我们再介绍一种语码混用的情况。在现实交际中,说话人(也包括作者)在谈及另一种语言或不同文化中的某事、某物时,有时很难在自己所属的语言或文化中找到与之对应的恰当形式或概念,此时说话人可能会将该表达形式直接借用过来,于是就出现了语码混用现象。下例中,"Reader"是英国高等院校中教师的一种职称级别①,相当于我国的副教授,但又很难直接将它表述为汉语中的"副教授",更

---

① 在英国的高等院校中,教师的职称分为三级:professor(教授)、senior lecturer(高级讲师)或 reader(相当于高级讲师,但更强调科研能力)、lecturer(讲师);而在美国的高等院校中,教师的职称分为四级:professor(教授)、associate professor(副教授)、assistant professor(助理教授)、lecturer(讲师);而我国高等院校中教师的职称则分为"教授"、"副教授"、"讲师"、"助教"。

不能直译为"读者",此时出现语码混用也就不足为奇了。

(38)……参加公开选聘并被聘任为西安交大副校长的卢天健是英国剑桥大学的第一位华人 Reader,他表示:自从看到西安交大的招聘公告之后,海外学子们受到了很大的鼓励,希望能利用在海外的所学为祖国建设添砖加瓦,这次他来到西安交大,是代表海外一大批学者来支持中国高等教育事业改革的。……

(选自"西安交大面向海外招聘的副校长就职",《人民日报》海外版,2004年7月20日)

思考与分析

1. 请大家对下面摘选的语料进行分析,回答如下问题:
   A. 在回答主持人的提问时,说话人的话语中哪些属于附加信息?附加信息出现的目的是什么?哪些附加信息是多余的。
   B. 从语义信息传递的角度看,在主持人的话语中哪些信息是多余的?或从问——答的句式结构出发,判定交际双方的哪些话语是多余的。
   C. 根据语境条件,哪些话语隐含了非字面的语用含意,它们是什么?

   (主:主持人;侯、陈、周:电视节目的三位现场嘉宾)

   ……(略)

   主:因为饿,您当上了神仙。(笑声)侯耀文,我问您,您也是因为饿才抽上烟的吗?
   侯:我不是,我是别人勾引我抽烟的。(笑声)因为参加工作之后有比我年纪大的人,他们抽烟,抽了以后让我"来一根?""不会,不会。""你瞧你,尝尝,不抽你把它扔喽!"后来我就尝了。尝了以后,也没什么感觉。后来就跟人要啊,(笑声)他就给我。
   主:跟人要的时候有什么感觉?

侯：要的时候理直气壮的。（笑声）因为是你教给我抽的，你不给我行吗？所以当时我跟他要，他就给，可后来他也负担不起了，我就自己买一盒烟，这一盒烟呐，大约能抽一个星期，后来慢慢改成四天一盒，三天一盒，两天一盒，现在基本上一天不到一盒烟。

主：这一天不到一盒烟还是保留着最初那种要烟的方式吗？

侯：没有，自己买吧。

主：已经亲自买啦。

侯：啊，现在知道寒碜了，长大了嘛。（笑声）

主：那么您吸烟这件事，侯老先生他知道吗？

侯：知道。

主：他是怎么表现的？

侯：他自个儿也抽，所以他不说我。（笑声）

主：噢，他自己抽他就没有办法说您了。

侯：因为他抽烟太凶了。他很年轻的时候，牙就全部都是黑的，所以他有一个最大特点，他说相声的时候，你一看他那牙，就是黑的，抽烟抽的。

主：您有没有跟他探讨过吸烟这个问题？

侯：我们家从来没探讨什么问题。

主：从来不探讨问题，那您？

侯：只有受教育。他说我听，没有探讨的机会。（笑声）

主：哎，您吸烟的时候敢主动扔一根给他吗？

侯：后期敢了。（笑声）后期他年纪大，我也成年了。

主：您胆子也大了。

侯：啊，我也大了。我身体也倍儿棒。（笑声，掌声）

主：听了他的话我们就知道，抽烟还容易让人变得胆儿大。那么陈老先生，您抽烟不抽烟？

陈：我18岁开始抽烟的。

主：18岁开始抽烟，当时为什么抽烟呢？

陈：上厕所。（大笑声）

主：真是百花齐放。（大笑声，掌声）

陈：厕所味太那个，人家就给我一颗烟，他劝我抽，我一抽呢，体会是：哎哟，在厕所里抽烟，味确实更浓了。（笑声）

主：上厕所要抽香烟，这是您总结出来的，那么这个"良好"的习惯坚持了多少年？

陈：这习惯坚持了30年。

主：但是我们听说您戒烟了，而且当做一个很大的新闻听说的，抽了30年，居然现在不抽了。是不是当着家里人不抽了在外面还是抽啊？

陈：我还真的是表里一致。

主：表里一致？

陈：在外面在家里都不抽烟。

主：您为什么在家里不敢抽烟了呢？也是有人给您压力吗？

陈：家里肯定反对我抽烟。那时候房子也小，一到了冬天，就被轰到厕所里抽烟去，厕所也是12户人家共用的，你家里反对，人家家里就不反对吗？（笑声）轰到阳台上去，多抽一会儿就要感冒，（笑声）难度挺大的。后来我真戒了，我一想，活着那么痛苦，怎么能不痛苦，要从思想上解决问题。人是从动物进化过来的，动物本来就是不抽烟的，我们祖宗是不抽烟的，那我也可以不抽烟。一想想通了，得，不抽了，就这样不抽了。

主：从动物身上得到了启示。那么，周先生您抽烟就比较难，因为您确实需要言传身教，作为一个老师嘛，抽烟要躲到什么地方去抽呢？

周：我从来不抽烟。

主：根本不抽烟？

周：对，根本不抽烟。

主：您看刚才这三位谈了抽烟，饥饿的时候可以抽烟，经不住引诱就抽了烟。您看，我觉得您跟他们是同龄，为什么您就可以出"烟民"而不染？

周：我反潮流。

主：因为反潮流，所以不抽烟？

周：对。周围的同学都抽烟了，我觉得我应该反潮流，我说，你们

都抽,我就不抽。而且我看不起抽烟的人,都同化了,人云亦云,没有个性。(笑声)

主:您意思是说抽烟就没有个性。

周:对,抽烟没有个性。如果人家都不抽烟了,就他抽烟,我认为他有发明创造精神;人都抽烟了,他再抽烟,这就是一种人云亦云,没什么个性,而且明明知道坏,还要抽,这就让人不能容忍了。

……(略)

(选自"为什么吸烟?",中央电视台《实话实说》节目,1996年5月)

2. 什么是模糊限制语?它与一般词语之间的最大区别是什么?请阅读以下选段,并分析例(1)—(3)中划线部分的模糊限制语在不同语境中的语用功能。

(1) 据报道,除以上的主要议题以外,在本土防卫的措施、降低失业率、提高就业、移民政策等方面,也有很多两党议员对本次的国情咨文提出了尖锐的抨击。有评论认为,每一次国情咨文的发布,都会招致各种批评;但从今年的情况看,似乎批评的声音格外响亮。

(选自"综述:布什任内最后国情咨文演说招来众多批评",中新网,2004年1月21日)

(2) 据报道,萨达姆目前被关押在伊拉克首都巴格达一个由美军重兵把守的秘密地点,每天早上7时起床,吃完面包、蜂蜜和奶酪等早餐后,阅读伊拉克报纸,然后开始接受审讯。午餐是蔬菜和肉,晚餐以果汁和水果为主。据说萨达姆有时也拒绝吃饭。他晚10点到11点就寝,夜里经常睁着眼睛。萨达姆被拘留的房间一直处于摄像机的监视之下。他被禁止读书,衣服是美军准备的。他既不做礼拜,也不要求提供《古兰经》。虽然萨达姆的日子看上去过得还算可以,但对他本人来说,2003年12月13日是一个结束:不仅萨氏王朝彻底终结,而且他从此失去人身自由,今后还要面对审判,即使万幸逃过极刑,也只能在狱中度过余生。

(选自"如何处置是难题,萨达姆成为美国
手中'烫山芋'",新华网,2004年1月24日)

（3） <u>CHINA is reported</u> to have detained one of its senior officials in Hong Kong for spying for Britain in the biggest espionage scandal between the countries since the colony was handed back to the Chinese in 1997.

Cai Xiaohong, the secretary general of the liaison office of the central government in Hong Kong, faces the death penalty if convicted. <u>A source at the Chinese government said</u>: "He sold state secrets to Britain."

Mr Cai, an assistant minister, was detained in China last year when he returned home for official business, <u>sources said</u>. Mr Cai was suspected of having sold secrets for nearly ＄1m (£555,000). <u>Media reports said</u> that two accomplices had also been detained.

Beijing had not revealed Mr Cai's detention, which followed Tony Blair's visit to China in July last year, to avoid upsetting improving relations between the two countries. Details of Mr Cai's case emerged as China announced the detention of eight residents of Taiwan accused of spying for the island.

The British Embassy in Beijing declined to comment. China's cabinet had no immediate comment.

Traditionally China has imposed harsh punishment for spying. (*Reuters*)

(选自"China says Hong Kong official is British spy",
The Independent, 17 Jan. 2004)

3. 收集言语交际中涉及语码转换或语码混用的多种语料,并分析:
   A. 不同语境中,出现语码转换或语码混用的目的是什么?
   B. 语码转换或语码混用是否可能带来语言使用的混乱或不规范?

为什么？

参考书目

Auer, Peter. 1998. *Code-Switching in Conversation*. London: Routledge.

Gordon, D. & G. Lakoff. 1971. "Conversational postulates". *Papers of the 7th Regional Meeting*. Chicago Linguistic Society, CLS.

Lakoff, G. 1972. "Hedges: a study in meaning criteria and the logic of fuzzy concepts". *Papers from the 8th Regional Meeting*. Chicago Linguistic Society, CLS.

Milroy, L. & P. Muysken. 1995. *One Speaker, Two Languages*. Cambridge University Press.

Sadock, J. M. 1972. "Speech act idioms". *Papers from the 8th Regional Meeting*. Chicago Linguistic Society, CLS.

Tannen, Deborah. 1992. *That's What I Meant*. London: Virago Press.

阅读书目

Green, Georgia. 1996. *Pragmatics and Natural Language Understanding*. Erlbaum Associates Publishers. Chapter 6, pp. 133—146.

He, Ziran. *Notes on Pragmatics*. Nanjing Normal University. Chapter 8, pp. 141—154; Chapter 9, pp. 155—168; Chaper 11, pp. 207—208.

Levinson, S. C. 2001. *Pragmatics*. 外语教学与研究出版社/Cambridge University Press. Chapter 6, pp. 284—370.

Yule, George. 2000. *Pragmatics*. 上海外语教育出版社,第八章,第71—82页。

何兆熊等:《新编语用学概要》,上海外语教育出版社,第十一章,第305—349页,2001年。

何自然、冉永平:《语用学概论》(修订本),湖南教育出版社,第八章、第九章,第249—331页,2002年。

何自然、陈新仁:《当代语用学》,外语教学与研究出版社,第六章,第149—154,155—162页,2004年。

第六章 流行语、社会用语及社会语用

本章所讨论的现象已超出微观语用学的传统议题,有的例子甚至不直接涉及语用学本身,可与社会学、社会语言学联系在一起。但我们又将其纳入本书内容,是因为有的现象仍可进行语用分析,尤其是一些社会用语、流行语等,它们不仅是社会学、社会语言学探讨的对象,也是语用学应该涉足的问题。在很多场合下,社会用语、流行语等的出现与使用已构成一定的社会语用现象(societal pragmatics)。可以说,本章内容涉及社会学、社会语言学和语用学等之间的部分交叉。下面,我们以举例为重点,加以适当阐释,向读者展示流行语、社会用语的语用问题。不过,首先需要指出的是,流行语和社会用语之间其实难以明确界定,从广义的角度来说,流行语是一种社会用语,而社会用语又包括流行语。因此,下面我们多使用"流行语"的称名,有的现象可能属于使用范围更广泛的社会用语。

§6.1 流行语及其特征

所谓流行语,是指在一定时期、一定地区、一定社会群体中,被人们广泛使用、流传、熟知的用语,往往多指一些词语。一般说来,它们的出现与使用和特定的范围、职业或某些社会现象等密切联系,有的只在一定范围内、一定人群中是流行语,而有的流行范围可能更广,是一种社会流行语。

流行语的出现、流行通常与一些事件相关;同时影响流行语的相关因素也很多,为此流行语进一步细化分类,比如"时尚流行语"、"体育流行语"、"教育流行语"、"IT流行语"、"媒体流行语"、"校园流行语"等。也就是说,流行语的分类也可进行领域的细化。有的流行语是新词语、新用法,与新的社会文化现象或某些行业特征密不可分;有的则是旧词新用;有的流行语与一定人群、地域、领域有关。因此,流行语能够真实地反映某些社会现象或社会文化趋向。

在表现形式和内容上,流行语往往具有很强的概括性,很多还具有幽默、调侃的意味,同时还潜在地消解了一些具有严肃意义的内容与表达形式。因此,流行语的出现丰富了我们的话语空间,也是一种语言中体现新词语、新用法的"活力指标",因为流行语或流行用语具有很强的时代感,在不同的时期或年代,流行语往往存在较大差异,流行周期也长短各异。在一定时期内,一个国家或地区在流行什么,流行语中往往有所体现,因为它们具有明显的时代特征。根据流行语的取向与动态,我们可以把握社会、文化的发展趋向以及人们的价值观和社会文化心态;同时流行语还可在一定程度上体现、记载人类的文明和社会进步。当然,有的流行语、社会用语也涉及某些不良的社会文化现象,并可能产生一定的负面效应。

总体来说,我们认为这不仅是一个社会学问题,也是一个语言学问题,值得深入研究。从语言学的角度来说,对流行语、新词语等的收集与研究有助于语言教学内容的更新,对教学改革也有一定的参考价值;流行语、新词语的出现也可以促进语言词汇学的发展;流行语、新词语、社会用语的使用频率、分布概况和流通程度等信息还可直接服务于辞书编纂。总之,对流行语的研究具有重要意义。

§6.2 流行语面面观

在十年前,我们经常听到人们使用类似的词语或用语:(1)下海;(2)申办奥运;(3)发;(4)大哥大;(5)第二职业;(6)电脑;(7)没商量;(8)说法;(9)发烧友;(10)学雷锋。它们是《大学生》杂志在1993年评选出来的"大众十大流行语"。如今,以上用语还流行吗?有的词语也很常用,比如"第二职业"、"电脑"、"发烧友"等,但它们早已不是时髦的流行语了,只能看成常用语。下面我们再列举一些不同年代、不同类型的流行语。比如:

1. 2001年"中国青年十大流行语"

(1) 9·11；(2) 本·拉登；(3) 申奥成功；(4) 入世；(5) WTO；(6) 翠花上酸菜；(7) 出线；(8) QQ；(9) 反恐；(10) Flash

它们是中国青年研究杂志社"青年流行语研究"课题组所组织的"2001年中国青年十大流行语"的网上评选结果。先由35岁以下的网民选出，再由2000多位参评者在众多候选词语中限选10个，这样确定的。

2. 2002年"十大社会流行语"

(1) 飞机失事；(2) 沙龙；(3) 阿拉法特；(4) 十六大；(5) 靖国神社；(6) 世界杯；(7) QQ；(8) 晕；(9) 倒；(10) 吐血

3. 2002年"中国报纸十大流行语"

(1) 十六大；(2) 世界杯；(3) 短信；(4) 降息；(5) 三个代表；(6) 反恐；(7) 数字影像；(8) 姚明；(9) 车市；(10) CDMA

4. 2003年"中国报刊十大流行语"

(1) 非典(SARS)；(2) 神舟五号；(3) 伊拉克战争；(4) 全面建设小康社会；(5) 十六届三中全会；(6) 三峡工程；(7) 社保基金；(8) 奥运公园；(9) 六方会谈；(10) 新一届中央领导集体

5. 2004年春夏"中国报刊十大流行语"

(1) 中国市场经济地位；(2) 欧锦赛；(3) 虐俘(虐囚)；(4) 科学发展观；(5) 高致病性禽流感；(6) 释法；(7) 劣质奶粉(问题奶粉)；(8) 电荒；(9) 和平崛起；(10) 审计风暴

以上报刊流行语都是由北京语言大学、中国新闻技术工作者联合会、中国中文信息学会三家权威研究机构选出并联合发布的，涉及的报刊包括《人民日报》、《光明日报》、《中国青年报》和《南方周末》等国内十几家主流报纸，通过报纸语料的定量分析，结合广大受众在网上的点击投票以及线下投票评出的。可以说，流行语的来源具有相当高的可靠性和说服力。此外，还有一些其他的行业流行语。比如，2003

年、2004年出现的体育流行语"中超"(中国足球超级联赛)、"官哨"、"黑哨"、"假球"、"赌球"等;日常生活流行语"人造美女"、"美女经济"等。这些流行语的出现也在一定程度上反映了社会发展与人们关注的主要议题、主流现象等。

从以上流行语中,我们可发现与之相关的普遍社会心理特征和语用特征。比如,"2001年中国青年十大流行语"可以体现:(1)全球化背景下强烈的世界关怀与问题意识;(2)"中国年"(中国成功申办2008年奥运会、中国成功加入世界贸易组织、中国男子足球队第一次参加世界杯决赛)里空前高涨的民族自豪感与发展期待;(3)网络时代的新奇迷恋与流行文化追逐。同样,根据2002年的社会流行语,我们可发现基本相同的社会或心理特征以及语用特征。作为一种流变的符号表征,流行语总能最敏锐地反映社会、经济、文化、心理等变化与发展的某些特征。

改革开放以来的20多年间,出现了很多的流行语和新词汇。再如:

中国特色、平反、万元户、个体户、承包、顶替、托福、乡镇企业、小康、国债、股票、倒爷、奖金、打工、艾滋病、炒鱿鱼、一国两制、赞助、甲Ａ甲Ｂ、希望工程、下海、第三产业、迪斯科、回扣、跳槽、生猛海鲜、电脑、白领、兼职、大款、卡拉OK、快餐、休闲、减肥、打假、商品房、市场经济、转换机制、两个转变、东西联动、费改税、资本运作、资产重组、软着陆、降息、年薪、回归、知识经济、下岗分流、按揭、克隆、上网、反腐、整容……①

根据20世纪90年代到21世纪初期的一些流行语评选活动和有关研究结果,我们比较容易发现一些能够凸显这十年左右的社会、文化、经济等方面变化的流行语。比如:

下岗、抗洪、再就业、房改、世界杯、彩票、金融危机、泰坦尼克、上网、减员分流、知识经济、性骚扰、隐私、货币分房、数字化、

---

① 此处部分信息源自"中国百姓蓝皮书:10大流行语反映社会深刻嬗变",《北京青年报》,2002年8月5日。

酷、千年虫、盗版、拍写真、打假、贺岁片、新新人类、小资、闪客、唐装、名人畅销书、手机短信、韩流、酷毙了、哇噻、帅呆了、听证会、美女作家、黑哨、下课、美眉、足彩、零距离、二奶、人造美女、海归、海待……

开放社会、现代社会的一个重要特征就是流行现象或时尚现象的不断涌现,且时常形成社会关注的各种焦点。总的来说,流行语涉及的议题或现象很多,具有多样性、新颖性、流变性、时代性等特征。

§6.3 流行语、新词语、新词目

除了以上所列举的流行语或流行语分类以外,今天只要我们打开电视机、收音机、翻阅报刊杂志、漫步街头巷尾、乘坐公共汽车或吹牛、聊天,都不难发现各类流行语,有的是旧词新用,而有的则是新词语、新词目。下面我们将其归纳为几个主要方面:

1. 与人物称谓有关的流行语

改革开放以前的几十年间,最常见的称呼语就是不表明身份、职业、年龄、性别的"同志"、"师傅"。如今,"先生"、"小姐"的称呼相当流行;"老板"、"老总"、"经理"、"总裁"、"董事长"、"主任"、"处长"、"校长"等表示身份、职位的称谓日渐流行;也出现了"阿Sir"、"款爷"、"老大"、"富婆"、"富姐"、"哥儿们"、"姐儿们"等用法,其中"爷"、"哥"、"姐"、"婆"的意义已经虚化,不再与年龄密不可分,而是涉及地位、权势或金钱等因素。此外,也出现了一些流行语特指某种类型或职业的群体,比如"大哥大"、"大姐大"、"大腕儿"、"追星族"、"工薪族"、"打工崽"、"打工妹"、"发烧友"、"家佣"、"侍应"、"领班"、"保安"、"马仔"、"按摩女"、"三陪小姐"、"二奶"、"情人"、"吧女"、"妞儿"、"第三者"等。

2. 与物质生活、休闲等有关的流行语

这方面的流行语包括"XO"、"快餐"、"自助餐"、"吃大富"、"大排挡"、"外卖"、"埋单"等,以及"夜总会"、"KTV包房"、"卡拉OK"、"酒吧"、"氧吧"、"家庭影院"、"桑拿"、"保龄球"、"高尔夫"、"搓麻"、"陪酒"、"陪舞"、"三陪"、"拍拖"、"美容"、"美发"、"美甲"、"整容"等。

3. 与商品、店名等有关的流行语

类似流行语有"新潮一族"、"大哥大"、"彩霸"、"词霸"、"声霸"、"凉霸"、"画王"、"彩电大王"、"真皮大王"、"王中王"、"太子"、"帝王"、"皇后"、"豪门"、"贵族"、"富豪"、"大亨"、"雅仕"、"皇苑"、"皇冠"、"皇家"、"皇都"、"王冠"、"公爵",以及"写字楼"、"连锁店"、"别墅"、"XX广场"、"XX中心"、"XX宫"、"XX客隆"等。这方面的流行语十分普遍。

4. 与经济等有关的流行语

常见的有"软着陆"、"下海"、"跳槽"、"第二职业"、"皮包公司"、"炒鱿鱼"、"卖点"、"外卖"、"资本"、"接轨"、"跳楼价"、"水货"、"大甩卖"等;此外包括一些股市流行语,比如"牛市"、"熊市"、"反弹"、"大户"、"套牢"、"解套"、"割肉"、"空仓"、"满仓"、"补仓"等。如今,它们也常出现在日常言语交际中,比如将离婚称为"解套"等。

5. 外来流行语

改革开放以来,外来语大量引进我国,尤其是在沿海经济较发达地区,有的外来语已开始向内地传播、渗透。外来语引进的方式也是多种多样的,有意译、音译、半音半意译、外文缩写或全外文等。比如,"肥皂剧(soap opera)"、"卡通(cartoon)"、"布丁(pudding)"、"苹果派(apple pie)"、"麦当劳(McDonald's)"、"雀巢(Nestle)"、"克力架(cream cracker,饼干)"、"芝士(cheese,奶酪)"、"可口可乐(Coca-cola)"、"巴士(bus)"、"拍档(partner)"、"耐克(Nike,运动鞋)"、"力士(Lux,香皂)"、"乔士(Choose,衬衫)"、"T恤衫"、"因特网(Internet,国际互联网)"、"卡拉OK"、"阿Sir"、"Call机"、"BP机"、"KTV"、"MTV"、"E-mail(电子邮件)"、"IBM(国际商业机器公司)"、"MBA(工商管理硕士)"、"OK"、"bye-bye"等。

由于社会经济、文化生活等的发展与变化,原有的一些语汇不足以表达日益增多的新概念、新观念、新思想,于是以汉语原有词素为材料构成的新词语、新用语应运而生。比如"第二职业"、"水货"、"跳楼价"、"大出血"等。甚至原有的一些词语转而成为具有新概念或新观念的流行语,比如"老板"以前常用于生意人之间,表示一定的雇佣、带有金钱色彩的人际关系,但现在它的使用范围十分宽泛,远远超出了商界,可用以指称机关、单位等的领导,甚至研究生、博士生把自己的导师也称作"老板";再如,"解套"本是股市用语,现也用来表示摆脱困境或解除婚姻关系;"套牢"指股票下跌无反弹,无法将手中股票买出,现也常用来表示难以摆脱工作或家庭的责任、负担,或表示被麻烦所困扰;"软着陆"本指飞机经过一段飞行之后平稳地降落在陆地上,如今多用于比喻国民经济的运行经过一段过度扩张之后,平衡地回落到适度增长区间;"大出血"原表失血过多,现却多指经济上血本无归、损失惨重;"触电"也不能仅从字面意义上去理解,通常指男女间相互吸引、爱恋。就连我们熟悉的"工程"这一概念使用的范围也逐渐扩大,词义不断泛化,原指用大而复杂的机器设备进行规模较大、有难度、成系统的工作,多表示土木建设或生产建设行业,但在"希望工程"、"幸福工程"、"春蕾工程"、"孝心工程"、"爱心工程"、"温暖工程"、"再就业工程"等用语中,"工程"的含义都虚化且宽泛了。

又如,在正式场合道别时,人们常使用"再见"或"再会",但如今在很多时候,无论说话人是否懂英语,都经常使用"拜拜"(bye-bye)或"固德拜"(goodbye)了。像以上使用范围超出原来的领域、被赋予一定新概念、新观念的流行语逐渐增多。某些表示抽象、复杂或高层次、大范围的词语还被用来表示具体、简单或低层次、小范围的现象或事物,形成一种"大词小用"的语用现象;反之,也存在"小词大用"的流行组合。这一方面反映了当前词汇系统的某些变化和发展,另一方面也可在一定程度上折射出社会经济、文化生活、人际关系等方面的种种变化。总的来说,语用"新概念"、新用语现象还有很多。

除了现实生活中流行的常用语以外,我们还可发现很多新出现的词语、词目。比如,《新华词典》(2003年版)就增收了以下的新词语、新词目,可帮助我们略见社会政治、经济、科技、文化、教育、生活等方面的发展变化在语言使用中的体现。

  政治类:三个代表、政治文明、小康社会、科教兴国、可持续发展、西部大开发

  经济类:欧元、纳税人、涨停板、跌停板、二板市场、经济全球化、商务中心区

信息类：漫游、蓝牙技术、数字地球、数字鸿沟、虚拟现实、视频点播、交互式电视

医学类：氧吧、亚健康、脑死亡、安乐死、变性术、干细胞、黑色食品、生活方式病

环保类：排污权、生物入侵、阳伞效应、代际公平、代内公平、可吸入颗粒物

体育类：黑哨、金哨、街舞、下课、雄起、德比战、世界波、升班马、健身路径

法律类：大法官、代位继承、知识产权、独立董事、举证责任倒置、扰乱法庭秩序罪

教育类：奥赛、雅思、博导、司考、春招、话题作文、终身教育、素质教育

军事类：天军、海警、士官、禁飞区、"9.11"事件、数字化战场、新概念武器

科技类：城铁、轻轨、克隆、孵化器、高科技、基因组、纳米技术、生物芯片

时尚类：动漫、哈日、韩流、舍宾、脏弹、文唇、美体、波波族、边缘人、旗舰店

房地产类：期房、商住楼、福利房、商品房、安居房、亲水住宅、经济适用房

语词类：打拼、锁定、新锐、粉领、水吧、飘一代、量贩店、文化快餐、形象大使

社会经济、文化等方面的迅速发展会促使流行语、新词语、新用语的不断涌现，反过来，这些流行语、新词语、新用语又可反映当代社会的飞速发展和变化。比如，"三个代表"、"纳米"、"克隆"、"双赢"、"小资"、"波波族"、"动漫"、"韩流"等最新的流行语已经进入《现代汉语词典》，显示了语言随着社会发展潮流产生的动态变化，表现了现代社会观念的变迁；同时这些词语、用语的出现又丰富了语言的表达形式与内容。最后需要注意的是一些在计算机、互联网等影响下所出现的、有别于日常用语的网络语言。请看以下有关2004年网络流行语的报道：

(1)……(略)

网民推选的本年度十大网络流行语分别是:做人要厚道(电影《手机》里的台词,用来数落不发下文的版主);沙发(在论坛里的通常含义是第一个回帖的人);汗或寒(它有两个意思,敬佩和从头到脚的冷);百度一下(用搜索引擎找东西);潜水(表示在论坛里只看帖不回复);顶(支持);出来混,迟早都是要还的(电影《无间道》的台词,报应的意思);弓虽("强"字拆写,还表示"强"的意思);偶稀饭(我喜欢);FB(腐败,吃饭聚聚)。

"偶稀饭"是什么意思? 日常生活里,如果有人这么和你说话,你一定会觉得一头雾水。但是在互联网的任何一个论坛里,就连初级的网友也会知道。这种语言现象已经渗透到一些青少年的生活中,他们甚至在日常生活中,也用网络语言进行交流。另外,网络流行语更新速度非常快,每个年度都有新的流行语成为主流。

网络语言的演化,对中文语言的发展到底是一种进化还是异化? 到底是值得推广还是要反对? 活动的发起者称,举办这个公益性活动的目的就是让社会各界来关注这个问题。

(选自"网民选出年度十大网络流行语",
《广州日报》,2004年11月27日,A5)

类似用语的出现与其在局部范围或人群中的流行,也应该是社会语用研究的一个课题,值得大家的关注与思考。

§6.4 社会用语与社会语用

§6.4.1 流行语的语用偏误

在我国,社会用语表现出来的主要倾向可归纳为这样几方面(孙曼均,1996):(1)一些专业或行业词语用法的扩大化、通用化,进入社会生活领域,逐渐转化为普通用语;(2)具有特殊内涵的方言词语相互传播,对普通话有很强的渗透力;(3)生活化、大众化的口语词与较高雅的书面词语互相影响,书面语言表现出口语化的趋势;(4)汉语对外来词语的宽容性增强,外来词语的引进在数量、范围和形式上出现了新特点;(5)流行词语的语义有表面化、简单化、直接化和形象化的趋势,它的构成形式则表现出随意性、灵活性和不稳定性;(6)当前词语的变异和流行呈现出超常的逆向流行趋势,也就是说,很多社会流行语最先出现于社会较低层面的群体或狭小行业,但越来越多地被较高层面的群体或其他行业的人士使用,逐渐流行起来。

随着改革开放的不断深入与扩大,语言环境不断发生变化,社会语用习俗自然也会受到某些影响。在语言的发展过程中,语汇总是最活跃的,社会流行语的出现以及它们所隐含的某些新概念、新思路或新观念不单是语言内部的力量造成的,还有其深刻的社会、文化诱因。因而,流行语、社会用语往往能折射出潜在的或深层次的社会观念、文化心态以及审美取向等。

就目前众多的日常流行语或社会用语而言,存在类似的语用偏误:

1. 趋"洋"的非常心态

在日常的言语交际中,相当部分流行语均来自西方、港台。外来语的吸收和引进不仅限于专业领域,更多的是生活、娱乐等方面的用语以及商标品名。如今,人们对外来语的引进表现出极大的开放性和宽容性,这无疑对丰富和发展汉语是积极的,同时也有助于吸收外来科技、商品经济等物质文明的新成果。然而,在外来语引进的同时,人们的文化心态也在悄悄发生变化,外来语变成了一些人趋洋和追求"新"、"奇"的一种语言表现,存在以"洋"为美、盲目洋化、滥用外文或外文译文、音译等倾向。在有的地区,尤其是沿海开放城市,人们,特别是年轻人将"聚会"称为"派对"(party),将"时装表演"称为"发兴骚"(fashion show);明明是"表演"却偏爱叫"做骚"或"做秀"(make show);"老板"也跟着变成了"波士"(boss)等。这些带洋味的时髦用语听起来难免有些别扭,显得不伦不类。

为商品、商标、商店等取一个洋名,试图表明质量、品位、档次、身份,这本无可厚非,但滥用就不可取了,更不能以取洋名来表示"新"、"奇",破坏已有的汉语标准。比如,有人硬是将大家都熟悉的"饼干"称为"克力架"(cream cracker);"奶酪"也被叫做"芝士"(cheese);用"布丁"(pudding)代替"甜点心";或以"士多"(store)表示出售食品或日用品的方便店；明明是国产的葵花牌营养品，却偏要采用英语中sun flower的音译"圣福"。少数不正规厂商生产的国产内销产品也跟着取一些全无汉语说明的洋名，其包装甚至说明书也采用英文，难免会导致不懂英语的消费者上当受骗，那真是崇洋"迷"（而非"媚"）外了。在有些地方的电视台，就连主持人在节目结束时，面对观众不说"再见"，而是使用带一点洋味的"bye-bye"。这些都在一定程度上反映了盲目崇洋的语用心理，是否应该"净化"类似的语用现象，值得讨论与商榷。

我们反对洋文、洋名的滥用，但并不排斥吸收外来语词，相反，不同地区、不同语言之间的相互吸收、融合是必要的。有些洋名的汉译名很容易被大众所接受，并融入社会流行语或日常用语之中。比如，"咖啡"(coffee)、"巧克力"(chocolate)、"麦当劳"(McDdonald's)、"力士"(Lux)等。因此，我们在反对洋名滥用的同时，也不能拒绝吸收积极的、合乎大众心理的外来语，否则便会因噎废食、固步自封。

2. 追求豪气、霸气的非常心态

在当今的一些社会流行语或时髦语中，"王"、"霸"、"皇"、"豪"、"富"、"贵族"等已成为店名、酒家、别墅、娱乐场所等使用频率较高的字眼，似乎称"王"称"霸"是一种时髦或档次的象征。比如，热水器有"浴霸"；空调器有"凉霸"；电池有"超霸"；电视有"彩霸"；灭蚊器有"强霸"；就连方便面也有"面霸"。此外，还有"鞋霸"、"视霸"、"词霸"、"声霸"、"巨无霸"、"小霸王"等。"霸王"本是一个令人反感生厌的角色，且在历史上霸王也只是一个悲剧式的失败人物。"王"也有"画王"、"王中王"、"彩电大王"、"真皮大王"、"兽王"、"聚脂王"等。以"皇家"、"皇苑"、"皇室"、"皇都"、"皇宫"、"皇冠"、"宫廷"、"富豪"、"大富豪"、"豪门"、"豪绅"、"贵族"、"太子"、"王子"、"大亨"、"大哥大"、"名流"等冠名的商品、商店、酒家、别墅、娱乐场所也不在少数。有的地方还出现了"总统酒家"、"总统风味菜"等。类似的语用现象似乎有蔓延之势，就连医治花柳病的江湖医生都打出"宫廷秘方"的牌子，坑蒙拐骗患者。

显然，以上列举的社会流行语带有明显的"非常态"趋向，这与部分人追求高消费、超前消费、讲阔气的不良心理有直接关系，不同于大众的民族心理。当然，这并不排斥我们对美好生活的向往和追求，但也不宜以"王"、"霸"、"皇"、"豪"、"富"、"贵族"等去标示店名、商标品名,因为它们的过多使用会带来一定的负面效应。总的来说,以上现象不仅涉及语言规范化、语用的恰当性问题,而且还与健康的社会心理引导和精神文明建设等问题息息相关。

3. 追求"新"、"奇"、"怪"的非常心态

语言要发展,就要有创新。为了宣传商品的性能、特点,使它从同类产品中脱颖而出,夺人耳目,就需要追求产品、商标以及广告用语的新颖别致。然而,在趋新求异心理的驱使下,随意滥用谐音、肢解成语的现象比较普遍,为此出现了一些不良的社会语用问题。试举几则广告用语:

咳不容缓(某医药广告)——<u>刻</u>不容缓
天尝地酒(某酒类广告)——<u>天长地久</u>
随心所浴(某热水器广告)——随心所<u>欲</u>
默默无蚊(某灭蚊器广告)——<u>默默无闻</u>
衣名惊人(某服装广告)——<u>一鸣惊人</u>
有杯无患(某保温杯广告)——<u>有备无患</u>
盒情盒理(某月饼广告)——<u>合情合理</u>
百文不如一键(某电脑广告)——<u>百闻不如一见</u>
以帽取人(某帽子广告)——以<u>貌</u>取人
趁早下斑,请勿痘留(某化妆品广告)——下<u>班</u>,<u>逗</u>留
做女人挺好(某丰胸广告)

类似广告语在日常的报纸、电视中不难发现。商家可谓用心良苦,利用了成语、习语等在我国家喻户晓的知名度,做到了所谓"言简意赅、新奇有趣"。然而,类似滥用谐音、胡乱窜改的社会流行语对正在接受汉语文字教育的中小学生、外国留学生来说,很容易混淆视听,或误导他们写错字别字;同时,这样肆意篡改汉语中的固定用语或成语本身也是对汉语的一种伤害。

在现实生活中,还存在为追求时髦而滥用外文的现象。比如,例(2)是一种可产生负面效应的语码混用(参阅第五章),此类现象也应属于不良的语用现象。

(2) 提起 POP JAZZ（流行爵士），容易令人想起 KENNY G 的 SAXPHONE；而事实上，KENNY G 与 POP JAZZ 只能说是擦肩而过，因为 KENNY G 的音乐只能称之为色士风轻音乐。虽然如此，KENNY G 的确提高了不少人对爵士的兴趣，为久远而传统的爵士殿堂打开了大门。不过更多的现代人对此并无深究，他们依然停留于听 KENNY G，或者追寻被传与 KENNY G 有关的 POP JAZZ。

不幸的是，POP JAZZ 名字的产生并无特别标志，它只是作为一种爵士音乐与流行音乐相结合的现象被广泛传播于各类媒介之中，这在 80 年代尤为泛滥，乐迷之间众说纷纭，难以统一。尽管如此，仍有部分被公认为流行爵士的个人团体。比如来自英国的 SADE 乐队、带点民谣调子的 EBTG 乐队、带有 NEW WAVE 节奏的 STYLE COUNCIL 乐队；来自美国的 EARL KLUGH 结它手和 DAVE KOZ 色士风手等等。甚至在台湾乐队中亦发现不少此类风格的作品，其中有香港的 SANDY LAM、苏永康及刘美君；台湾的黄韵玲等。

90 年代的今天，POP JAZZ 依然盛行，虽然当中有不少优秀的乐队及精彩的音乐。但是，假如讲爵士音乐在流行音乐中只能找到此 POP JAZZ，这未免令人太失望了！因为除了 POP JAZZ 外，更重要地代表爵士在现代流行音乐中的位置，而又鲜为人知的，是——ACID JAZZ。

ACID JAZZ 的名字是源于英国 DANCE CLUB 的 DJ（唱片骑师）CHRIS BANGS，1986 年他在伦敦一间会所播放 ART BLAKEY 的唱片时，舞池上的投射幕正不停闪着 "ACID" 一字，于是他便灵机地将这种富有节奏感的音乐命名为 ACID JAZZ；同年，两位英国的 DJ 创办了一间名为 ACID JAZZ 的独立唱片公司。……（略）

（选自"流行爵士并不只有 KENNY G"，

《羊城晚报》,1997 年 9 月 8 日）

§6.4.2 被损毁的社会用语

如前所示,随着社会的不断发展与进步,涌现出了很多新词语和新用法,进一步丰富了词汇与表达形式。但在社会的发展与进步中,也出现了一些不良的、不健康的社会现象,语言也难免受其害,从而产生了一些负面的社会语用问题。下面我们列举如下:

1. "小姐"怎么啦?

"小姐"本是对年轻女子的一个称谓,表示爱称或尊称。对中国人来说,它既不是舶来品,也不属于资本主义的产物。根据《现代汉语词典》(增补本,2002:1385),这个词源于中国的封建社会,旧时有钱人家的仆人往往称主人的女儿为"小姐",可见它指当时那些有钱有势家庭中的大家闺秀,比如《西厢记》中的张莺莺小姐等。在现代汉语中,尤其是改革开放初期,与"先生"一样,"小姐"常被人们常用来称呼年轻女子,且是带有褒义的尊称。但如今,在很多场合中"小姐"的使用却出现了扭曲、异用。让我们先看以下两则实例:

(3)

喊"翠花"好过喊"小姐"?

如今,在武汉市许多餐馆里,食客们进餐时对服务员的叫法由"小姐"改为"翠花"。如果有几个服务员一起,则有大、中、小"翠花"之分。一位食客说,如今在餐馆吃饭,你叫人家"小姐"吧,似有侮辱之意,叫"服务员"又显得太老土,"翠花"现在很流行,叫起来好听又无贬意,何乐而不为?

且不说"小姐"一词的演变(不过,在许多地方公开场合下的"小姐"称谓绝无贬义,也不会被人误解),就"翠花"这个称呼来说,也并非就讨人喜欢。实际上,当食客们对着服务员喊"翠花"的时候,他们有的更多的是恶作剧和调侃。每当想像着一桌子人对着这个服务员也喊"翠花",对着那个服务员也喊"翠花"的场景,我就忍俊不禁。而好笑过后,我更多地在想,对着一个女子,不喊她的名字,而硬要塞给她一个来自"东北流行曲"的称谓,也不管她从心底里是否愿意,更全然不顾这样喊她心里的感受,这是不是有歧视和强人所难之嫌?再退一步,即使喊者骨子里并没有刻意歧视和强人所难的意思,就像一些人喊服务员为"小姐"不带歧视意味一样,但这个称呼里面有没有一丝居高临下的嘲弄?

如果实在没有好的称呼,要喊就喊服务员吧,总比喊什么"翠花"强。

(选自http://bbs.163.com/news/read.php)

(4)

叫声小姐挨记耳光

目前,来深圳探亲的刘女士夫妇对深圳酒楼的早茶情有独钟。于是,刘女士拉上丈夫高兴地来到某酒楼饮早茶,来到酒楼门口,咨客小姐面带笑容地迎上来问:"小姐,几位?"谁知刘女士火冒三丈,一个巴掌打在咨客小姐脸上,大声斥问:"谁是小姐?我看你才是个小姐!"咨客小姐莫名其妙,委屈地哭了,众人更觉蹊跷。门卫将刘女士请到办公室一问才知道,刘女士来自川西马尔康,那里把出卖色相的风尘女子称为"小姐"。

(选自《羊城晚报》,1999年3月19日,第29版)

以上两例说明,在很多地方、很多领域中,"小姐"一词已经开始被人们践踏、毁坏。面对如此尴尬的境地,我们只能为之感到惋惜。这就是社会发展对语言使用所产生的负面语用效应。

"小姐"本是一个高雅、健康的用语,专用于对年轻女子的爱称或尊称。我们看一看它原来的本意:

【小姐】1. 旧时有钱人家里仆人称主人的女儿;
   2. 对年轻女子的尊称。

(《现代汉语词典》(增补本),中国社会科学院语言研究所辞典编辑室编,商务印书馆,2002年:1385)

随着对外开放的实施与加强,出现了黄色、色情等不健康的社会现象。"小姐"一词也常被用以指称那些从事色情活动的年轻女性,从而导致该词语逐渐遭受人们的歧视,甚至弃用。在现实社会生活中,还滋生了一些不健康、不文明的现象,进而产生了一些不良的社会语用现象。再看下面的一则报道,它又说明了什么样的社会和语用问题呢?究竟该不该禁称"小姐"?这些是我们应该正视的社会语用现象。

(5)

机关禁称"小姐",媒体载文称为机关管理庸俗化

……(略)

《中国青年报》今日发表署名文章称,从本质上看,语言体系就是一种价值体系。不同的言语和称呼,反映出不同的文化和价值观念。从这一角度来看,将外来人口管理站更名为流动人口工作站,以及禁止政府工作人员称呼流动人口"打工仔"、"打工妹"等规定,体现了政府管理思维的进步。但是,不准使用"小姐"等"歧视性"或容易产生歧义的称呼,并将此纳入公务员年度工作考核的规定,值得商榷。

文章称,"小姐"一词到底何意?《现代汉语词典》里"小姐"的解释为:旧时对未婚女子的称呼;母家的人对已出嫁的女子,也称小姐。从两个释义看,叫"小姐",多少带点尊称或爱称的味道,没有任何贬义和恶意。诚然,近年来"小姐"这个称谓有点变味,很容易让人联想到性工作者。但是应该看到,这种"歧义"和"歧视性"的观念和思维,并不是社会价值观的主流。就像"同志"一词一样,政府机关并没有因为"同志"二字成为某些明星同性恋的专用词,而令政府机关同事之间不能称谓"同志"。相反,自去年以来,成都、上海等城市政府机关反倒大力提倡党内互称"同志"。

实际上,在中国实行公务员制度以后,"小姐"这个称谓早就被列为公务员的指定用语。《国家公务员手册》称呼礼仪一节关于性别性称呼,有如下描述:对于从事商界、服务性行业的人,一般约定俗成地按性别的不同分别称呼"小姐"、"女士"或"先生","小姐"是称未婚女性,"女士"是称已婚女性。所以,"小姐"等称谓被禁用,并纳入公务员年度工作考核的规定,于理于情于"法"都讲不通。

称谓的变迁,折射的是社会现实。一些称谓名不符实,是社会现实中不良现象的最好体现。对于不良现象,对于非主流、不健康的社会价值观念,政府机关首先应该带头来消除这种丑陋、消极和庸俗化的思维,而不是一味迎合,更不能主动地再给这个称谓贴上一个容易被冷落、被异化的标签。进一步说,社会公众价值观念与称谓和语言的关系,又是一个不断流动、互相交流和重塑的过程。政府在这个过程中,应该逐步引导和改变公众对一些称谓的不良认识,淡化其消极的一面,而非一味回避。(作者石敬涛)

(选自http://cn.news.yahoo.com/040611/72/23791.html,2004年6月11日)

2. "农民"惹谁啦?

根据《现代汉语词典》(增补本,中国社会科学院语言研究所辞典编辑室编,商务印书馆,2002年:935)上的解释:

【农民】在农村从事农业生产的劳动者。

"农民"其实是我们再熟悉不过的词语了。农民为社会的发展、人民生活做出了巨大贡献,他们的本质是善良和质朴的。因此,长期以来"农民"一词往往与善良、朴实、诚恳、吃苦耐劳等特征联系在一起。但如今我们也发现,有人开始亵渎"农民"一词:骂一个人土气,称之"农民"!骂一个人邋遢,称之"农民"!骂一个人不通时务,称之"农民"!甚至骂一个人老实,也称之"农民"。可见,"农民"已逐渐成为一个被滥用的词语。悲也!

3. "同志"怎么回事儿?

"同志,我可找到你了!"这是一句在描写地下工作者的影片中常听到的经典台词。对中国人来说,"同志"也是再耳熟不过的称呼语了。20世纪50年代以来,陌生人之间的相互称谓多采用"同志",彼此间熟悉的同事也经常在其姓名后面加上"同志"。据说,在1959年毛泽东主席专门就中共党内同志之间的称呼问题,作过指示,要求彼此之间互称"同志",改变以职务相称的旧习惯。领导讲话,也习惯使用"同志们、朋友们"之类的导语。

但遗憾的是,如今"同志"一词却被部分人专用于指同性恋者,将男同性恋者和女同性恋者都称作"同志"。这种现象的出现也是对"同志"一词的损毁,是一种不良的社会语用现象,因为它的本意原来是这样的:

【同志】1. 为共同的理想、事业而奋斗的人,特指同一个政党的成员;

   2. 人们惯用的彼此之间的称呼。

   (《现代汉语词典》(增补本),中国社会科学院语言研究所辞典编辑室编,商务印书馆,2002年:1265)

最后,我们再看一看以下的相关报道,并思考:

A. 应该如何避免与克服类似不良的社会语用现象?
B. 社会流行语与社会语用现象之间存在什么样的关系?
C. 社会流行语是否是一种时髦用语?

(6) "美女,试试这件衣服大小怎样……"耳朵里突然被营业员灌进了"美女"一词,对听惯了"小姐"称呼的陈芳来说,除了有点突然,主要感受是挺"受用",她对这家商场的印象也立马好了几倍;而这位营业员则告诉记者说,其实她和同事平时最难以忍受的就是顾客"小姐"、"小姐"地叫她们——"能不能也为我们定一个文明点的称呼?"

  记者昨日又随机采访了几位女士,几乎一致表示不喜欢听别人尤其是男士叫自己"小姐",因为太容易让人想到某些"特殊行业"了!男士们对此也似乎深有体会。刘先生自称有一次到中华门一家饭店就餐,落座后他习惯性地招呼道:"小姐,倒点茶。"结果服务员们个个冷着个脸,爱理不理的;同行一位朋友则诙谐地来了一句:"翠花,点菜!"没想到,服务员们个个都乐了,热情得不得了……

  从昔日的"时髦"到今日的没落,"小姐"这一称呼的起伏最令人感叹,而遭受同样命运的称呼又何止"小姐"一个。比如本来充满"革命情感"的"同志"被染上了"同性恋"的色彩;亲切的"农民"成了"落后、愚昧"的代名词;机关领导人本来都是"××长",现在也时兴叫"老板"了;而"黑五类"这一"文革"时期歧视人权的称呼却成了今日的商标……走在南京的街头,你会很容易发现这种变化,就以问路为例,如果你叫"女士"、"小妹"、"朋友"、"美女"等,效果肯定比叫"小姐"强。据悉,广东一家餐厅甚至还出了明文规定,要求营业员对女性顾客(无论实际长相)一律称呼"美女"。

  对社会称呼的这一有趣变化,南京师范大学社会工作系主任吴亦明教授认为,称呼只是人们在社会生活中相互交流的一个符号,它的指代对象会随着社会生活的变迁而变化,如果某一种称呼越来越不受认同,那么就会逐渐成为一种忌讳。这种变化打上了显著的时代烙印,很难说是进步还是倒退,也没有必要非得给它贴上一个标签,说到底,这些称呼的变化体现了社会生活的日益多元化。(记者　郑春平)

  (选自"'小姐'遭白眼'美女'正吃香,称呼如此变化",新华网,http://news.163.com/2003w12/12,2003年12月18日)

以上几种情况说明了一些词语的滥用与俗化。我们应该思考这样的问题:类似社会用语的出现与使用反映了什么？它们为什么被一些人所津津乐道？应该如何避免汉语中类似表达的退化或恶俗化？不过,对"同志",也出现一些令人欣慰的语用所指。以下引文可以在一定程度上说明问题。

(7)

北京娱乐信报:"同志"称谓开始回归

……(略)

叫响"同志"这个光荣称呼

  党内互称同志是我们党的优良传统,也是党中央反复强调的党内生活准则。古人云:"同德则同心,同心则同志。"共产党人,来自五湖四海,是为了一个共同的革命目标走到一起来的,职务有高低之分,分工有千差万别,都是人民勤务员,人格上决无高低贵贱之分,党内一律互称同志,不叫官衔,体现了共同的理想和志趣,是党的优良传统。

长期以来,"同志"是我们骄傲的称呼。然而,近来,一些地方,这个称呼不那么吃香了,有些书记、部长、主任,把为党挑担子看成是"当官",不称"官衔"叫他同志,就觉得对他不尊重,把他称为"老板"、"头儿",还得意扬扬。还有些党员干部之间以"哥们"、"兄弟"相称,这就把"市侩气"、"江湖气"都带到党内来了。这些庸俗的称呼,挫伤党内的平等感和普通党员的自豪感,损坏联结全党感情的纽带,必须坚决废止。

党内如何相互称呼,决非小事。它从一个重要角度反映党员的权力观、地位观、利益观,检验我们是不是立党为公,执政为民,对此,所有共产党人都应高度重视,要继承、发扬党的优良传统,重新叫响"同志"这个无比光荣的称呼。(吉文,《解放日报》)

从称谓演变看社会变化

年纪大点的朋友们,还记得这样一句经典的电影台词:"同志,我可找到你了!"建国以来,陌生人彼此相互的称谓多采用此称呼,相互熟悉的同事也经常在其姓名后面加上"同志"一词,举国上下,同心同德,建设社会主义热情高涨。"同志",志同道合者也。"同志"是最崇高、最令人感到亲和的称谓。

"文化大革命"开始,唯出身论盛行,在准备称呼对方为"同志"之前,多了一道"工序"——先要问"什么出身?"一些人被剥夺了"同志"的称谓,如50多万右派,再加上"地富反坏"。"同志"被赋予更多的"革命"色彩后,反而不流行了。"文化大革命"后期,经济十年停滞,因为"工人阶级必须领导一切",更因为工人阶级的收入高出社会平均水平,于是,称人家为"师傅"就变成了最亲切的称谓。此风一直延续到改革开放初期。

改革开放初期,港台风进,"先生"、"夫人"、"小姐"时髦了一阵子。随着市场经济的迅速发展,"先生"、"夫人"已不足以表示人的富裕程度,再加上因为富有想像力的嫖客们借用"小姐"来称呼妓女,真正的、无辜的小姐不干了,于是,人们受到警告:不能随便喊年轻女子为"小姐",因此"先生"、

"夫人"、"小姐"的称谓失去了市场。再后来,"老板"变成了最吃香的称谓,发展到党政干部也喊自己上司中的第一把手做"老板"了,于是,"老板",喊得放心,听得舒心,大有独领风骚之气概。

"老板"盛行,折射出中国现状的一个断面,一些商人和一些官员,似乎达成一个共识:既要有权又要有钱,有权没钱是虚职,有钱没权无保障,官商结合由此而来,当然,这也是政企不分带来的副作用。

进入新世纪,政府加快"廉洁、高效"步伐,为人民干实事的官员得到大家的拥护,而建设小康的奋斗目标,再次凝结了全国人民的斗志,于是"同志"之称,开始回归了。(国卫)

……(略)

一种平等关系的称呼

互称同志这种我党优良传统的回归意味深长。产生于早期革命年代的"同志"称谓,其精神内涵是丰富的,它意味着志同道合至诚无私地共赴革命前程,共同致力于我们的伟大事业。这是我党的一种宝贵精神,它不会也不应该过时,就如同"为人民服务"的宗旨和目标长久不变一样,这种内涵丰富、体现我党精神的称谓不该被某些同志丢弃和淡忘。

在市场经济的洪流中,有些同志可能会被经济利益冲昏头脑,滥用"经济规则",以至于对领导都呼为"老板",一些潜移默化的市场规则会导致个人利益的潜滋暗长,会影响政府工作作风。因此,"同志"称谓的回归,是非常有现实意义的。

"同志"这一称谓,首先蕴含的是一种平等的地位和工作关系,大家在不同的岗位上做着同样的事业,没有身份的高低贵贱之别,都是为老百姓干事。如果称职务或"老板",还是一种官本位的虚荣思想在作祟,下级叫着顺口,上级听着顺耳,可老百姓会觉得顺心吗?这种称呼所隐含的下级对上级的过分尊重是不太正常的,有时甚至都成了一种恭维。而同志间的尊重是相互的,上级对下级同样要尊重,不能摆什么官架子。如果喜欢别人称自己的职务,从而树立所谓的

"威信",则是"人民公仆"的位置和态度没有摆正,作为行政人员的观念和职能都有待转变。

……(略)(潘凤亮)

(选自《北京娱乐信报》,2003 年 3 月 25 日)

§6.4.3 不良用语与不良语用现象

随着社会经济、文化生活等的进一步发展,日常交际中逐渐涌现出一些新鲜的,甚至时髦的用语,这本无可厚非。新词语、新用法的出现往往体现了社会的进步与发展,同时也可不断丰富、生动语言的表达类型与形式。但如果出现新的词语、新的用法以后,不加限制地滥用,就可能导致不良的、甚至严重的社会语用问题。比如,例(8)中的"喔拷"和例(9)中的"鸭吧"被用作店名,都是些不良社会现象在语用上的表现,无疑会产生一定的负面社会效应,还可能引起社会用语的混乱。前者是一个不"文雅"的口头语,后者也是近年来出现的一个不良用语,具有不健康、色情服务之嫌,将它们用作店名或招牌,体现了部分商家追求所谓个性的怪异心理。类似现象的出现已表明,如果不加以正确引导与控制,一些不良用语的出现便可导致严重的社会问题和社会语用问题。

(8)"喔拷"的滥用

(选自"小店起名叫'喔拷'众人好奇争议不断",
青岛新闻网—青岛早报,2003 年 12 月 1 日)

(9)"鸭吧"的怪异

(选自 http://news.163.com,2003年12月19日)

§6.5 译名及其社会语用问题

　　随着对外开放的深入,我国与世界各国、各地区之间在社会政治、经济、商贸、文化、教育、旅游等方面的交流与接触日益增多。国外的各种信息与产品不断被引入我国,于是涌现了很多介绍国外产品与信息的种种译文,也出现了人名译名;同时,为了便于国外人士在中国的沟通与交流,于是我们可发现很多汉语信息或汉语名称的外文翻译,其中以汉译英或英译汉的文本最多。有规范的、准确的译文,这类译文便于中外交流、沟通以及信息的传播,也体现出一个国家、一个民族、一个地区的语言规范与素质;但我们也容易发现很多不规范的、不恰当,甚至错误的译文,这类译文可能给中外交流、信息传播带来负面影响。比如,术语的混乱、译名的随意性等,会在中外交流中引起听话人或读者的不解,甚至误解。如同以上不良社会用语一样,不恰当、不得体的译文在交际中同样可能产生负面的社会语用问题。

　　下面是一则有关人名译文的通告。它便于规范、统一人名译文,是一个很好的例子,值得借鉴。

　　(10)近日,荷兰人阿里·哈恩(Arie Haan)与中国足协签订担任中国国家足球队主教练的合同之后,有关哈恩的译名有"哈恩"、"汉"和"汗",部分专业体育媒体曾因为该译成"哈恩"还是"汉"打起了笔仗。

今天中国新华通讯社在内部出的一则通报中称:

请注意(关于国家足球队主教练"哈恩"的译名)各报、台夜班编辑:现将关于荷兰人阿里·哈恩的译名规范问题通报如下:

荷兰人阿里·哈恩(Arie Haan)与中国足协签订担任中国国家足球队主教练的合同之后,有关哈恩的译名有"哈恩"、"汉"和"汗"。新华社译名室专家查阅了大量相关译名词典和资料,根据译名规则,标准译名应为"哈恩"。"哈恩"是根据荷兰语译音表译出来的,《世界人名翻译大词典》现有的德文、英文和匈牙利文姓名 Haan 都译作"哈恩"。

哈恩是荷兰足球老将,曾出任欧洲多家足球俱乐部球队的主教练,国内很多足球专业报刊对其早有介绍,译名一直是"哈恩"。因此,新华社在今后有关这位教练的报道中均使用"哈恩"这个译名。谢谢合作。

(选自"国足主帅译名终有说法,新华社内部通报为'哈恩'",http://sports.163.com,2002年12月23日)

不过遗憾的是,尽管有这么一个通知要求统一使用该译名,但在随后的较多相关报道中还是出现了"百花齐放"的现象,比如"汉"、"哈恩"、"阿里",这说明了现实生活中译名的混乱与滥用现象已比较突出,应引起广大语言使用者和国家有关语言文字使用与翻译的管理部门的注意。这已表明,译名还是一个有待进一步认识和规范的问题。我们知道,在英语等外语中,一般不能直接使用"姓",但在使用汉语译名时,却出现了乱用的不恰当情况。例如,以下报道却直接使用了姓"汉"的不恰当用法,以及"阿里·汉"和"汉"的混用。

(11)今天国家队全队放假,阿里·汉忙里偷闲去三亚享受阳光。这一次阿里·汉没有和德扬和尼科同行,而是在基地的工作人员的陪同下,驱车前往三亚游览。据悉,汉对三亚的阳光非常欣赏,一直想找机会到三亚游览。

(选自"汉帅今日偷离国家队,独自赴三亚享受阳光乐不思归",http://sports.tom.com,2004年1月12日)

再如下例,它说明了一个十分重要的问题:如何在特定的语境条件下,准确、恰当地将目标语翻译成对象语言,尤其在涉及专业术语时,更应该引起我们的注意与警觉,否则会造成交际失误,甚至产生严重的语用后果。

(12) 案例:汉和队员在球队战术指导思想方面不统一,导致的直接结果就是在具体的战术安排方面,阿里·汉也有些"想当然"。国脚们在出场比赛前尚不清楚自己要完成的任务,x*在中日之战只打了19分钟就被替换下场可以说是一个最有代表性的例子。

……(略)

在赛前的准备会上,阿里·汉部署给x的任务也是要看死8号。但阿里·汉在讲解时用的是"look after",翻译将这个短语译为"注意"也没有错。而一到场上,x并没有死盯8号,结果让8号发挥出了很大的作用,中国队所丢的第一球,就是日本队8号的妙传。也正因为此,仅仅19分钟之后,阿里·汉便用y换下了x。而上场之前,阿里·汉重新给y进行了部署,要求他看死8号。在x下场之后,阿里·汉也再次找到x,跟他进行了分析。当记者在赛后采访大季时,x说:"我下场之后,才知道是让我上去盯日本队8号的。而在此之前,我只是按照准备会上所说的,注意一下8号,并没有重点去盯死他。"

中日之战后,当记者找到阿里·汉,询问他在赛前准备会上究竟是如何给x部署的事,阿里·汉说了这样一番话:"在欧洲,如果我在准备会上说去注意一下,意思自然也就是'mark重点盯防对手',不给他有任何机会。所以,我到

---

* 作者使用x和y分别表示不同的球员,以避免直接提及姓名。

中国队执教后也用了同样的方式。我觉得我没有必要再跟他去进一步说,'注意'的意思就是一定要把对方球员看死了。"

解析:从这一个简单的例子中,不难看出"汉家军"在沟通方面的问题。阿里·汉是在用欧洲人习惯的思维方式给中国球员们讲解,阿里·汉自己认为是给队员讲清楚了,但实际却相反。一方面,中国球员之前不是很清楚对方的8号是这支日本队中的中场核心,因而也没有想到盯死了对方攻守转换的核心人物后球队的防守压力将大减;另一方面,翻译并没有在欧洲足球圈内经历过,对于欧洲足球圈内的习惯思维方式、表达方式等并不是很清楚,这就导致了阿里·汉想表达的意思并没有完全被表达出来,队员在场上没有完全贯彻教练员的意图也就可以理解了。

……(略)

(选自"一个单词酿成大错,阿里汉球员存在不小理解误差",《体坛周报》,2003年12月10日)

下面我们再看两则"中文式"的英文醒示语。由于广州某大学附近时有抢夺、偷窃等不良现象发生,为此该辖区的某派出所出于安全考虑,提醒到该处的外国人士注意保管好自己的钱物,以及注意人身安全,于是在两个牌子上分别出现了以下的英文。应该说,该派出所的初衷是善意的、负责的,但其采用的英文却令人啼笑皆非,让人摸不着头脑,语法不通,意思也不清,真不知"老外"看了有何感想。类似不规范、错误的译文无疑存在严重的语用问题。

(13) a. Huangshi Street Police Station Remind You
This section belongs to the pilosity location of "the robbing and grabbing", please pay more attention to your own property, depend and be robbed.
(黄石街警察局提醒你:本地区属于抢夺多发地段,请多留意自己的财物。)

b. Huangshi Street Police Station Remind You

If not taking care of slightly, the thief profits. Please keep one's property properly.

(黄石街警察局提醒你：如果不注意,小偷就会得逞。请妥善保管自己的财物。)

§6.6 用语的地域、文化差异

不同语言、不同文化之间,甚至相同语言的不同方言和不同地域之间,同一信息或同一现象的语言表达形式都可能存在分歧,或表达不完全一致。这就构成了语言交际中用语的地域、文化差异。请看以下报道：

(14) "美惊爆首宗狂牛症"、"染煞中校出院了",翻开近期的台湾报纸,大字标题中却有一些陌生的词,再细读内容,原来说的是美国出现"疯牛病"和台湾非典病人康复的新闻。在台湾,我们偶尔会在语词的密林里"迷路",而恍然大悟之后,也发现两岸词汇差异中的趣味。

就以SARS(严重急性呼吸道综合症)为例,大陆称"非典",即传染性非典型肺炎的简称;香港称"沙士",是英文直译;而台湾称"煞",虽是音译,但也传神地描绘了疫情阴影下的人心惶惶,借用台湾词点评,就是"超(非常)有感觉"!

不同的翻译,给两岸词汇带来了很大差异。像台湾报章上提到的"步希"、"海珊"、"雪梨",大陆朋友习惯于说"布什"、"萨达姆"、"悉尼"。音译存在差别,意译也有不同,如:智慧财产权/知识财产权,网际网路/互联网,数位相机/数码相机等。

对同一事物描写的着眼点不同,也造成两岸词汇的差异。不过,这样的词从字面上就不难明白其含意。如快速轨道交通,台湾称"捷运",大陆一般称"地铁"、"轻轨"或"城铁";再如移动电话,大陆一般称"手机",台湾则称"行动电话"。有大陆驻台湾记者干脆在名片上同时印上"北京手机"与"台湾行动电话"的号码。类似的例子还有：桌球/乒乓球，计程车/出租车，幼稚园/幼儿园等。

可是，有些词就难免望文生义了。比如，菠萝在台湾称为"凤梨"，猕猴桃称"奇异果"。月前，台湾著名作家李敖做了"摄护腺"手术，但大陆读者可能并不清楚"摄护腺"在哪里，其实它就是大陆所称的"前列腺"。有时候，弄不清词意可能还会闹笑话。初次到台湾驻点采访时，与一位本地朋友餐叙过后，他问："要不要去'化妆室'？"见我们一脸诧异，他笑了——"就是'卫生间'！"

台湾的小吃丰富可口，许多店铺都标榜"古早味"，相当于说"传统风味"，不过，"古早"比"传统"更会给人留下深刻印象。至于把"二手车"称为"中古车"，就不免有夸张之嫌了。

岁末年初，大陆的公司、单位都要举行联欢、聚餐活动，在台湾也是一样，不过，这里叫"尾牙"。大陆的朋友听起来有些陌生，但它其实是一个中国的老词儿。"尾牙"源自农历每月初二、十六拜土地公做"牙"（用供品"打牙祭"）的习俗，到农历年末腊月十六就称为"尾牙"。如今，"尾牙"已变成台湾公司商号年终重要聚会的代名词。

比较两岸词汇存在的差异是有趣的，但从沟通的角度看确实不便。因此，大陆驻台湾记者在采写报道时就要下点"翻译"的工夫了。值得一提的是，随着两岸人员交往越来越多，两岸词汇的交流也在发生，像"便当"（盒饭）、"量贩店"（超市）这样的台湾常见词，对大陆朋友来说，已不再陌生。

（选自"趣谈两岸词汇差异"，《人民日报》海外版，2004年1月5日）

上例说明同一种语言在一个国家的不同地区可能存在某些地域差异。那么，在不同语言中，词语、用语之间出现差异也就不足为奇了，因为这涉及跨语言交际的文化差异问题。比如，英语中的"good"（好、不错），在交际中也存在使用差异。请看以下引文。

（15）　凡是学过英语的人都知道，"Good"这个单词是"好"的意思。我一直也是这样认为的。我刚到加拿大的时候,跟一些外国人说英语时,心中难免忐忑不安,总问人家:我的英语你听得明白吗?通常得到的回答都是"Good"!自己自然也就信以为真了。可是,第一次上课,我刚刚树立起来的自信心就被打击得一塌糊涂。老师在课堂上提的问题我回答不出来,老师讲课时那语速极快的英语许多我也听不懂。一些中国学生的提问,我听起来结构完整,意思清楚,老师却怎么也搞不明白他们到底在问什么。而老外同学的提问,我还没反应过来,老师就已经开始解释了。我这样的英语水平哪里能称得上"Good"?!渐渐地,我开始对老外口中的"Good"的涵义产生了疑问。

后来,我的一个朋友通过一件事,体会出了老外口中"Good"的真实涵义。那是在一次他们的例行课题组碰头会上,通常都是学生向导师汇报一下最近的工作成果,导师再根据情况提一些指导意见。我的这位朋友因为一直在忙于考试,在课题上没有做多少准备工作。轮到他汇报时,他就将上次汇报过的内容又重复了一遍。说完了,自知理亏,他都没敢抬头看老师,谁知导师听完却说"Good!"他一听就糊涂了:如果这样的汇报都算"Good",那真正"Good"的工作,导师会给怎么样的评价呢?原来,老外对他们觉得真正好的东西,会用比如"太精彩了!"、"简直是完美!"、"难以置信!"等等一些我们听起来觉得极度夸张的词。

而"Good",不过是"还不太糟糕"、"还凑合"的意思,用来表示一种对别人最起码的尊重。哦,原来如此!从那以后,我再也不会因为一句"Good"而心满意足了。

(选自"在加拿大重新认识'Good'",
《人民日报》海外版,2004年1月31日)

类似词语,甚至结构在使用中的差异,是跨地区、跨语言、跨文化交际中应该注意的重要现象,否则便容易产生误解、不解,从而导致交际失败。这属于交际中的语用语言和社交语用问题。在同一语言、文化条件下,也可能出现语言使用的地域差异、方言区别,比如以下选文中的"胖揍"、"车圈"、"不格外"等。

(16) 王　海:是出于安全上的考虑。昨天武汉《长江日报》登了一个消息,说武汉有一个王海从商店里买了东西出来以后,在街上遭到一帮人的<u>胖揍</u>,他只买了一两千元钱的东西……(被打断)

主持人:你可不可以给我们翻译成为更通俗的语言?"<u>胖揍</u>"是什么意思?(笑声)

王　海:狠揍。

(选自"谁来保护消费者?",中央电视台《实话实说》节目,1996年3月)

(17)"我们家穷,没有交齐学费和粮食费,狠心的教师好几天都不让他上学了,那天中午,王凯都把饭打到碗里了,他的班主任走过来,夺下他的碗,说不交钱就要停餐。我可怜的孩子一天没吃饭,怎么能够<u>车圈</u>?"

(选自"初中生被体罚猝死操场",新华网,2004年11月12日)

(18) 　68岁的外婆朱文菊专程从40多里地外的铺金乡赶来,主持外孙的婚礼。

两天前的正月初六,朱文菊才接到电话,得知了这个爆炸性消息。

记者问:"接了个洋媳妇,你有什么想法?"

"我<u>不格外</u>,很高兴!只要孙儿满意。"老人说,她的儿女和孙字辈很多分散在全国各地,其中大儿子和小儿子移民到了成都名山县,小女儿出门打工后在广东惠阳落户已经3年多。"谭志祥的妹妹也在山东济宁打工。"

(选自"重庆农民迎娶美国媳妇续:洋媳妇进了谭家门",《重庆晨报》,2005年2月17日)

例(16)中,"胖揍"就是"狠揍"的意思,在北方比较常用,而在南方却几乎听不到。例(17)中,"车圈"又是什么意思呢?根据《现代汉语词典》(2002年增补本,商务印书馆,第150页),车圈指"瓦圈",而此例中却是"跑圈"的意思,是湖南的一个地区方言。同样,例(18)中"不格外"也非等于一般的意义,日常言语交际的"格外"是"非常"或"特别"的意思,因而"不格外"就等于"不特别"、"不专门"的意思,但在以上语境中,"不格外"传递的信息则与地域有关,是重庆开县等地的一个常用词语,表示一种方言信息"没有什么意见"。因而,类似词语的使用、理解需要与特定的地域、事物、事件或人物等因素联系起来。

总的来说,通过以上各种例释,考察当今的语用环境,我们会发现,这不仅是一个语用问题,也是一个社会文化课题。可以说,语言既是社会现象,也是文化现象;一些流行语之所以盛行、泛化,正在于它们所携带的社会文化含义。因此,社会用语中出现的种种偏误应该引起大家的高度重视。我们认为,应该从学科建设的角度加强对社会流行语的研究,创立有特色的社会语用学体系,以指导语言实践,而不仅单纯地进行语言文字的规范化研究。再者,我们应该加强对与社会流行语有关的社会观念、文化心态和审美取向等的研究,以便对可能出现的语用现象进行预测、引导与管理。

思考与分析

1. 什么是社会流行语?请举例说明。
2. 哪些现象可称为社会语用现象?请举例说明。
3. 请阅读以下引文并回答:这位作者对类似现象的担忧是否有必要?并分析在不同的语言接触中,我们应该如何维护汉语的纯洁性?

小心又变成"洋泾浜"!

改革开放为我们扩大自己的视野提供了一个机会,同时,迎面而来的外国文化也随之进入国门。我不知道在若干年后,我们所说的中文还是不是现在的中文,即使现在,我们也能察觉到我们语言的改变。和稍微年轻一点的人交谈,你会发现,他们总是用一些洋文来代替我们熟悉的母语。比如说"晕",他们会用"FT"代替,说"开放",他们会用"OPEN"。更有甚者,一些生造的词语开始进入我们的生活,如"变态"成为了"BT"。这不由得让人们想起上世纪30年代的上海滩,想起那时人们所操的"洋泾浜"语言。

对于这样的语言,我是不认同的。事隔多年,我仍然记得小时候学过的法国作家都德的文章——《最后一课》。在法国将被普鲁士占领之际,那位老师告诫学生,一定不要忘记自己的语言:法语是世界上最美丽的文字。时至今日,我还是会为那位教师的训诫所感动。如今,为了保持法语的纯洁性,法国专门对语言进行立法保护,防止英语的渗透。我不知道现在说中文的人们怎么想的,反正在我看来,我们完全有理由说:中文是世界上最美丽的语言。我不拒绝外文,学外语可以帮人了解许多外界的事物。但是,这不能成为混同两种语言的理由。中文是中文,外语是外语,它们之间是独立的,没有必要将它们混杂起来。

语言是一个民族的身份象征。一个人如果不能讲自己民族的语言,就很难有民族责任感与自豪感。如果一个民族的语言失去了纯洁性,其美丽的程度也会大打折扣。中文是一个独立的语言系统,它有自己独特的内涵。现在一些人自动将其他语言混杂到中文里,这实际上是对中文的伤害。(作者:吴武洲)

(选自《人民日报》海外版,2004年4月23日)

4. 看看以下的图1和图2,它们是某城市的两则公共用语及其英文翻译:a."残疾人厕所"(DEFORMED MAN TOILET);b."补票:起飞前30分钟办理"(Buy ticket after normal time. Flying off forward 30mm transact.)。讨论并分析:
   (1) 类似中文名称与其英文翻译是否恰当?如果不恰当,应该如何翻译?
   (2) 如果类似的公共用语与其英文翻译出现严重错误的话,在跨文化、跨语言的交际中可能产生什么样的后果或负面效应?
   (3) 如何才能避免类似现象的产生?

图1:

图2:

参考书目

冉永平:《社会流行用语及其语用偏误》,广东省社会语用建设课题(油印本),1998年。

孙曼均:《语言文字应用》,第2期,1996年。

阅读书目

Faslod, R. 1990. *The Sociolinguistics of Language*. Blackwell.

He, Ziran. 2004. *Notes on Pragmatics*. Nanjing Normal University. Chapter 11, pp. 198—216.

Mey, J. L. *Pragmatics: An Introduction.* 外语教学与研究出版社/Blackwell. Chapter 11, pp. 289—328.

龚千炎等:《北京市三条繁华大街社会用语规范调查报告》,《语言文字应用》,第1期,1993年。

何自然:《语用学与英语学习》,上海外语教育出版社,第7章,第147—174页,1997年。

第七章 语用学与外语学习、外语教学

外语(包括第二语言)学习(包括习得)、外语教学的主要目的是培养和提高学习者(包括习得者)对目标语的实际运用能力,尤其是语用能力,这是外语教学、外语学习、二语习得以及语用学共同关心的一个核心问题。下面,我们从语用学的角度,回顾外语教学与学习的研究现状,包括语用目标、常用会话语对语用流利的影响、语用失误、中介语的语用问题,以及因母语影响而产生的语用迁移等。在回顾以上现状与特征的同时,我们提出了有关的语用学思考。

§7.1 交际能力观

20世纪70年代中期,以 van Ek(1975)和 Wilkins(1976)等为代表的学者提出了意念(或曰"功能")的教学理念,为此包括第二语言在内的外语教学纷纷提倡"交际教学法"(communicative approach),关注交际能力的培养。这应是语言教学,尤其是外语教学实践与理论发展的一个重大里程碑。意念大纲的提出主要源于 Hymes 等学者对交际能力理论的贡献与发展。Hymes(1971)从语言人类学的角度率先提出了"交际能力"的概念。交际能力就是说话人为了取得交际的成功所具有的语法能力以外的能力,也就是说,说话人应该知道如何在特定的语境条件下,采用恰当的语言形式或策略去实施某一特定的交际目的。

对语言教学和语言测试产生更大影响的是 Canale & Swan(1980)的思想。他们指出,交际能力由三部分能力构成:语法能力、社会语言能力和策略能力。可见,语用能力还没有被直接提及,更不是交际能力的一个独立构件,仅被视为"使用规则"而置于社会语言能力之下。接着,他们又提出了交际能力的第四个组成部分:话语能力或语篇能力。这样,交际能力就包括如下能力:

A. 语法能力(grammatical competence):有关形态、音系、句法、语义等方面的语言知识;
B. 社会语言能力(sociolinguistic competence):有关在一定的社交语境条件下如何恰当地使用语言的知识;
C. 话语能力(discourse competence):有关在口语或书面交际中如何取得连贯与衔接的知识;
D. 策略能力(strategic competence):有关如何使用交际策略去排除交际障碍、实现交际效果等的知识。

其中社会语言能力包含了语用能力,因为该能力涉及语言使用的社交语境条件与恰当性。

20世纪90年代初,Bachman(1990)又提出了如下的能力模式:

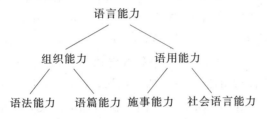

其中,语言能力划分为"组织能力"(organizational competence)和"语用能力"(pragmatic competence)。前者指有关语言单位以及将这些单位连接成句的知识,实际上相当于语法能力,也包括话语能力或语篇能力;后者包括以言行事的能力(参阅第四章)和社会语言学能力。以言行事能力指有关交际行为的知识,以及如何通过一定的话语去实施交际行为。交际行为的范围大于言语行为的范围,且包括口语交际和书面语交际;同时也包括语言交际和非语言交际;社会语言能力就是根据语境条件恰当地使用语言的能力,因此它包括交际行为和交际策略的选择。语用能力在该模式中得到了突显。在较多的研究中,我们可发现很多学者将语法能力和语用能力当成交际能力的两个

不同方面。可见,语用能力不是一种外在能力或附加的能力,也不隶属于语法知识和语篇组织能力,而是和语言形式、语篇或话语等知识一起并存的,且和语言组织能力相互作用。

后来,Bachman & Palmer(1996)更加突出了语用能力在语言教学和语言测试中的重要性,并认为该能力系统是一个动态系统,人们的世界知识和语言能力构成了策略能力。总的来说,经过多年的发展,如今交际能力已成为外语学习、外语教学与测试的基本目标。

§7.2 语用能力观

语用学就是根据一定的语境条件,从使用者的角度去研究语言使用,尤其是语言选择和在互动的社会交往中使用语言的各种制约因素,以及语言使用对其他交际者可能产生的效应。简言之,语用学就是研究一定社会文化条件下的交际行为,不仅包括道歉、抱怨、赞扬、请求等言语行为,也涉及不同语篇和言语事件等。为此,Leech(1983)和 Thomas(1983)同时提出了有关语言使用的语用语言观(pragmalinguistics)和社交语用观(sociopragmatics)。前者的研究对象包括直接言语行为、间接言语行为等语用策略,以及一系列可以强化或缓解交际行为的语言形式等。比如,*Go out* 和 *Would you please leave me alone for a while*? 这两个话语都可用来实施请求,前者借助了祈使句式,但后者则是通过常规性疑问句表示的,它们可反映交际中不同的人际关系,或因人际关系的影响而选择的不同形式。而社交语用规则是语用现象的社会学研究,涉及交际双方的社会距离、权势关系、话语的强求程度或驱使程度等对语言形式、策略的影响因素。为此,我们自然可将语用能力分为语用语言能力和社交语用能力。

某些语用现象具有一定的普遍性。比如,礼貌问题、面子问题等是任何语言或文化都不可回避的。然而,在特定交际中,如何做到有礼貌? 或如何更有礼貌地实施某一个言语行为? 以及如何做到相互之间的合作等? 在不同的文化条件下,言语行为的具体选择与表现不尽相同。说话人和听话人都具有直接或间接地传递语用信息的能力,以及通过话语线索、语境信息和百科知识等推导隐含信息的能力。

Searle将交际行为划分成五大类(参阅第四章):表述类、承诺类、指使类、宣告类、表情类。这五类言语行为在交际中普遍存在,如同问候、道别、请求、建议、邀请、拒绝、道歉、抱怨、感谢等一样,是任何语言中常见的言语行为。普遍语用知识包括通过会话等言语行为去调控、管理各种言语事件的知识和能力,以及情景知识等。这意味着,在不同的语境条件下交际策略是不同的,因为交际受制于多种因素,比如权力、社会地位、人际关系、心理距离、交际目的与其行为的驱使性等。这些涉及人们的交际能力,也属于我们讨论的语用能力问题。

§7.2.1 语用目标

在英语等外语教学中,我们常发现这样的情况:学生可以说、也可以写从语法上看正确的句子或结构,但在特定语境中却是不恰当的,即缺乏语用上的语境恰当性。这种现象的产生主要源于长期以来强调形式正确性的教学模式和测试倾向。当然也可能存在这样的情况:学生生成的话语或结构从语用的角度来说是恰当的,但却缺少语法性(grammaticality)。

根据Chomsky的语言先天论,尽管我们可能习得不同的语言,但每个人天生就具有相同的语言潜能,也就是说,人们天生就具有按照一定顺序组词造句的句法能力。然而,Dessalles(1998)等学者认为,语用能力具有普遍性。该能力可使人们在交际情景中借助语言去实现各种交际目的。

包括外语等在内的语言教学易受测试形式与内容的影响。在Canale & Swan,Hymes等学者的思想影响下,语言教学日益注重交际能力的培养。与此相比,语用能力和语用知识等方面的考察在外语或第二语言测试中却不够突显,有的仅涉及单一的语用能力,缺乏对外语的实际运用能力的全面测试。因此,在外语或第二语言的各类测试中,普遍缺乏的是对语用能力的综合评估与考察。

语用能力或语用知识是可教的。Kasper(2001)认为,对学习者进行语用知识的直接引导,效果会好于间接的语用知识引导。她主张将过程与结果结合起来,也即将学习结果与课堂教学过程结合起来,并主张对课堂话语进行观察,了解师生对什么是第二语言或外语的语用能力,以及如何在教学环境中更好地发展语用能力等的主观认识。这有助于进一步以培养交际能力为核心的语言教学和学习模式。有学者将语用能力和交际能力等同起来,皆指如何用语言行事的知识与能力,包括开玩笑、询问公共汽车路线、预定午餐、预约朋友等,这方面的知识可以帮助人们根据交际语境和交际目的去选择恰当的语言形式。比如,交际中,对于一般疑问句 Is it cold outside 回答 Yes, it is/No, it isn't 就具有语法上的正确性,然而对于 Can you pass me the salt 之类具有请求功能的言语行为,回答中使用 Yes, I can /No, I can't 就显得很不得体,缺乏语境的恰当性,这就涉及交际中的语用能力。我们认为,英语等外语教学与学习就需要对类似语用能力进行有意识的适度引导。

下面,我们将国外学者进行的语用引导,即在英语等目标语的学习中所强调的语用目的,进行归纳,以帮助大家了解该情况:

研究者	第一语言或母语	目标语	学习者层次	语用目标
House & Kasper (1981)	德语	英语	高级	话语标记语、会话策略
Wildner-Basett (1986)	德语	英语	中级	语用常用语
Billmyer (1990)	日语	英语	高、中级	问候语
Olshtain & Cohen (1990)	希伯来语	英语	高级	道歉
Wildner-Basett (1994)	英语	德语	初级	语用常用语、常用策略
Bouton (1994)	混合语	英语	高级	语用含意
Kubota (1995)	日语	英语	中级	语用含意
House (1996)	德语	英语	高级	语用流利
Morrow (1996)	混合语	英语	中级	抱怨与拒绝
Tateyama et al (1997)	英语	日语	初级	语用常用语

以上研究均以课堂教学为基础,关注对象主要是英语等目标语学习者的语用特征和语用能力。根据上表可以看出,有的学者强调考察会话交际策略,比如如何引入话题、如何维护话轮、如何实现话题转换,以及如何进行会话修正(repair)等;也有学者注意到了言语行为的施事能力,比如问候、道别、道歉、抱怨等;有的学者关注学习者对目标语中隐含信息(即语用含意,参阅第三章)的理解能力;也有学者关注

交际中话语标记语（discourse markers）和语用常用语（pragmatic routines）等不以传递语义信息为主的结构或词语。例如：

(1) A：Hello.

　　B：Vera?

　　A：Yes.

　　B：*Well you know*, I had a little difficulty getting you. *First* I got the wrong number, *and then* I got Operator, [A：*Well.*] *And* uhm I wonder why.

　　A：*Well*, I wonder too. It uh just rung now about uh three times.

　　B：*Yeah*, *well* Operator got it for me.

　　A：She did.

　　B：*Uh huh*. So uh.

　　A：*Well*.

　　B：When I—after I got her twice, why she [A：telephoned] tried it for me. Isn't that funny?

　　A：*Well* it certainly is.

　　B：Must be some little cross of lines someplace uh.

　　A：*Guess so*.

　　B：Uh huh, uh, am I taking you away from yer dinner?

　　A：No. No, I haven't even started tuh get it yet.

　　B：*Oh*, *you haven't*.

　　A：hhheh heh.

　　B：*Well* I—I never am certain, I didn't know whether I'd be m too early or too late or ri—

　　A：No. No, *well I guess* uh with us uhm there isn't any—[B：*Yeah*.] p'ticular time.

（引自 Sacks 1995, vol. II：201f）

以上是一个电话交谈，其中出现了诸如 well, you know, yeah, and, uh, huh 等词语，从信息表达的角度看，它们都不包含特定的语义信息，所起的作用也不是句法上的构句功能和制约功能，因而具有一定的可取消性和语义信息表达的"空泛性"，但却具有一定的语用功能，比如在不同的语境条件下可表示一种回应、犹豫、修正等，因而可将类似词语或结构统称为"话语标记语"或"语用标记语"。不同的话语标记语具有不同的语用功能（冉永平，2002，2003）。

对第二语言或外语学习者来说，在不同的语境条件下使用什么样的言语行为或策略，以及如何使用，也涉及语用能力问题。比如，就"道歉"这一言语行为来说，在不同的语境条件下，说话人可采取不同的方式或策略去实施：

a. 直接道歉，比如 *I'm sorry*; *I apologize*; *I'm afraid* ...
b. 承认责任，比如 *I haven't finished reading the chapter yet.*
c. 讲述原因，比如 *I had to prepare my presentation.*
d. 进行修正，比如 *But I'll get the work done by Tuesday.*
e. 进行抚慰，比如 *Believe me, you're not the only one.*
f. 保证或允诺，比如 *I'll do better after my presentation.*
g. 强调，比如 *I'm terribly sorry, I really tried to squeeze it in.*

在外语或第二语言学习中，学习者可能知道，甚至熟悉词汇、语法知识，但却不能很好地把握它们以及某一话语的使用所依赖的恰当语境条件。比如，学习者可能知道表示感谢、赞扬或道歉的多种结构，但却不知道在不同条件下应该选择哪一个更为恰当的形式或策略。比如，*sorry, excuse me, really sorry* 等简单形式之间就存在一定的语体特征和语用差异。再如，一位教授邀请自己的学生一同赴宴，但该学生因事不能前往，于是需要回绝老师的邀请，此时如果使用 *No way*（没办法）等形式，显然在语用上是不恰当的，不能恰当地实施拒绝的言语行为，而 *I would love to but I have a prior engagement I can't get out of* 之类的话语就显得更得体。类似现象说明，为了提高第二语言或外语学习者的语用能力，我们需要培养他们的社交语用和语用语言等方面的语用意识，让他们知道言语行为等的语用功能。

在交际，尤其是在跨文化语言交际中，语用失误往往比语音、语法或语义等语言错误更加严重，语用失误更加"危险"，因为它可能冒犯对方,或影响人际关系,从而导致交际失败。包括语用能力在内的多种外语能力是学习者所具备、发展、习得、使用的一种知识,语用知识是伴随词汇、语法知识而发展的,但语用能力的培养需要了解目标语的语言语境和社交文化语境信息。因此,在英语等外语教学中,教师应该为学生提供一定的机会或环境,以促使语用能力的发展。正如 Bachman(1990)所言,语用能力不是一种外在能力或附加能力,也不是一种语法知识或语篇知识,而是与它们之间相互作用的一种知识与能力。为了成功地运用英语等非本族语,并要取得成功的交际,就必须发展和培养相关的语用能力,对学生来说,培养和提高语用能力是第二语言或外语学习的主要目标之一。为此,外语学习与外语教学都应关注语用能力,更需要教学法的介入。

§7.2.2 语用常用语

语用常用语(pragmatic routines)是日常言语交际中出现的一些常用表达式或常用会话语,其使用受制于特定的语境因素,且功能是语用的,而非句法制约或语义表达,如建立、维护人际关系等。例如,"*Nice to see you!*","*How are you?*","上哪去?","吃饭了吗?"等常用寒暄语,以及 *well*,*I see*,*I know*,*you mean* 等附加性话语标记语,可统称为"语用常用语"。它们的功能并非在于表达语义信息,其使用具有一定的规约性,也即是在相同条件下,人们普遍使用的形式或话语,且具有基本相同的交际功能。早在 20 世纪 70 年代,类似常用语已受到第二语言和外语等研究者的注意,被看成是影响目标语习得与学习的一个前期因素,并被视为"助阶石"(stepping stones),一旦习得者或学习者意识到常用语的语用功能,便有助于他们创造性地使用话语(House 1996)。然而,也有学者坚持,无论是在目标语学习之初还是在后期,常用语的掌握和使用同样十分重要。如何恰当使用类似常见的程式性言语行为是目标语学习与习得成功的关键,也是体现其语用能力的重要方面。

在日常会话、访谈等言语交际中,说话人能否自然、流利、恰当地使用一定的常用语,是语用流利(pragmatic fluency)的重要标志。很多场合下,语言使用并非在于传递特定的语言信息(语义信息),而在于建立、维护一定的人际关系,或推进人际交往的顺利发展等。比如,语用上 *oh*,*I mean*,*well*,*Okay*,*you know* 等常用语具有言语交际的多功能性(冉永平,2003)。难怪 House(1996)将类似用语视为"话语润滑剂"(discourse lubricants)。例如:

(2) A：Are you leaving?
    B：*Yes well* I don't think so.
(3) A：Could you perhaps *you know* lend me some money?
    B：Well *I mean* it depends on how much you had in mind.

上例中,斜体部分的恰当运用无疑有助于交际的顺利进行,体现了说话人的语用流利性,如果将它们去掉,所传递的语义信息也不会受到任何影响。

在 20 世纪 70 年代末 80 年代初,人们就已经注意到外语学习、二语习得中语用知识的掌握和语用能力的培养问题(Kasper & Blum-Kulka 1993)。以上类似的常用语对培养、提高英语等目标语的语用流利性具有重要作用,不过至今还缺少这方面的系统研究。House(1996)等曾考察过常用语对语用流利性的影响,尤其是它们的功能和语境分布对语用流利性的作用。该研究对英语等目标语的教学与学习的启示是,目标语的语用流利性可通过恰当的引导或学习得到提高。Thomas(1983)和 House(1993)的研究也表明,在交际中甚至高水平的外语或第二语言学习者出现的多数语用失误都源于不能恰当地使用常用语。因此,英语等外语学习与教学中,我们应该重视类似常用语的恰当运用和功能。

§7.3 语用失误

语言交际中,多数误解的产生不是因为对方听不懂,也不是因为不知道某些词义或句型结构,而是没能理解说话人的意图或推知话语的语境含意。这说明,交际意图的成功理解是实现成功交际的关键,否则可能出现语用失误或交际失败。

什么是语用失误(pragmatic failure)呢？根据 Thomas(1983)的观点,语用失误的产生就是没能获取说话人通过某一或某些话语希望传递的交际意义或隐含信息。在英、汉等跨文化交际中,语用失误问题尤为重要。语用能力是我们所拥有的多种知识或能力的一部分,它包含语法能力、心理语言学能力以及社交能力等,也包括跨文化、跨语言中的实际运用能力。

语法能力是我们所具有的有关语音、句法和语义等方面的知识,它们往往是抽象的、脱离具体使用语境条件的,而语用能力则是在一定语境条件下为了实现某一特定目标而有效地使用语言的能力。这两种能力构成了人们的语言能力,这与 Leech(1983)对能力的划分是一致的。在 Leech 看来,语义学和语用学之间的区别在一定程度上等于"句子意义"(sentence meaning)和"说话人意义"(speaker meaning)之间的不同,然而 Thomas(1983)等学者则认为,说话人意义是有层次的。语义规则可帮助确定某一话语的字面意义及其指称范围,而语用原则的作用表现为:(1)确定话语的字面意义、指称关系,这是说话人意义的第一个层面;(2)确定话语隐含的语用用意或交际用意,这是说话人意义的第二个层面。在脱离语境的条件下,很多句子的意义都具有歧义或不确定性。比如,*Flying planes can be dangerous* 或 *Biting flies is troublesome*。然而,在特定语境条件下,类似话语的意义又是明确的,语法知识可帮助人们确定某一话语的字面意义与所指关系。例如,*She missed it*,其中 *miss* 具有多义性,*she* 和 *it* 可指称不同的人、事或物。在第一个层面上,合作原则中的关系准则(参阅第三章)有助于确定该话语在特定语境条件中的字面意义及其所指关系。例如:

(4) A: Why didn't Elsie come on the earlier train?
    B: She missed it.

在此语境中,听话人可通过语言语境关系确定 *she* 和 *it* 的所指关系,以及推知 *missed* 的意义(*failed to catch*);但在其他语境条件下,比如在回答 *How did Merry behave in the recent contest* 时,*she missed it* 的所指关系自然会发生变化。这就是第一个层面上的说话人意义。然而,在实际的交际中,仅获此意义及其所指关系往往是不够的,关键在于推知说话人的语用用意,即第二层面上的说话人意义。比如,*Would you come in and sit down?* 该言语行为表示邀请、请求,还是指使,须视语境条件而定,才能确定说话人所期待的以言行事用意(参阅第四章)。

在任何情况下,只要听话人推知的结果不是说话人所期待的用意或希望传递的交际信息,便可能导致语用失误(Thomas,1983)。语用失误不同于语法错误。前者属于语用能力问题,后者往往是由语法知识的匮乏引起的,它受制于规定性语法规则。在跨文化交际中,语用失误是导致交际失败的重要导因。我们常会发现这样的情况:学生具有良好的语法能力、词汇能力、听力能力等,但在目标语的实际运用中总觉得不能运用自如,可以说这是外语学习中长期存在的一个普遍现象。一方面是因为语用能力不像语言能力中的语法制约那样可进行精确的描写;另一方面,有关语言使用的语用问题高度依赖语境条件,具有多样性、多变性、复杂性。不过,迄今为止,如何讲授或培养语用能力?或语用能力应该包括哪些主要内容?这些是大家应该讨论的问题,以确定较为统一的标准。

语用失误一般可分为两类(Thomas,1983):一是语用语言失误(pragmalinguistic failure):它是由两种不同语言之间的差异引起的,是对语用用意的错误理解。比如,英语本族人的语用用意被操汉语的英语学习者不恰当或错误地理解,造成说话人话语的用意和听话人理解结果之间的差异;另外将本族语中某些言语行为不恰当地迁移到目标语之中,也是造成语用语言失误的一个重要因素。二是社交语用失误(sociopragmatic failure):它是由跨文化差异引起的,因为不同的文化范畴存在制约语言行为的社交规约或文化规约。Leech(1983)讨论过语言使用的社交条件,以及社交语用失误。日常言语交际中英、汉语中招呼语的语用差异、表示恭维或赞扬的语用差异等,都可能导致社交语用失误。

(5) American teacher: You're a very clever woman.
Chinese student: No, I'm not a woman, I'm a girl.

这是一个来自美国的外籍教师和一个中国女大学生之间的对话

片段。习惯上,中国人会把"女孩"和"妇女"分得十分清楚,"女孩"往往与未婚、低龄有关,而"妇女"则多指已婚的、年龄比女孩大的女性;而在美国等西方国家,*woman* 和 *girl* 都可用于指女性,无论是已婚的还是未婚的,区别仅在于 *girl* 与天真或幼稚有关,而 *woman* 则与成熟有关。在类似例(5)的跨文化交际中,中国学生的回答在语法上是正确的,而在语用上是不恰当的,会让对方觉得莫名其妙,从而产生社交语用失误。

为了正确理解某一话语的含意或用意,我们不能仅依赖话语的语法形式或结构,去判断它传递的语用用意,还必须参照一定的语言线索和语言因素之外的其他语境变量。无论是在同一语言,还是在跨文化交际中,导致语用语言失误的一个重要原因是没有正确理解说话人的语用用意。比如:

(6) A:Could you please pass me the book?
    B:Yes, I could. (No, I couldn't.)

此例中,如果说话人 A(操英语的本族人)的目的在于向对方 B(中国英语学习者)发出请求,而 B 只按照语法约定的对应形式进行了回答,显然就没能理解对方的用意。这属于一种语用语言失误。此类失误属于教学导因类失误(teaching-induced error)。比如,语法教学时,有的教师可能会习惯性地强调:对于一般疑问句,回答时采用肯定式或否定式。又如,教师在英语教学中,或学生在英语的学习过程中,也都可能强调:祈使句表示命令、请求等言语行为的功能,疑问句表示疑问的功能等。类似信息的传输和掌握可导致学生逐渐将语言形式与功能对等起来。在多数语境中,人们其实很少通过祈使句式来表达命令或请求,通过陈述句表示该功能的情况更多。语言形式与其功能之间不是一一对应的关系。在不同条件下,一个简单的陈述句也可表示请求、责备或抱怨等言语行为功能。比如,通过 *There is some paper on the floor* 的陈述形式可表达这样的功能:请对方把地上的纸拣起来;也可责备对方为什么地板上有这么多纸。类似话语属于间接性言语行为(参阅第四章)。

此外,在语言学习,尤其是外语学习中,我们应努力培养"元语用能力"(metapragmatic competence)。元语用能力是一种有意识地分析语言使用的能力,具体而言,就是有意识地根据某些语用参数,比如以上各种语境因素,包括风俗习惯、社交礼仪等文化差异和语言特征等,去分析语言使用的恰当性、得体性、语境条件下顺应性的能力。一方面,我们需要注意那些制约语言使用的语用因素,比如某些语言语境条件;另一方面还需注意跨文化交际中的语用差异,比如英、汉语中表示寒暄、问候、告别、请求、拒绝、道谢等方面的差异。外语教学中,教师也应该引导学生注意类似方面的跨文化语用差异,比如,明确指出英语文化中的礼貌标记语(politeness markers)等,参照特定语境条件去判断诸如 Would you …?, Could you …?, Can you …?, Do you …?等不同形式的礼貌级别,而不能仅参照本族语的文化常规。再如,I wonder if I might respectfully request you to stop picking your nose? 和 Do have another drink! 哪一个话语更礼貌、更恰当?则不能仅根据语言形式进行判定,须视交际对象而定。比如,夫妻之间就不可能采用 I wonder if I might ask you to pass me the salt 之类过于礼貌的话语。同样,我们认为,在英语等外语的学习中,我们也不能仅强调其中的某些语用套语,应该学会有意识地注意它和汉语之间的差异,否则在跨文化交际中便会出现不恰当的言语行为,从而导致语用失误。

  我们认为,在英语等目标语的教学/学习中,尤其是语法教学/学习中,都应加强语用语法的教学与实践。比如,英语中情态动词 can, may, must 等的语用问题、(一般或特殊)疑问句的语用功能、人称代词或人称指示语的语用功能等。如果老师对学生说"We are students, so we should study hard."和"You are students, so you should study hard."它们之间除了人称代词不同以外,斜体部分所具有的语用移情功能也不一样。在前一话语中,老师从学生的视角出发,将自己放在听话人一边,让听话人觉得亲切,因而具有明显的移情功能;从交际效果来看,类似用法更容易让听话人接受老师的劝诫。长期以来,传统的语法教学基本上是离开语境讲解语法或语言结构,只强调形式的正确性,而忽略使用的语境恰当性与可接受性,类似现象应该引起广大语言工作者和学习者的高度重视。对类似语用现象的关注可在一定程度上帮助解释:为什么很多中国学生从小学到大学历经十几年的英语学习之后在实际运用中还常难以开口？类似症结的存在是导致"哑巴英语"的一个重要根源。

§7.4 中介语的语用问题

中介语(或曰"语际语")(interlanguage)是外语学习与二语习得研究中出现的一个重要概念,该术语的提出对外语学习和二语习得研究及其理论的发展产生了较大影响。对中介语进行研究的学者,早期首推美国语言学家 Selinker(1972)。进入 20 世纪 90 年代中后期之后,Kasper(1996,2001), Kasper & Blum-Kulka(1993), House(1996)等学者的研究成果的影响越来越大。

所谓"中介语",就是外语学习者或二语习得者所使用的、介于母语和目标语之间的一种过渡性、暂存性的语言变体,也就是说,它既是一种外语但又不是本族人所使用的地道语言,或通过该语言实现的交际效果。例如:

(7) Go to work happily, and come back home safely!

以上话语所对应的汉语就是"高高兴兴上班去,平平安安回家来"。中国的读者都知道它的施为用意,即表示一种祝福,但在英语学习与使用过程中,中国学生很可能将其直接借用到英语中来,从而出现类似 Go to work happily, and come back home safely 的话语,这就是在汉语文化影响下出现的不恰当用语,即一种中介语。而英语中,本族人是不会用它来表达相同用意的。再如,一位中国学生在校园见到美籍教师 Mr Smith 时,主动打招呼说:

(8) "Hi, where are you going?"

以上话语所对应的汉语就是"你到哪去?"在汉语交际中,人们都习惯将其视为一种寒暄语。然而,在英语学习或英语交际中,当人们向外国朋友打招呼或问候时,我们仍可听到中国学生使用类似的英语话语,在对方不知道它们的交际用途时,就不可能达到在汉语中的交际效果，甚至会让对方感到不悦，因为类似话语涉及对方的隐私。例（7）和例（8）均是因为中外文化差异造成的不恰当用法，可能导致交际中的语用失误。但是，随着学习者英语水平的不断提高，熟悉了英、汉语中以上话语在跨文化交际中的差异之后，在英语交际中就会逐渐避免使用类似不恰当的话语。可见，它们具有过渡性，属于中介语，类似现象也属于因为汉语、汉语文化的影响而产生的语用迁移（参阅下节）。

众所周知，英语等外语学习者不可能一开始就能掌握完美、地道的目标语，在语音、语调、用词、句法表达、语境选择等方面必然存在一些不规范的方面；或因不同文化差异的影响，将一种语言中的某些话语借用到另一种语言之中，以图表达相同的用意，从而导致一定的社交语用失误。但随着学习者外语水平的不断提高，类似现象都可能逐渐消失，并向规范、地道的目标语转化。因此，外语学习者在英语等目标语学习过程中出现的不规范或不地道现象应是暂存的、过渡性的。

中介语是在外语学习与习得过程中因受母语的影响而出现的。在二语习得过程中，人们使用该目标语的能力也不可能与母语水平媲美。儿童的母语习得和成年人的二语习得之间存在心理语言学和社会语言学等方面的差异，儿童可以成功地习得自己的母语，但对成年人来说，要真正掌握地道的第二语言或外语是很艰难的，因为深受本族语和本土文化的影响，从而出现将母语中一些句式或社交规约直接借用到目标语的使用之中的现象。中介语研究的中心任务就是对类似差异进行描述与解释，尤其是中介语产生的原因和表现。Tarone（1998）提出过这样的问题：影响中介语发展的心理语言学过程是什么？这与影响母语发展的心理语言学过程有何差异？这些差异如何帮助解释中介语现象？其实，我们也可将中介语看成一个系统，不仅包括语音、形态、句法等表现，也包括词汇、语篇、语用等方面的特征，它不同于习得者或学习者借助母语表达意义的形态系统、句法系统，也与目标语的语用系统不完全一致。也就是说，中介语、母语和目标语之间存在系统差异。中介语的语用研究（interlanguage pragmatics，也称为"语际语用学"）就是研究非本族人对第二语言或外语的语用知识的掌握与使用情况。

众所周知,交际能力理论强调语用能力的重要性。在传统的外语教学与学习中,人们对语用能力的训练与测试的注意是不够的。在20世纪80年代后期,很多学者就开始关注中介语中学习者的语用能力,并强调教学中对该能力的培养与引导。比如,赞扬类言语行为使用的恰当性、会话结构与会话管理、如何提高语用意识等,以及人们对请求等言语行为的关注。可以说,自20世纪90年代中后期,在Kasper,House等学者研究成果的影响下,中介语的研究以及中介语语用学得到了较快发展,在二语或外语教学中语用能力的培养与测试受到更多人的重视。但正如Kasper(1996)所言,虽然存在较多中介语的研究成果,但大多数学者仅关注目标语的使用情况,而非其发展问题。比如,外语学习者对语用用意(参阅第三章)、施为用意(参阅第四章)和礼貌(参阅第三章)等现象的感知与理解、语境因素(参阅第一章)对语言形式及策略选择的影响、言语交际(比如会话)的语序组织、语用失误等,都是人们关注的重要现象与问题。

近年来,中介语语用学与二语习得研究之间出现了某些交叉,它们之间的联系受到越来越多学者的关注。在1996年,以Kasper为代表的学者在《第二语言习得研究》(*Studies in Second Language Acquisition*)期刊(Vol.18)上,就中介语现象,尤其是语用能力的发展和语用流利,刊发过系列研究文章,但它们的出发点主要不是探讨语用问题,更倾向于二语习得研究,展示了中介语的不同研究方法。其中Kasper和Schmidt回顾了与二语习得有关的跨面研究(cross-sectional study)和历时研究(longitudinal study),并从认知和社会心理的角度探讨语用能力的发展。其实,二语习得中语际语或中介语的语用问题应是一个十分重要的课题,以往的探讨多集中于非本族人的语用知识的使用情况,很少注意他们对语用能力的习得情况。

二语习得研究和中介语语用学之间存在的主要区别是:前者关注的基本问题是中介语知识的习得与体现形式,后者关注的主要问题是非本族人的、不同于本族人的语用语言知识(pragmalinguistic knowledge)和社交语用知识(sociopragmatic knowledge),同时涉及一定的跨文化语用因素,因此关注的主要问题包括:实施特殊言语行为的策略和语言手段是什么?这些策略是否存在普遍性?制约言语行为选择的语境因素主要有哪些？它们对不同言语行为模式的影响是什么？以及跨文化条件下,语境因素的变化情况等。

　　基于以上情况,我们认为：一方面,外语学习、二语习得研究不能仅限于字词、单句,应更多地关注它们在特定语境条件下的实际运用,即应该与语言使用的动态语境因素联系起来,比如,学英语的中国学生在使用英语行事(doing things with words)时的言语行为能力如何,以及所取得的效果如何等,施事能力与语境适应性、语篇组织能力、会话组织与话语协调能力等表现,这些都涉及语用能力。另外,语境选择与语境制约、语言形式选择的恰当性、文化差异的影响,以及因本族语或本族文化影响所产生的正负语用迁移(参阅下节)等,是二语习得、外语教学与学习等研究应该涉及的主要议题。另一方面,语用学研究也应更多关注学习者在英语等外语使用中的语用恰当性与失切性、语用制约因素与语用失误、母语的正负语用迁移等。

§7.5　语用迁移

　　外语或第二语言的学习与习得都易受母语或本族语文化的影响而出现语用迁移(pragmatic transfer),也就是说,在外语或第二语言等目标语的学习与使用过程中,因为母语、本族语文化的影响,而出现将母语或本族语文化中的某些用法直接借用到外语或第二语言的使用中来。

　　迁移存在正向迁移(positive transfer)和负向迁移(negative transfer)。前者是否涉及普遍语用知识,或是否体现了人们的普遍语用能力,至今仍是个未知数；外语学习者或第二语言习得者在多大程度上依赖母语,或实施某一言语行为时是否会感受到母语、母语文化的影响,仍需深入探究。Takahashi(1996)曾以语用迁移为焦点,以学英语的日本学生为对象,重点分析了请求类言语行为迁移的制约因素,以及英语学习时的语用信息输入。在对那些除了课堂活动以外很少有机会进行口语会话训练的学生考察后,Takahashi发现课堂学习、练习与学习材料都不能提供充分的语用信息输入(pragmatic input)。类似研究具有这样的启示：如何在英语等课堂教学中提供充分的、以语境为基础的语用信息输入,帮助学生发展与提高语言使用的语用能力。在第二语言或外语等目标语的交际中,出现的错误、语用失误有的是因为目标语和母语之间的差异引起的,比如,因受汉语中社交文化准则与规约的影响,而出现将汉语中的某些用法迁移到英语的实际交际中,从而出现用法的不恰当性。目前,这方面的多数研究探讨母语、母语文化对第二语言或外语学习的负向迁移,属于社交语用迁移(sociopragmatic transfer)研究。比如,母语中社交文化规约对目标语中某一特殊言语行为的影响等。也有学者感兴趣的是语用语言迁移(pragmalinguistic transfer),比如 Faerch & Kasper(1989)关注的主要问题是母语或第一语言对外语或第二语言中语言形式与功能之间的对应问题,以及因母语影响而出现的一些不恰当用法或错误形式,比如因受汉语句式"我昨天去了广州"的影响,导致部分英语初学者使用 *I yesterday went to Guangzhou*(正确的说法是 *Yesterday I went to Guangzhou / I went to Guangzhou yesterday*)。类似话语就是因受母语影响而出现的一种负向迁移。

正向迁移是否涉及普遍的(universal)语用知识或普遍的语用能力,至今仍是未知的谜团。另外,外语学习者是否真正依赖第一语言或母语,或实施某一言语行为时是否感知到了母语、母语文化的影响,以及在多大程度上依赖母语和母语文化,仍不得而知。此外,需要指出的是,有关中介语、语用迁移或交际语用失误的研究至今仍是以产出或话语生成为中心,即依据目标语的言语行为表现。为此,我们需要重视对语用迁移过程的研究,探讨迁移产生的各种条件。我们认为,从语用学的角度来说,这些条件应该包括语用语言的制约条件和社交文化—语用的制约因素。在英语等目标语的使用中,如果出现母语或第一语言中某一语用策略的迁移,是否学习者本人知道如何衡量其语境恰当性?如何根据语境恰当性去判断母语和外语或第二语言之间的等同性?这必然涉及语言使用的多种语用因素。如果学习者认为母语和外语中某一策略或言语行为出现的语境条件相同且具有相同的语用功能,就有可能出现语用迁移,即将其迁移到外语的使用中来;反之,出现迁移的可能性降低。如果学习英语的中国学生认为,汉语中某一言语行为或策略及其英语的对等式在相同的语境条件下都是恰当的,那么该言语行为或策略就很可能被迁移到英语的使用;反之,如果认为它们的使用存在不同的语境条件,那么该言语行为或策略就不太可能被迁移到英语之中。类似特征对探讨中国的英语学习者在英语学习中出现的汉语语用迁移具有重要启示。比如,中国学习者对汉语中某些语言形式或交际策略被迁移到英语中的语境恰当性、交际效果等的判断能力如何?英、汉语中不同或相同交际策略是否需要相同的语境条件?或者说,在相同的语境条件下它们是否可能产生相同的交际效果?正、负语用迁移与外语水平之间的关系如何?是否随着外语水平的提高,负向迁移就会减少、而正向迁移增多?目标语水平对语用语言迁移的影响大,还是对社交语用迁移的影响大?等等,都是值得探讨的问题。

迄今为止,应该说以上问题在我国的外语和第二语习得的研究中还是空白,至少说是零碎的。因此,在吸取国外同类课题研究成果的基础上,我们尤其需要在汉语条件下深入系统地探讨中国外语学习者的语用语言迁移和社交语用迁移。如果外语工作者或研究者对此予以足够重视的话,我们的外语教学理论与实践等方面的研究应该可以上一个新的台阶,可帮助了解"中国英语"或"汉式英语"产生的真正原因,也有助于了解为什么会存在"哑巴英语"和"聋子英语"。类似研究表明,语用知识和能力的了解与掌握需要一定的语言语境与非语言语境条件,且离不开相关的信息输入,也即需要根据不同的交际语境获取相关的知识,并恰当地使用它们的能力,这一切都涉及目标语的语用能力。有关中介语的多项研究表明,将语用信息输入、提高语用意识和语言实践等多方面有机地结合起来,是能够培养和提高目标语的语用能力的,也就是说,语用能力具有可教性、可学性。

学习者的语用能力,比如语用常用语(例如"*Can you . . . ?*","*Shall I . . . ?*","*Would you please. . . ?*"等)的恰当使用和言语行为的实施能力,均随英语等目标语水平的提高而提高。比如,Takahashi 和 DuFon(1989)发现,日本的英语学习者随着自身英语水平的不断提高,他们会更多地使用直接言语行为,而不像初期那样总是倾向于使用间接言语行为,并不断减少负向的语用迁移。

就英语等外语学习与使用中出现的不规范、不恰当现象(比如负

向迁移、语用失误)的基本原因而言,我们可将其简单归结为如下两方面,它们也是过渡性中介语产生的主要诱因:

(1)一种语言和另一种语言之间相互干扰(即语际干扰)导致的负向迁移。正向迁移指母语或第一语言和外语或第二语言之间在使用规则、习惯等方面所体现的趋同性、一致性。因此,在外语或第二语言使用中,即使借用母语中的某些规则或形式也不会导致使用的不恰当性;反之,则可能出现使用中语言形式的不恰当性,这就属于母语的负向迁移。比如,"I *tomorrow* go to the street"(我明天上街)、"On *the book* there is some description about the story"(书上有关于本故事的一些描写)等,都是按照汉语的语序或用词习惯而生成的不正确话语,属于语用语言的负向迁移。另外,不同语言之间的影响还表现在母语文化对外语或第二语言等目标语的干扰上,比如,将汉语中"吃了没有?"、"上哪去?"等常用招呼语直接再现为"Have you had your meal?"、"Where are you going?",就很容易出现跨文化交际的社交语用失误,属于社交语用的负向迁移。

(2)语内干扰。这是因为英语、法语等目标语本身的影响而产生的不正确用法。比如,"These *mans* are from the United States"(那些男人来自美国)、"He can write the name *with English*"(他能用英语写名字),类似现象的出现源自使用者对英语中某些规则所进行的过度概括或过度推演,从而偏离了英语这一目标语的使用规则而出现错误。比如,多数情况下,英语中名词的复数就是在词尾直接加上-s 或-es构成,因此英语初学者很可能将它视为一个固定的规则,从而出现 *mans*;此外,英语中的 *with* 在很多情况下表示的意义就是"用……",英语学习者也可能将这一用法进行类推,把"用英语"说成"*with English*",而不是正确的"*in English*"。

以上两种情况一般都被视为不恰当的用法或错误用法。面对类似不地道的现象,长期以来存在两种主要观点:一是强调直接纠正,尤其是用词或结构方面的错误,通常是进行直接纠正,同时强调形式与结构的正确性,这一做法与传统的外语教学与学习理念密切联系。另一种观点是采用比较宽容的做法,对错误或不恰当用法进行有选择的纠正,或事后更正。当然哪些错误或不恰当用法应该容忍(比如,语用语言问题还是社交语用问题)？哪些应该进行及时纠正或事后纠正？是让学生自主纠正还是教师进行纠正？采用什么形式让学生意识到自己的错误或不恰当用法？等等。这些都是有关外语教学与学习研究中仍无定论的课题，值得进一步探讨与实证。

§7.6　外语学习之管见

语用知识、语用能力已是人们熟知的概念，同时人们日益注意到语言语境与非语言语境因素、语用信息输入等对英语学习与习得的影响。中介语的相关研究表明，将语用信息输入、语用意识的提高与语言实践有机地结合起来，培养和提高目标语的语用能力，因为语用能力具有可教性、可学性(Rose & Kasper, 2001)。Bardovi-Harlig 和 Hartford(1996)发现，目标语中语用能力欠缺的根本原因在于语用信息输入不够，因此他们强调了解和学习相关社交语境信息等的重要性。近年来，人们越来越关注中介语的语用问题，包括习得和使用外语或第二语言的语用知识等（Kasper, 1996, 2001)等。对外语或第二语言的语用能力，我们首先需要思考这样的问题：

(1) 学习者或习得者有多少机会受到语用能力方面的锻炼与发展？
(2) 是否需要对他们进行语用知识和语用能力的直接引导？
(3) 类似引导是否有利于语用能力的发展？
(4) 语言使用与理解离不开语境等语用因素，那么如何培养与提高他们使用目标语的语用意识？

Schmidt(1993)也主张采取以培养语用意识为核心的目标语学习与习得，直接引入语用知识。进而，我们可思考类似问题：

(1) 在什么程度上直接引入目标语的语用知识、语用特征？这涉及语用知识的可教性(teachability)；
(2) 语用知识的引入对习得与学习语用知识会产生什么影响？这涉及语用知识的可学性(learnability)。

国外学者已对以上诸多问题进行过较深入的探讨，比如 Cohen (1996), House(1996), Kasper & Schmidt(1996), Rose & Kasper

(2001),Takahashi(1996)等。而我国却缺少有关的系统研究,很值得外语教学与学习的研究者、第二语言习得研究者的反思。另外,从外语教学与学习的角度来说,长期以来一个没有引起我们足够重视的问题是:如何在外语教学与学习过程中增加对学习者的语用信息输入(比如,如何恰当地进行不同条件下的寒暄、请求、拒绝等),以培养外语使用的语用意识,发展语用能力。这是培养和提高交际能力的最有效途径,否则很容易出现"哑巴英语"、"聋子英语"等现象。

"哑巴英语"就是在英语的使用过程中语言形式和语境变量之间不能进行有效的选择与顺应,从而不知道在特定语境中应选择什么形式,或不知说什么;而"聋子英语"就是听不懂,尤其是不能理解话语所隐含的非字面信息或交际用意,不能根据语言形式和语境特征进行有效的语用推理。我们认为,"哑巴英语"和"聋子英语"等现象可从语用学,尤其是中介语的语用研究中寻找解释,简言之,它们都是语用能力匮乏的直接表现。因此,英语、法语等目标语的习得与学习中一方面应强调掌握正确的语言知识;同时更应强调语言知识的恰当运用和语言选择、策略选择的语境恰当性。为此,从教学指导思想到实践,我们应认真反思我国的外语教学。长期以来,不少专家不断呼吁应强化英语等目标语的实际运用能力,但多年来的情况如何呢?广大外语工作者对此都很清楚。全国性的各类外语等级考试多以语言知识为重点,不重视甚至忽略运用能力的考查,尤其是在特定语境条件下恰当地利用目标语的施事能力;同时,在英语等外语学习过程中,学生也习惯将主要精力放在词语、结构或句子等语言形式的掌握上,而不是重点关注它们在特定语境条件下的恰当运用,尤其是如何有效地运用英语"行事"的能力,普遍比较低下。

为此,我们常发现,很多学生的外语考试成绩都不错,比如大学英语四、六级或专业英语四、八级,但相比之下,不少学生的实际运用能力却与考试成绩不成正比关系,也就是说,考试成绩不能完全说明其运用能力,他们的英语语言能力普遍高于与英语有关的社交文化语用能力。无独有偶,"英语过八级不会说英语,一大学生患上应聘恐惧症"(http://news.com,2003年3月3日),这一信息无疑是很好的例证。虽然我国的外语教学与学习发展到今天,已取得不少成绩,整体水平已有所提高,但面对同时存在的诸多问题,从教学指导思想到教学实践,我们应该认真反思我国的外语教学、外语学习,尤其是外语教学的指导思想,包括外语的测试理念。我们应提倡并强调外语考试中的语用能力测试,结合语言使用的一些动态语境因素,将重点放在考查学生的实际运用能力上,而非仅以检测学生对语言知识的掌握情况为重点。总的来说,对以上现象与问题的思考刻不容缓,更不容回避。

思考与分析

1. 什么是语法能力?在英语等目标语的学习中,语法能力是否等于实际运用能力?为什么?
2. 什么是交际能力?说一说它和语用能力之间的主要关系。
3. 分别举例说明什么是句子或句法结构的正确性和使用的恰当性。
4. 在英语等目标语的学习中,你认为"哑巴英语"产生的主要根源是什么?
5. 在英语等目标语的使用中,是否经常会受到汉语或汉语文化的影响?主要表现在哪些方面?举例说明。

参考书目

Bachman, L. 1990. *Fundamental Considerations in Language Testing*. Oxford University Press.

Bachman, L., & A. Palmer. 1996. *Language Testing in Practice: Designing and Developing Useful Language Tests*. Oxford: Oxford University Press.

Bardovi-Harlig, K. & B. Hartford. 1996. "Input in an institutional setting". *Studies in Second Language Acquisition* 15, pp. 171—188.

Billmyer, K. 1990. "'I really like your lifestyle': ESL learners learning how to compliment". *Penn Working Papers in Educational Linguistics* 6(2), pp. 31—48.

Blum-Kulka, S., House, J. & Kasper, G. 1989. *Cross-Cultural*

Pragmatics: Requests and Apologies. Norwood, NJ: Ablex.

Bouton, L. F. 1994. "Conversational implicature in the second language: Learned slowly when not deliberately taught". *Journal of Pragmatics* 22, pp. 157—167.

Canale, M. & M. Swain. 1980. "Theoretical bases of communicative approaches to second language teaching and testing". *Applied Linguistics* 1, pp. 1—47.

Cohen, A. D. 1996. "Developing the ability to perform speech acts". *Studies in Second Language Acquisition* 18, pp. 253—267.

Dessalles, Jean-Louis. 1998. "On pragmatic competence". Http:/www.enst.fr/~jld.

Faerch, C. & G. Kasper. 1989. "Internal and external modification in interlanguage request realization". In Blum-Kulka, J. House, & G. Kasper (eds.).

House, J. 1996. "Developing pragmatic fluency in English as a foreign language: Routines and metapragmatic awareness". *Studies in Second Language Acquisition* 18, pp. 225—252.

House, J. & G. Kasper. 1981. "Zur rolle der kognition in kommunikationskursen". *Die Neueren Sprachen* 80, pp. 42—55.

Hymes, D. 1971. *On Communicative Competence.* Philadelphia: University of Pennsylvania Press.

Kasper, G. 1996. "Introduction: Interlanguage pragmatics in SLA". *Studies in Second Language Acquisition* 18, pp. 145—148.

Kasper, G. 2001. "Classroom research on interlanguage pragmatics". In Kenneth R. Rose & G. Kasper (eds.), 2001, pp. 33—60.

Kasper, G. & S. Blum-Kulka. 1993. *Interlanguage Pragmatics.* New York: Oxford University Press.

Kubota, M. 1995. "Teachability of conversational implicature to Japanese EFL learners". *IRLT Bulletin* 9. Toyo: The Institute for Research in Language Teaching, pp. 35—67.

Leech, G. 1983. *Principles of Pragmatics*. London: Longman.

Morrow, C. K. 1996. "The pragmatic effects of instruction on ESL learners' production of complaint and refusal speech acts". *Unpublished Ph. D. dissertation*, State University of New York at Buffalo.

Olshtain, E. & A. D. Cohen. 1990. "The learning of complex speech act behavior". *TESL Canada Journal* 7, pp. 45—65.

Rose, K. R. & G. Kasper. 2001. *Pragmatics in Language Teaching*. Cambridge University Press.

Sacks, H. 1995. *Lectures on Conversation*. Oxford: Blackwell.

Selinker, L. 1972. Interlanguage. *IRAL* 10, pp. 209—231.

Takahashi, T. 1996. Pragmatic transferability. *Studies in Second Language Acquisition* 15, pp. 189—224.

Takahashi, T. & P. DuFon. 1989. "Cross-linguistic influence in indirectness: The case of English directives performed by native Japanese speakers". *Unpublished manuscript*. University of Hawaii. (ERIC Document Reproduction Service No. Ed 370439).

Tarone, E. 1998. "Interlanguage". In J. L. Mey & R. E. Asher (eds.) *Concise Encyclopedia of Pragmatics*. Elsevier.

Tateyama, Y. et al. 1997. "Explicit and implicit teaching of pragmatics routines". In L. Bouton (Ed.), *Pragmatics and Language Learning*, Vol. 8. Urbana, IL: University of Illinois at Urbana-Champaign.

Thomas, J. 1983. "Cross-cultural pragmatic failure". *Applied Linguistics* 4, pp. 91—112.

van Ek, J. 1975. *The Threshold Level' in a European Unit/Credit System for Modern Language Learning by Adults*. Strasbourg:

Council of Europe.

Wildner-Basett, M. 1986. "Teaching 'polite noises': Improving advanced adult learners' repertoire of gambits". In G. Kasper (ed.) *Leaning, Teaching and Communication in the Foreign Language Classroom*. Aarhus University Press.

Wildner-Basett, M. 1994. "Intercultural pragmatics and proficiency: 'Polite' noises for cultural appropriateness". *International Review of Applied Linguistics* 32, pp. 3—17.

Wilkins, D. 1976. *Notional Syllabuses: A Taxonomy and Its Relevance to Foreign Language Curriculum Development*. Oxford: Oxford University Press.

冉永平:《话语标记语 you know 的语用增量辨析》,《解放军外语学院学报》第 4 期,2002 年。

冉永平:《话语标记语 WELL 的语用功能分析》,《外国语》第 3 期,2003 年。

阅读书目

Yule, George. 2000. *Pragmatics*. 上海外语教育出版社,第九章,第 83—89 页。

何兆熊等:《新编语用学概要》,上海外语教育出版社,第九章,第 243—276 页,2001 年。

何自然:《语用学与英语学习》,上海外语教育出版社,第九章,第 199—119 页,1997 年。

何自然、冉永平:《语用学概论》(修订本),湖南教育出版社,第十章,第 332—371 页,2002 年。

何自然、陈新仁:《当代语用学》,外语教学与研究出版社,第七章,第 166—178 页;第八章,第 179—192 页;第十章,第 217—227 页,2004 年。

第八章 语用能力自测与评估

本章的主要目的在于帮助学习者进行语用能力的自测与评估。以下我们主要以英语为目标语,设计了一些具有代表性的问题与场景,希望能帮助大家在一定程度上了解与考察自己在英语使用和理解时的语用能力,以及英、汉语之间的语用差异。

§8.1 封闭式问卷[①]

本问卷的主要目的在于帮助大家了解与考察英语学习者的语言能力和语用能力的实际情况。它由以下两部分内容构成:

第一部分是对英语学习情况的自我认识与判断。在每一选题后,只给出一个选择答案,多选无效,然后根据选择结果,总结自己对英语学习的认识与感受。

第二部分是关于英语的语用语言能力和社交语用能力的自测。请对自己的选择结果进行语用能力的倾向性分析。

§8.1.1 英语学习情况调查

1. 到本学年结束为止,我已经学过大约_____的英语。
    a. 不足 10 年   b. 12 年   c. 13 年
    d. 14 年   e. 14 年以上

---

① 部分例子参照了 G. Kasper, 1995, (ed.) *Pragmatics of Chinese as Native and Target Language*. Hawaii: University of Hawaii Press.

2. 近期,我学习英语的主要目标是:
   a. 出国(进修、移民等)　　b. 读学位　　　c. 找工作
   d. 考研究生　　　　　　　e. 其他

3. 我对英语:
   a. 一开始就没有兴趣
   b. 时而有兴趣,时而没有兴趣
   c. 一直都有兴趣
   d. 一开始有兴趣,后来逐渐没有兴趣

4. 我对自己目前的英语水平:
   a. 很不满意　　b. 不满意　　c. 满意　　d. 很满意

5. 我对自己的英语发音:
   a. 很不满意　　b. 不满意　　c. 满意　　d. 很满意

6. 我对英语语法的掌握:
   a. 很不满意　　b. 不满意　　c. 满意　　d. 很满意

7. 我对英语词汇的掌握:
   a. 很不满意　　b. 不满意　　c. 满意　　d. 很满意

8. 我对自己的英语口语表达能力:
   a. 很不满意　　b. 不满意　　c. 满意　　d. 很满意

9. 我对自己的英语实际运用能力:
   a. 很不满意　　b. 不满意　　c. 满意　　d. 很满意

10. 英语学习中,我感觉最困难的是:
    a. 语音　　　b. 词汇　　　c. 语法　　　d. 听力

11. 英语学习中,我觉得进步最慢,同时也最困难的是:
    a. 阅读理解能力   b. 写作表达能力
    c. 口语表达能力   d. 听力能力

12. 我认为自己最需要加强或提高的方面是:
    a. 阅读理解能力   b. 写作表达能力
    c. 口语表达能力   d. 听力能力

13. 我认为英语学习成功的最重要标志是:
    a. 阅读理解能力   b. 写作表达能力
    c. 口语表达能力   d. 听力能力

14. 我_____用英语和同学或朋友进行交流。
    a. 从不   b. 偶尔   c. 经常   d. 总是

15. 在用英语进行交流时,我感觉最困难的是:
    a. 词汇量太小   b. 听不懂
    c. 语法知识欠缺   d. 不知道如何表达

16. 在用英语进行交流时,我最常出现的情况是:
    a. 不知单词是否正确   b. 不知时态是否正确
    c. 不知表达形式是否恰当 d. 不知发音是否准确

17. 在用英语进行交流时,我感觉自己最有把握的是:
    a. 词汇的选择   b. 时态的选择
    c. 单词的发音   d. 句型的选择

18. 在用英语进行交流时,我感觉自己最没有把握的是:
    a. 词汇的选择   b. 时态的选择
    c. 单词的发音   d. 句型的选择

19. 在用英语进行交流时,我考虑最多的是:
    a. 搭配的正确性　　　　　b. 时态的正确性
    c. 发音的准确性　　　　　d. 要表达的信息

20. "英语阅读"教学中,老师的教学重点应该是:
    a. 文章的语篇结构、文体特征的讲解
    b. 词语搭配的讲解
    c. 语篇信息或意义的讲解
    d. 语法或句子结构的讲解

21. "英语口语"教学中,老师的教学重点应该是:
    a. 帮助纠正语音、语调
    b. 帮助纠正表达中的语法错误
    c. 帮助正确使用单词和句型结构
    d. 帮助提高信息表达的恰当性

22. "英语写作"教学中,老师的教学重点应该是:
    a. 如何正确地使用词语或句型结构
    b. 如何修改各种病句
    c. 如何恰当地表达信息
    d. 如何正确地使用语法结构

23. 最希望英语老师帮助我提高的能力是:
    a. 听力能力　　　　　　　b. 阅读能力
    c. 口语表达能力　　　　　d. 书面表达能力

24. 在讲解英语句子或结构时,我最希望老师告诉我的是:
    a. 它的意义　　　　　　　b. 它的语法结构
    c. 它的使用　　　　　　　d. 单词的读音和句子的语调

25. 总的来说,英语课堂教学中老师最不重视或最不强调的方面是:
    a. 如何分析词语或结构　　　b. 如何获取信息
    c. 如何表达信息　　　　　　d. 如何翻译句子

26. 总的来说,英语课堂教学中老师最重视或最爱强调的方面是:
    a. 如何分析词语或结构　　　b. 如何获取信息
    c. 如何表达信息　　　　　　d. 如何翻译句子

27. 英语学习中,我最重视的是:
    a. 如何分析词语或结构　　　b. 如何获取信息
    c. 如何表达信息　　　　　　d. 如何翻译句子

28. 英语学习中,我最不重视的是:
    a. 如何分析词语或结构　　　b. 如何获取信息
    c. 如何表达信息　　　　　　d. 如何翻译句子

29. 我认为,对未来工作最重要的英语能力应该是:
    a. 如何分析词语或结构　　　b. 如何获取信息
    c. 如何表达信息　　　　　　d. 如何翻译句子

30. 在记忆英语单词时,我最喜欢:
    a. 联想它的汉语意义　　　　b. 联想它的英语解释
    c. 联想它的读音　　　　　　d. 联想它的使用

31. 在查阅英语词典时,我最不喜欢关注的是:
    a. 单词的读音　　　　　　　b. 单词的意义
    c. 单词的拼写　　　　　　　d. 单词的用法与举例

32. 在使用英语句子时,我考虑最多的是:
    a. 时态是否正确　　　　　b. 所对等的汉语意义
    c. 单词拼写是否正确　　　d. 语境是否恰当

33. 在使用英语句子时,我考虑最少的是:
    a. 时态是否正确　　　　　b. 所对等的汉语意义
    c. 单词拼写是否正确　　　d. 语境是否恰当

34. 在使用英语时,我最怕出现的错误是:
    a. 语法时态错误　　　　　b. 单词拼写错误
    c. 读音错误　　　　　　　d. 意思表达错误

35. 在使用英语时,我往往不清楚:
    a. 语法时态是否正确　　　b. 单词拼写是否正确
    c. 结构是否完整　　　　　d. 形式是否恰当

36. 在用英语进行口语(或书面语)交流时,我常遇到的情况是:
    a. 知道单词如何拼写,但不知道选择什么时态
    b. 不知道单词的拼写,也不知道选择什么时态
    c. 知道想要表达的意思,也知道选择的句子是否恰当
    d. 知道想要表达的意思,但不知道选择的句子是否恰当

37. 对自己的英语水平,总体上我感觉最自信的方面是:
    a. 阅读理解能力　　　　　b. 写作表达能力
    c. 口语表达能力　　　　　d. 听力能力

38. 对自己的英语水平,总体上我感觉最不自信的方面是:
    a. 阅读理解能力　　　　　b. 写作表达能力
    c. 口语表达能力　　　　　d. 听力能力

§8.1.2 英语的语用能力调查

根据以下不同的语境条件,首先判断 a, b, c 中哪一个是最恰当的,并用〇圈上,每一题只选取一个结果,多选无效;其次,每题后还有一个自信量表,分成这样四个等级:

3 表示我的选择肯定是对的,我有 100% 的把握是对的;

2 表示我的选择可能是错的,但我有 70% 的把握是对的;

1 表示我的选择很可能是错的,我只有 50% 左右的把握是对的;

0 表示我完全不知道哪一个最恰当,随便选了一个。

请根据自己选择时的把握程度,在横线上选择一个相应数字,并用〇圈上。

1. A: You look so beautiful in such a shirt.
   B: a. Thank you.
      b. No, No. It's an ordinary shirt, I've worn it for two years.
      c. Really? I don't believe you.

   0   1   2   3

2. A knew that B's grandpa had just died, when they met the other day, A said to B:
   a. "I'm sorry to hear that your grandpa has killed himself."
   b. "I'm sorry to hear about your grandpa."
   c. "I'm sorry to hear that your grandpa was caused to death in the car accident."

   0   1   2   3

3. An American (A) accidentally bumped into a stranger (B) on the way to a shop.
   A: I'm sorry.

B: a. Never mind.
   b. That's all right.
   c. It doesn't matter.
     0   1   2   3

4. Merry: Hi, are you coming to my birthday party?
   Jane: a. Certainly.
         b. No problem.
         c. Of course.
     0   1   2   3

5. Jane is going to have a party in the evening, she has told her friend Merry about it and wants to borrow her skirt.
   Jane: Would you please lend me your skirt for the party?
   Merry: a. No problem.
          b. I'd like to lend it to you.
          c. Certainly I can.
     0   1   2   3

6. The following happens between a Customer (C) and the Waiter (W) in a pub.
   C: a. Would you please give me a cup of beer, waiter?
      b. Waiter, I will have a cup of beer.
      c. Hi, a cup of beer.
   W: Yes, sir.
     0   1   2   3

7. A person wants to go to the airport, then he says to a taxi-driver.
   a. "Excuse me, would you mind taking me to the airport?"
   b. "Sorry, can you take me to the airport?"
   c. "Airport, please."

0   1   2   3

8. A: It's too kind of you, you always give me much consideration.

   B: a. Never mind.
      b. You're welcome.
      c. It doesn't matter.

   0   1   2   3

9. At the supermarket an assistant normally says to a customer.
   a. "Can I help you?"
   b. "What do you want?"
   c. "Would you please tell me what you want?"

   0   1   2   3

10. In a museum, the guide is interpreting for some foreign guests. When they have finished visiting one part, he would like them to follow him to the next part. He says,
    a. "Move on."
    b. "This way, please."
    c. "Follow me."

   0   1   2   3

11. Brown: Your English is quite fluent.
    Greg: a. Thanks, it's kind of you to say so.
          b. No, not at all.
          c. No, no, my English is poor.

   0   1   2   3

12. Jack phones John Smith's office, and they are not familiar with each other.

    Jack: Hello, I'd like to speak to John Smith, please.

    John: a. I'm John Smith.

    　　　b. It's me here.

    　　　c. This is John Smith speaking.

    　0　　　1　　·　2　　　3

13. When introduced to an old professor or to a friend's parents, what would you say to them?

    a. "How are you?"

    b. "Hi!" or "Hello!"

    c. "Hello, it's nice to meet you."

    　0　　　1　　　2　　　3

14. At 7:00 p.m., Wang saw Mr Smith walking to the cinema at the entrance, then he said to Mr Smith:

    a. "Where are you going, Mr Smith?"

    b. "Good evening, Mr Smith!"

    c. "Are you going to the cinema, Mr Smith?"

    　0　　　1　　　2　　　3

15. Mr Green's secretary, Pat Kent, went to the bus station to meet Mr Barnes for him.

    Pat Kent: a. Excuse me, would you be Mr Barnes?

    　　　　　b. Excuse me, would you please tell me if you are Mr Barnes?

    　　　　　c. You are Mr Barnes, aren't you?

    　0　　　1　　　2　　　3

16. A: Will you have a cup of coffee?

B: a. Thank you.
　　b. Yes, thank you.
　　c. Yes, please.
　　0　　1　　2　　3

17. At a dinner, A says to his friend:
　　a. "Eat slowly please."
　　b. "Take your time and eat slowly."
　　c. "Help yourself."
　　0　　1　　2　　3

18. A: Would you like to come to my home for the gathering?
　　B: a. Yes, I will.
　　　　b. All right, I'll try to come.
　　　　c. Thanks, I'll try.
　　0　　1　　2　　3

19. Mike: Oh, dear Tom, thanks very much for your help.
　　Tom: a. That's my duty.
　　　　 b. I'm glad to be of help.
　　　　 c. Never mind.
　　0　　1　　2　　3

20. A: Is the library open on Sunday?
　　B: a. Yes, certainly.
　　　　b. Of course.
　　　　c. Yes, of course.
　　0　　1　　2　　3

§8.2 开放式问卷

§8.2.1 英、汉语用能力差异调查 I

该问卷以开放式问题为主,包括两个部分,涉及基本相同的语境条件。第一部分涉及汉语的语用能力调查,请用汉语回答;第二部分涉及英语的语用能力调查,请用英语回答。然后,比较在同样的语境条件下,英、汉语的回答哪些应该相同、哪些应该不同。

要求:在以下不同的语境条件中,写出自己可能说出的话语,以检测自己在表示拒绝、抱怨,或表达不同意见等时的语用能力。

§8.2.1.1 汉语的语用能力

1. 你和一位朋友在逛超市,她看到货架上有一件她喜欢的东西,非常想买,可是又没带够钱。于是,她不断说:"真是的,要是带够钱就好啦!"在此情况下,你可能说:

   _____

2. 你的朋友想跟你借一笔钱,并保证两个月之内还你。你又不想借给他,可是又不好伤他的面子。在此情况下,你可能说:

   _____

3. 你的同学请你帮他看一篇他最近写成的短篇小说,看有没有可能发表。看后,你觉得没有发表的可能。在此情况下,你可能说:

   _____

4. 你的室友经常逃避值日,对此你很有意见,于是想提醒并强调他应该承担的责任。在此情况下,你可能说:

   _____

5. 在一家服装店,你的朋友看上了一件红色外套,并打算买。可你觉得颜色和样式都不适合她。在此情况下,你可能说:

6. 你是学院黑板报的编辑,对下周的板报已有很好的计划。可是辅导员把你叫到他办公室,并给你看了他拟定的板报计划,并与你的计划完全不同。在此情况下,你可能说:
　　_____
　　_____

7. 你和邻居家的女儿一向相处得不错,但近来她每天晚上都在家弹钢琴,吵得你很烦,一点不想学习;第二天下午你刚好在楼下碰见她。在此情况下,你可能说:
　　_____
　　_____

8. 你在跟一位同班同学谈话时,发现他嘴里发出一股很浓的大蒜味。你身上恰好带有口香糖。在此情况下,你可能说:
　　_____
　　_____

9. 你是外语学院的学生会主席。一位与你同年级的学生提交了一份有关学生会工作的建议书。看后,你觉得有些提议并不切合实际。在此情况下,你可能说:
　　_____
　　_____

10. 到一位专业老师的办公室交作业时,正好你的好友刘强从里面出来。刘强走后,你听见该老师就对办公室的另一位同事说:"如果他再这样的话,期末考试就别想及格!"回到宿舍后,你又碰见了刘强。在此情况下,你可能说:
　　_____
　　_____

§8.2.1.2　英语的语用能力

1. You and your friend are in a supermarket. Suddenly something on the shelf catches her eyes and she exclaims, "My, I've been looking for this for quite a long time, I just

have to buy one. I wish I had more money with me."Then, you'll say:

___

2. Your friend asks you to lend him some money, and promises to return it to you within two months. You don't want to either lend him the money or hurt him. Then, you'll say:

___

3. Your classmate has written a short novel, and asks you whether he can get it published. After reading it, you think that the novel really has no chance to be published. Then, you'll say:

___

4. Your housemate always neglects his cleaning duty, it irritates you a lot and you feel that you have to point out to him that he should carry out the duty. Then, you'll say:

___

5. At a clothes store, your friend is very much taken by a fashionable red blouse and decides to buy it. However, you do not think the blouse is suitable for her either in terms of its style or color. Then, you'll say:

___

6. You're the editor of the wall newspaper in the department. You've already had a good plan for the next issue with much effort, but the instructor in the department asks you to come to his office and gives you a specific but different plan to the next issue of the newspaper. Then, you'll say:

7. You and the daughter of the neighbor usually get along well, but recently she plays piano at home till late in the evenings, and you find yourself unable to do anything, let alone study, with the noise. The next day, you happen to meet her downstairs. Then, you'll say:

8. You are talking with your classmate and find that his breath smells strongly of garlic. You happen to have a pack of chewing gum with you. Then, you'll say:

9. You are the chairperson of the Student Union in the Foreign Languages Department. One of the students in your grade submits a proposal concerning some of the affairs of the Union. After reading the proposal, you think some issues that he has raised are impractical. Then, you'll say:

10. You go to hand in your exercise book to your teacher and run into your good friend Liu Qiang, who is coming out of the teacher's office. After Liu Qiang has gone, you overhear the teacher saying to another teacher in the office, "If he continues to do so, I'm going to flunk him for the final exam." After returning to the dormitory, you run into Liu Qiang again. Then, you'll say:

§8.2.2　英、汉语用能力差异调查 II

交际情景纷繁复杂,语境因素众多。下面我们仅以"赞扬"为例,面对各种赞扬或夸奖,你会如何使用恰当的汉语和英语进行回应,或如何对某人进行赞扬。该问卷都以开放式的回答为主,包括汉、英两个部分,分别涉及基本相同的语境条件。第一部分涉及汉语的语用能力调查,请用汉语回答;第二部分涉及英语的语用能力调查,请用英语回答。然后,比较在相同的语境条件下,判断自己的汉、英表达形式是否恰当。

要求:请根据以下所给出的语境条件,在 A 处如实地写出自己可能对对方说出的话语;如果你认为自己什么也不会说,请选择 B。

§8.2.2.1　汉语中"赞扬"的语用能力调查

1. 你在校园里遇到了自己的同班同学小娟,并注意到她今天穿了件新衣服。
   A. _____。
   B. 什么也不说。

2. 在参加新年晚会时,你发现你的朋友饺子皮擀得又快又好。
   A. _____。
   B. 什么也不说。

3. 你和一些同学外出郊游,发现王强穿了一双刚买的名牌旅游鞋。
   A. _____。
   B. 什么也不说。

4. 在一次学校的舞会上,你发现你的同学刘红舞跳得很好。
   A. _____。
   B. 什么也不说。

5. 你到朋友家玩时,发现她书房的墙上挂着一幅很美丽的山水画。她告诉说是她自己画的。
   A. _____。
   B. 什么也不说。

6. 你在游泳时,一位朋友对你说:"哇,你的动作很专业啊!"

  A. _____。
  B. 什么也不说。

7. 你今天穿了双新皮鞋。刚到教室,一位同学就对你说:"穿新鞋啦,真神气呀!"
  A. _____。
  B. 什么也不说。

8. 你的好友王鹃把从你处借的论文还给你,并说:"你的文笔真不错。"
  A. _____。
  B. 什么也不说。

9. 你请几个朋友到你家玩。你正忙着给他们做饭吃,其中一位朋友说:"看不出你真有两下子!"
  A. _____。
  B. 什么也不说。

10. 你刚在全班做了课堂发言。课后同学刘洋对你说:"讲得很精彩。"
  A. _____。
  B. 什么也不说。

§8.2.2.2 英语中"赞扬"的语用能力调查

1. You meet your classmate Xiao Juan on the campus, and notice that she is wearing a new blouse.
  A. _____.
  B. You do not say anything.

2. At the New Year's party on the campus, you notice your friend is good at making dumpling wrappers.
  A. _____.
  B. You do not say anything.

3. You are on an outing with a group of students. You notice Wang Qiang is wearing a new pair of name-brand shoes.
  A. _____.
  B. You do not say anything.

4. You are at the school dance ball and find your classmate Liu Hong is a good dancer.

   A. _____.

   B. You do not say anything.

5. You are visiting your friend, and see a nice Chinese painting on the wall of her room. Your friend tells you she is its painter.

   A. _____.

   B. You do not say anything.

6. While you are swimming in the swimming pool, your friend says to you, "Hi, you are quite professional."

   A. _____.

   B. You do not say anything.

7. You wear a new pair of leather shoes to the classroom. One classmate says to you, "You look good in these new shoes!"

   A. _____.

   B. You do not say anthing.

8. Your good friend Wang Juan is returning your essay and says, "Well written."

   A. _____.

   B. You do not say anything.

9. You have invited some friends to your home. Now you're busy preparing dinner for them. One of them says to you, "You're a good cook!"

   A. _____.

   B. You do not say anything.

10. You've just given a presentation in class. Afterwards your classmate Liu Yang says to you, "Your presentation was really good!"

    A. _____.

    B. You do not say anything.

常用术语对照表

I. 汉—英术语对照表（按汉字拼音字母顺序）

B

百科信息/知识 encyclopaedic information/knowledge
背景知识 background knowledge
表面意义 surface meaning
表情类（言语行为）expressive
表述句 constative
表述类（言语行为）representative
（含意的）不可分离性 non-detachability
（含意的）不可取消性 non-cancellability
（含意的）不确定性 indeterminacy

C

参与者 participant
策略能力 strategic competence
陈述句 declarative sentence
承诺类（言语行为）commissive
程式性话语 formulated speech
抽象意义 abstract meaning
词汇信息 lexical information
词汇意义 lexical meaning

D

代码 code
得体性 tactfulness

得体准则 tact maxim
地点指示语 place deixis
动态 dynamics
动态语用学 dynamic pragmatics
逗乐原则 Banter Principle
对比语用学 contrastive pragmatics
多余信息 over-informativeness

E

二语习得 second language acquisition

F

反讽/反语 irony
反讽原则 Irony Principle
方式准则 manner maxim
非规约性 non-conventionality
非规约性间接言语行为 non-conventional indirect speech act
非手势用法 non-gestural use
非语言语境 nonlinguistic context
非自然意义 non-natural meaning
符号 sign
负面面子 negative face
负向迁移 negative transfer
附加信息 additional information

G

共知信息 common knowledge/shared knowledge
构成性规则 constitutive rule
关联/关联性 relevance
关系准则 relevant maxim
规约含意 conventional implicature

规约性 conventionality
规约性间接言语行为 conventional indirect speech act
规则 rule

H

含混 ambivalence
含意 implicature
合适性条件 felicity condition
合作原则 Cooperative Principle
互补性 complementarity
话轮 turn-taking
话语 utterance
话语标记语 discourse marker
话语分析/语篇分析 discourse analysis
话语能力/语篇能力 discourse competence
话语意义 utterance meaning
话语指示语 discourse deixis
会话 conversation
会话分析 conversation analysis
会话含意 conversational implicature
会话结构 conversational structure
会话修正 conversational repair
会话原则 conversational principle

J

间接性 indirectness
间接言语行为 indirect speech act
交际教学法 communicative approach
交际目的 communicative goal/purpose
交际能力 communicative competence
交际信息 communicative information

交际意图 communicative intention
交际用意 communicative force
交际原则 communicative principle
近指 proximal term
句法学 syntax
句子/语句 sentence
句子意义 sentence meaning

K

慷慨准则 generosity maxim
可教性 teachability
可接收性 acceptability
(含意的)可取消性 cancellability
(含意的)可推导性 calculability
可行性 feasibility
可学性 learnability
刻意言谈 literal talk
空间指示语 space deixis
夸张 hyperbole
跨面研究 cross-sectional study
跨文化语用学 cross-cultural pragmatics

L

乐观原则 Pollyanna Principle
礼貌 politeness
礼貌策略 politeness strategy
礼貌原则 Politeness Principle
历时研究 longitudinal study
连贯 coherence
量准则 quantity maxim
零指代 zero anaphora

笼统性 generality
逻辑知识 logical knowledge

M

面子 face
明说 explicature
命题内容 prepositional content
模糊限制语 hedge
模糊性 fuzziness
目标语/目的语 target language

Q

歧义 ambiguity
祈使句 imperative sentence
恰当性 appropriateness
谦逊准则 modesty maxim
前提 presupposition
前提触发语 pragmatic trigger
前指 anaphora
前指关系 anaphoric relation
前指用法/前照应用法 anaphoric use
情景 situation

R

人称指示语 person deixis
人际关系 interpersonal relationship
人际修辞原则 interpersonal rhetorical principle
认知环境 cognitive environment
认知效果 cognitive effect
认知语用学 cognitive pragmatics
冗余信息 redundant information

S

社会语言能力 sociolinguistic competence

社会语言学 sociolinguistics

社会语用学/社会语用现象 societal pragmatics

社交语用迁移 sociopragmatic transfer

社交语用失误 sociopragmatic failure

社交语用学/社交语用观 sociopragmatics

社交指示语 social deixis

施为动词 performative verb

施为句 performative

施为用意 illocutionary force

时间指示语 time deixis

手势用法 gestural use

受损 cost

受益 benefit

顺应 adaptation

顺应理论 adaptation theory

顺应性 adaptability

说话人 speaker

说话人意义 speaker meaning

随意言谈 loose talk

T

调节性规则 regulative rule

特殊会话含意 particularized conversational implicature

听话人 hearer

同情准则 sympathy maxim

同义反复 tautology

推理 inference

W

威胁面子的行为 face threatening act

X

习语 idiom
先行词 antecedent
衔接关系/衔接性 cohesiveness
衔接手段 cohesive device
显性施为句 explicit performative
相关信息 relevant information
象征用法 symbolic use
信息 information
信息沟 information gap
形式语用学 formal pragmatics
醒示语 reminder
修辞学 rhetoric
宣告类(言语行为)declaration
选择限制 selectional restriction

Y

言语互动 verbal interaction
言语交际 verbal communication/interaction
言语行为 speech act
言语行为理论 speech act theory
言语行为习语 speech act idiom
一般会话含意 generalized conversational implicature
一致准则 agreement maxim
疑问句 interrogative sentence
以言成事行为 perlocutionary act
以言行事目的/施为目的 illocutionary goal

以言行事行为 illocutionary act
以言指事行为 locutionary act
意图 intention
意向性 intentionality
隐含信息 implied information
隐含意义 implied meaning
隐性施为句 implicit performative
隐喻 metaphor
用意 force/illocutionary force
有趣原则 Interest Principle
语法 grammar
语法能力 grammatical competence
语法性 grammaticality
语际语/中介语 interlanguage
语际语用学 interlanguage pragmatics
语境 context
语境含意 contextual implicature
语境化 contextualization
语境假设 contextual assumption
语境效果 contextual effect
语境信息 contextual information
语境依赖性 contextual dependence
语境意义 contextual meaning
语境因素 contextual factor
语句/句子 sentence
语句意义 sentence meaning
语码 code
语码混用 code-mixing
语码转换 code-switching
语篇 discourse/text
语篇指示语 text deixis

语言 language
语言语境 linguistic context
语言语用学 linguistic pragmatics
语义学 semantics
语用标记语 pragmatic marker
语用常用语 pragmatic routine
语用代码 pragmatic code
语用等级 pragmatic scale
语用分析 pragmatic analysis
语用含糊 pragmatic vagueness
语用含意 pragmatic force/implicature
语用能力 pragmatic competence
语用歧义 pragmatic ambiguity
语用迁移 pragmatic transfer
语用失误 pragmatic failure
语用推理 pragmatic inference
语用习语 pragmatic idiom
语用信息输入 pragmatic input
语用行为 pragmatic act
语用学 pragmatics
语用意识 pragmatic awareness
语用语言迁移 pragmalinguistic transfer
语用语言失误 pragmalinguistic failure
语用语言学/语用语言观 pragmalinguistics
语用原则 pragmatic principle
寓意言谈 metaphorical talk
元语用能力 metapragmatic competence
原则 principle
蕴涵 entailment

Z

赞誉准则 approbation maxim
正面面子 positive face
正确性 correctness
正向迁移 positive transfer
支持性话语 supportive move
直接言语行为 direct speech act
指使类(言语行为)directive
指示结构 deictic expression
指示语 deixis/indexical
制约 constraint
质准则 quality maxim
中介语/语际语 interlanguage
主题 topic
主体行为 head act
准则 maxim
字面意义 literal meaning
自然意义 natural meaning
组织能力 organizational competence

II. 英—汉术语对照表（按英文字母顺序）

A

abstract meaning 抽象意义
acceptability 可接收性
adaptability 顺应性
adaptation 顺应
adaptation theory 顺应理论
additional information 附加信息
agreement maxim 一致准则
ambiguity 歧义
ambivalence 含混
anaphora 前指
anaphoric relation 前指关系
anaphoric use 前指用法/前照应用法
antecedent 先行词
approbation maxim 赞誉准则
appropriateness 恰当性

B

background knowledge 背景知识
Banter Principle 逗乐原则
benefit 受益

C

calculability（含意的）可推导性
cancellability（含意的）可取消性
code 代码/语码
code-mixing 语码混用

code-switching 语码转换
cognitive effect 认知效果
cognitive environment 认知环境
cognitive pragmatics 认知语用学
coherence 连贯
cohesive device 衔接手段
cohesiveness 衔接关系/衔接性
commissive 承诺类（言语行为）
common knowledge/shared knowledge 共知信息
communicative approach 交际教学法
communicative competence 交际能力
communicative force 交际用意
communicative goal/purpose 交际目的
communicative information 交际信息
communicative intention 交际意图
communicative principle 交际原则
complementarity 互补性
constatives 表述句
constitutive rule 构成性规则
constraint 制约
context 语境
contextual assumption 语境假设
contextual dependence 语境依赖性
contextual effect 语境效果
contextual factor 语境因素
contextual implicature 语境含意
contextual information 语境信息
contextual meaning 语境意义
contextualization 语境化
contrastive pragmatics 对比语用学
conventional implicature 规约含意

conventional indirect speech act 规约性间接言语行为
conventionality 规约性
conversation 会话
conversation analysis 会话分析
conversational implicature 会话含意
conversational principle 会话原则
conversational repair 会话修正
conversational structure 会话结构
Cooperative Principle 合作原则
correctness 正确性
cost 受损
cross-cultural pragmatics 跨文化语用学
cross-sectional study 跨面研究

D

declaration 宣告类(言语行为)
declarative sentence 陈述句
deictic expression 指示结构
deixis/indexical 指示语
direct speech act 直接言语行为
directive 指使类(言语行为)
discourse analysis 话语分析/语篇分析
discourse competence 话语能力/语篇能力
discourse deixis 话语指示语
discourse marker 话语标记语
discourse/text 话语/语篇
dynamics 动态
dynamic pragmatics 动态语用学

E

encyclopaedic information/knowledge 百科信息/知识

entailment 蕴涵

explicature 明说

explicit performative 显性施为句

expressive 表情类(言语行为)

F

face 面子

face threatening acts 威胁面子的行为

feasibility 可行性

felicity condition 合适性条件

force 用意

formal pragmatics 形式语用学

formulated speech 程式性话语

fuzziness 模糊性

G

generality 笼统性

generalized conversational implicature 一般会话含意

generosity maxim 慷慨准则

gestural use 手势用法

grammar 语法

grammatical competence 语法能力

grammaticality 语法性

H

head act 主体行为

hearer 听话人

hedge 模糊限制语

hyperbole 夸张

I

idiom 习语
illocutionary act 以言行事行为
illocutionary force 施为用意
illocutionary goal 以言行事目的/施为目的
imperative sentence 祈使句
implicature 含意
implicit performative 隐性施为句
implied information 隐含信息
implied meaning 隐含意义
indeterminacy(含意的)不确定性
indirect speech act 间接言语行为
indirectness 间接性
inference 推理
information 信息
information gap 信息沟
intention 意图
intentionality 意向性
Interest Principle 有趣原则
interlanguage 中介语/语际语
interlanguage pragmatics 语际语用学
interpersonal relationship 人际关系
interpersonal rhetorical principle 人际修辞原则
interrogative sentence 疑问句
irony 反讽/反语
Irony Principle 反讽原则

L

language 语言
learnability 可学性

lexical information 词汇信息
lexical meaning 词汇意义
linguistic context 语言语境
linguistic pragmatics 语言语用学
literal meaning 字面意义
literal talk 刻意言谈
locutionary act 以言指事行为
logical knowledge 逻辑知识
longitudinal study 历时研究
loose talk 随意言谈

M

manner maxim 方式准则
maxim 准则
metaphor 隐喻
metaphorical talk 寓意言谈
metapragmatic competence 元语用能力
modesty maxim 谦逊准则

N

natural meaning 自然意义
negative face 负面面子
negative transfer 负向迁移
non-cancellability(含意的)不可取消性
non-conventional indirect speech act 非规约性间接言语行为
non-conventionality 非规约性
non-detachability(含意的)不可分离性
non-gestural use 非手势用法
nonlinguistic context 非语言语境
non-natural meaning 非自然意义

O

organizational competence 组织能力

over-informativeness 多余信息

P

participant 参与者

particularized conversational implicature 特殊会话含意

performative verb 施为动词

performative 施为句

perlocutionary act 以言成事行为

person deixis 人称指示语

place deixis 地点指示语

politeness 礼貌

Politeness Principle 礼貌原则

politeness strategy 礼貌策略

Pollyanna Principle 乐观原则

positive face 正面面子

positive transfer 正向迁移

pragmalinguistic failure 语用语言失误

pragmalinguistic transfer 语用语言迁移

pragmalinguistics 语用语言学/语用语言观

pragmatic act 语用行为

pragmatic ambiguity 语用歧义

pragmatic analysis 语用分析

pragmatic awareness 语用意识

pragmatic code 语用代码

pragmatic competence 语用能力

pragmatic failure 语用失误

pragmatic force/implicature 语用含意

pragmatic idiom 语用习语

pragmatic inference 语用推理
pragmatic input 语用信息输入
pragmatic marker 语用标记语
pragmatic principle 语用原则
pragmatic routine 语用常用语
pragmatic scale 语用等级
pragmatic transfer 语用迁移
pragmatic trigger 前提触发语
pragmatic vagueness 语用含糊
pragmatics 语用学
prepositional content 命题内容
presupposition 前提
principle 原则
proximal term 近指

Q

quality maxim 质准则
quantity maxim 量准则

R

redundant information 冗余信息
regulative rule 调节性规则
relevance 关联/关联性
relevant information 相关信息
relevant maxim 关系准则
reminder 醒示语
representative 表述类(言语行为)
rhetoric 修辞学
rule 规则

S

second language acquisition 二语习得
selectional restriction 选择限制
semantics 语义学
sentence 句子/语句
sentence meaning 句子意义/语句意义
sign 符号
situation 情景
social deixis 社交指示语
societal pragmatics 社会语用学/社会语用现象
sociolinguistic competence 社会语言能力
sociolinguistics 社会语言学
sociopragmatic failure 社交语用失误
sociopragmatic transfer 社交语用迁移
sociopragmatics 社交语用学/社交语用观
space deixis 空间指示语
speaker 说话人
speaker meaning 说话人意义
speech act 言语行为
speech act idiom 言语行为习语
speech act theory 言语行为理论
strategic competence 策略能力
supportive move 支持性话语
surface meaning 表面意义
symbolic use 象征用法
sympathy maxim 同情准则
syntax 句法学

T

tact maxim 得体准则
tactfulness 得体性
target language 目标语/目的语
tautology 同义反复
teachability 可教性
text deixis 语篇指示语
time deixis 时间指示语
topic 主题
turn-taking 话轮

U

unknown information 未知信息
utterance 话语
utterance meaning 话语意义

V

verbal communication/interaction 言语交际
verbal interaction 言语互动

Z

zero anaphora 零指代

西方语言学原版影印系列丛书

06884/H·0963	语义学与语用学:语言与话语中的意义	K.Jaszczolt
06878/H·0957	字面意义的疆域:隐喻、一词多义以及概念概论	M.Rakova
06883/H·0962	英语语篇:系统和结构	J.R.Martin
06877/H·0956	作为语篇的语言:对语言教学的启示	M.McCarthy 等
06887/H·0966	布拉格学派,1945-1990	Luelsdorf 等
06881/H·0960	认知语法基础1	R.W.Langacker
07694/H·1090	认知语法基础2	R.W.Langacker
06686/H·0965	论自然和语言	N.Chomsky
06880/H·0959	语料库语言学的多因素分析	S.T.Gries
06882/H·0961	美国社会语言学:理论学家与理论团队	S.O.Murray
06879/H·0958	英语教学中的教材和方法——教师手册	J.Mcdonough 等
07592/H·1055	英语语言文化史	G.Knowles
06885/H·0964	分析散文	R.A.Lanham
07596/H·1059	语法化	P.J.Hopper
08727/H·1451	古英语入门	B.Mitchell 等
07594/H·1057	美国英语入门	G.Tottie
07593/H·1056	英语语言史:社会语言学研究	B.A.Fennell
07595/H·1058	语言学入门纲要	G.Hudson
08673/H·1422	语言的结构与运用	E.Finegan
08738/H·1454	语言艺术的学与教	D.Strickland

北京大学出版社

邮购部电话:010-62534449　　联系人:孙万娟
市场营销部电话:010-62750672
外语编辑部电话:010-62767315　62767347